LES ÉCOLES

ET

L'ENSEIGNEMENT DE LA THÉOLOGIE

PENDANT LA PREMIÈRE MOITIÉ DU XIIᴱ SIÈCLE

PAR

G. ROBERT

PARIS

LIBRAIRIE VICTOR LECOFFRE

J. GABALDA & Cⁱᵉ

RUE BONAPARTE, 90

1909

LES ÉCOLES

ET

L'ENSEIGNEMENT DE LA THÉOLOGIE

NIL OBSTAT

H. LEBON

Censor designatus.

IMPRIMATUR

Parisiis, die 15 Martii 1909

P. FAGES

v. g.

Études d'histoire des dogmes et d'ancienne littérature ecclésiastique

LES ÉCOLES

ET

L'ENSEIGNEMENT DE LA THÉOLOGIE

PENDANT LA PREMIÈRE MOITIÉ DU XIIᵉ SIÈCLE

PAR

G. ROBERT

PARIS

LIBRAIRIE VICTOR LECOFFRE

J. GABALDA & Cⁱᵉ

RUE BONAPARTE, 90

—

1909

AU

R. P. MANDONNET, o. p.

PROFESSEUR D'HISTOIRE ECCLÉSIASTIQUE
A L'UNIVERSITÉ DE FRIBOURG (SUISSE)

Hommage de respectueuse gratitude.

INDEX BIBLIOGRAPHIQUE

1. — Sources originales.

Abélard (P.). — Opera omnia, *P. L.*, CLXXVIII[1].
— Petri Abaelardi opera, ed. V. Cousin, 2 vol., Parisiis, MDCCCXLIX.
— Ouvrages inédits d'Abélard, éd. V. Cousin, Paris, MDCCCXXXVI.
— Carmen ad Astralabium filium, ed. B. Hauréau, Notices et extraits des manuscrits de la Bibliothèque nationale, 1893, t. XXXIV, 2ᵉ partie.
— Tractatus de Unitate et Trinitate divina, ed. R. Stolzle, Freiburg-in-Brisgau, 1891.
Alcuin. — De Dialectica, *P. L.*, CI.
— Grammatica, *P. L.*, CI.
Anselme (saint). — Opera omnia, *P. L.*, CLVIII et CLIX.
Anselme de Laon. — Anselmi Laudunensis et Radulfi fratris ejus sententias excerptas nunc edidit G. Lefèvre, Mediolani Aulercorum, 1898.
Augustin (saint). — De concordia Evangelistarum, *P. L.*, XXXIV.
— De Doctrina christiana, *P. L.*, XXXIV.
— De Genesi ad litteram, *P. L.*, XXXIV.
— De moribus Ecclesiae contra Manichaeos, *P. L.*, XXXII.
Bérenger de Tours. — De sacra coena, ed. A. T. et F. Th. Vischer, Berolini, 1834.
Bernard (saint). — Apologia ad Guillelmum, *P. L.*, CLXXXII.
— De conversione ad clericos, *P. L.*, CLXXXII.
— Epistolae, *P. L.*, CLXXXII.
— In Cantica Canticorum, *P. L.*, CLXXXIII.
— Tractatus de Baptismo et aliis quaestionibus, *P. L.*, CLXXXII.

---

1. Un fragment inédit de l'*Hexameron* a été publié par B. Hauréau, dans *Notices et extraits de quelques manuscrits de la Bibliothèque nationale*, t. V, p. 230-245.

BERNARD (Saint). — Tractatus contra quaedam capitula errorum Abaelardi, *P. L.*, CLXXXII.

BERNOLD DE CONSTANCE. — De excommunicatis vitandis, de reconciliatione lapsorum et de fontibus juris ecclesiastici, *P. L.*, CXLVIII et M. G. H., Libelli de lite, t. II.

CASSIODORE. — Institutiones divinarum et saecularium litterarum, *P. L.*, CLXX.

Chartularium Universitatis Parisiensis, éd. H. Denifle et E. Chatelain, t. I, 1889.

Chronique de Torigny, *P. L.*, CLX.

CONRADI HIRSAUGIENSIS. — Dialogus super auctores, sive Didascalion, Herausgegeben von Dr. G. Schepss, Würzburg, 1889.

DEUSDEDIT. — Die Kanonensamlung des Kardinals Deusdedit, I Band, ed. Dr V. W. von Glanwell, Paderborn, MDCCCCV.

FLORUS DE LYON. — Liber adversus Scotum, *P. L.*, CII.

GAUTIER DE MORTAGNE. — Magistro Petro monacho epistola, D'Achery Spicilegium 2, t. III.

— Ad magistrum Theodoricum, D'Achery Spicilegium 2, t. III.

— Ad Hugonem priorem S. Victoris, *P. L.*, t. CLXXXVI.

GERBERT. — De corpore et sanguine Domini, *P. L.*, CXXXIX.

Gesta abbatum Lobbensium, M. G. H., XXI.

GRÉGOIRE (saint). — Concordia quorumdam testimoniorum S. Scripturae, *P. L.*, LXXIX.

— Epistolarum l. XI, ep. 54, *P. L.*, LXXVII.

— Homiliae in Ezechielem, *P. L.*, LXXVI.

— In I Regum, *P. L.*, LXXIX.

GUIBERT DE NOGENT. — Opera omnia, *P. L.*, CLVI.

GUILLAUME DE CHAMPEAUX. — Sententiae, ap. G. Lefèvre, Les variations de Guillaume de Champeaux et la question des Universaux. Travaux et Mémoires de l'Université de Lille, t. VI, 1898.

GUILLAUME DE CONCHES. — Philosophia, *P. L.*, CLXXII.

GUILLAUME DE SAINT-THIERRY. — Epistola ad Gaufridum Carnotensem episcopum, et Bernardum abbatem Clarae-Vallensem, *P. L.*, CLXXXII.

— De erroribus Guillelmi de Conchis, *P. L.*, CLXXX.

— Expositio in Epistolam ad Romanos, *P. L.*, CLXXX.

HERMANNUS. — De restauratione abbatiae S. Martini Tornacensis, *P. L.*, CLXXX.

HINCMAR. — De praedestinatione, *P. L.*, CXXV.

Historia pontificalis, M. G. H., XX.

HONORÉ D'AUTUN. — Opera omnia, *P. L.*, CLXXII.

HUGUES DE SAINT-VICTOR. — Opera omnia, *P. L.*, CLXXV, CLXXVI, CLXXVII.

ISIDORE DE SÉVILLE. — Etymologiae, *P. L.*, LXXXII.

— Synonyma, *P. L.*, LXXXIII.

— Sententiarum libri tres, *P. L.*, LXXXIII.

IVES DE CHARTRES. — Panormia, *P. L.*, CLXI.

JEAN DE SALISBURY. — Opera omnia, *P. L.*, CXCIX.

JEAN SCOT. — Opera omnia, *P. L.*, CXXII.

JÉRÔME (saint). — Ad magnum oratorem Urbis Romae, ep. 70, *P. L.*, XXII.

LANFRANC. — Opera omnia, *P. L.*, CL.

LOUP DE FERRIÈRES. — Collectaneum de tribus quaestionibus, *P. L.*, CXIX.

MANEGOLDE DE LUTENBACH. — Opusculum contra Wolfelmum Coloniensem, *P. L.*, CLV.

ODON DE SOISSONS. — Quaestiones-Analecta novissima Spicilegii Solesmensis-Altera continuatio, t. II, edidit J. B. Cardinalis Pitra, Parisiis, MDCCCLXXXVIII.

OTHLO DE ST-EMMERAN. — De doctrina spirituali, *P. L.*, CXLVI.

— Liber de tribus quaestionibus, *P. L.*, CXLVI.

OTHON DE FRISINGUE. — De gestis Friderici imperatoris. Recueil des Historiens des Gaules, t. XIV.

PATERIUS. — Liber de expositione Veteris ac Novi Testamenti de diversis libris S. Gregorii magni concinnatus, *P. L.*, LXXIX.

PIERRE DAMIEN. — Sermo VI de S. Eleuchadia, *P. L.*, CXLIV.

— De divina omnipotentia, Opusculum 36, *P. L.*, CXLV.

PIERRE LE CHANTRE. — Verbum abbreviatum, *P. L.*, CCV.

— Sententiarum libri quatuor, *P. L.*, CXCII.

PIERRE LE MANGEUR. — Historia scolastica, *P. L.*, CXCVIII.

PIERRE LE VÉNÉRABLE. — Opera omnia, *P. L.*, CLXXXIX.

PIERRE LOMBARD. — Commentaria in Epistolas S. Pauli, *P. L.*, CXCI.

PROSPER (saint). — Liber sententiarum ex Augustino delibatarum, *P. L.*, CLI.

PRUDENCE DE TROYES. — De praedestinatione, *P. L.*, CXV.

RABAN MAUR. — Allegoriae in universam sacram Scripturam, *P. L.*, CXII.

— De clericorum institutione, *P. L.*, CVII.

— Enarrationes in Epistolas beati Pauli, *P. L.*, CXI.

— Epistola ad Eberhardum, *P. L.*, CXII.

RAINARD DE CITEAUX. — Instituta capituli generalis, anno 1134 *P. L.*, CLXXXI.

RAOUL GLABER. — Historiarum libri quinque, *P. L.*, CXLII.

— Vita S. Guillelmi Divionensis, *P. L.*, CXLII.

RICHER. — Historiarum libri quatuor, *P. L.*, CXXXVIII.

ROLAND. — Die Sentenzen Rolands nachmals Papstes Alexander III, edit. Gietl. O. P., Freiburg-in-Brisgau, 1891.

RUPERT DE TUY. — De omnipotentia Dei, *P. L.*, CLXX.

SIGEBERT DE GEMBLOUX. — De scriptoribus ecclesiasticis, *P. L.*, CLX.

TAION. — Sententiarum libri quinque, *P. L.*, LXXX.

THIERRY DE CHARTRES. — De opere sex dierum apud B. Hauréau. Notices et extraits de quelques manuscrits de la Bibliothèque nationale, t. I, p. 52-68.

THOMAS (saint). — Summa theologica.

TICHONIUS. — Liber de septem regulis, *P. L.*, XIII.

UDALRICUS (Cluniacensis). — Antiquiores consuetudines Cluniacenses, *P. L.*, CXLIX.

Vita S. Goswini. — Recueil des Historiens des Gaules, t. XIV, et Extrait dans Petri Abaelardi opera, ed. Cousin, t. I, et *P. L.*, CLXXVIII.

II. — OUVRAGES MODERNES.

BALTZER (O.). — Die Sentenzen des Petrus Lombardus, Ihre Quellen und ihre Dogmengeschichtl. Bedeutung. — Studien zur Geschichte der Theologie und der Kirche, Bd. VIII, Leipzig, 1902.

BERNARD (R. P. C.). — De l'enseignement élémentaire en France, aux xi° et xii° siècles, Paris, 1894.

BOISSIER (G.). — La fin du Paganisme, Paris, 1891, 2 vol.

BOURBON (G.). — La licence d'enseigner et le rôle de l'écolâtre au moyen âge. Revue des questions historiques, t. XIX, 1876.

BRUNHES (G.). — La foi chrétienne et la philosophie au temps de la renaissance carolingienne, Paris, 1903.

CHEFDEBIEN (R. DE). — Une attribution contestée. — La « Summa Sententiarum » de Hugues de St-Victor. Revue augustinienne, 1908.

CLERVAL. — Les Écoles de Chartres au moyen âge, Paris, 1895.

COMPAYRÉ (G.). — Abélard and the origins and early history of Universities, London, 1893.

COUSIN (V.). — Ouvrages inédits d'Abélard — Introduction, Paris, MDCCCXXXVI.

CROZALS (J. DE). — Lanfranc, archevêque de Cantorbéry, Paris, 1877.

DELISLE (L.). — Summa dictaminis. — Annuaire-bulletin de la Société de l'histoire de France, 1869.

— Le Formulaire de Clairmarais, Journal des Savants, 1899.

— Notice sur les manuscrits du « Liber floridus » de Lambert, chanoine de Saint-Omer. — Notices et extraits des manuscrits de la Bibliothèque nationale, t. XXXVIII, p. 577 à 791.

DEMIMUID (M.). — De Bernardo Carnotensi grammatico professore et interprete Virgilii, Paris, 1873.

— Jean de Salisbury, Paris, 1873.

— Pierre le Vénérable, Paris, 1895, 2° éd.

DENIFLE (H.) O. P. — Die Universitäten des Mittelalters bis 1400, Bd I, Berlin, 1885.

— Abaelardis Sentenzen und die Bearbeitungen seiner Theologia, Archiv für Literatur und Kirchengeschichte des Mittelalters, Bd I.

— Die Sentenzen Hugos von St-Victor, Archiv, Bd III.

— Quel livre servait de base à l'enseignement des maîtres en théologie dans l'Université de Paris, traduit de l'allemand par le P. Thiriot, O. P., Revue thomiste, t. II, 1894.

— Luther und Lutherthum. Erganzungsband I, Mainz, 1905.

Deutsch (S. M.). — Peter Abälard, Leipzig, 1883.

Draeseke (J.). — Zu den Sentenzen des Peter Abälards — Zeitschrift
für wiss. Theol., Bd XLV, 1902.

D. U. (Berlière). — Les écoles abbatiales au moyen âge. — Ecoles
externes — Le Messager des Fidèles, Revue bénédictine, t. VI, 1889.

Du Boulay. — Historia Universitatis Parisiensis, t. II.

Du Cange. — Glossarium mediae et infimae latinitatis, ed. G. A. L.,
Henschel, Paris, Didot, 1840, 7 vol. in-4°.

Ebersolt (J.). — Essai sur Bérenger de Tours et la controverse sacramentaire au xiᵉ siècle. Revue de l'histoire des religions, t. XLVIII,
1903.

Endres (J. A). — Ueber den Ursprung und die Entwicklung der sch-
lastischen Lehrmethode. — Philos. Iahrbuch., t. II.

— Honorius Augustodunensis und sein Elucidarium. — Histor.-po-
litische Blätter, Bd CXXX, 1902.

— Honorius Augustodunensis, Kempten und München, 1906.

— Lanfrancs Verhältnis zur Dialektik, Katholik, Bd XXV, 1902.

— Manegold von Lautenbach, Histor.-polit. Blätter, Bd CXXVII, 1901.

— Manegold von Lautenbach « Modernorum magister Magistrorum ».
Histor. Iahrbuch, Bd XXV, 1904.

— Othlos v. St. Emmeran Verhältnis zu den freien Künsten, insbe-
sondere zur Dialektik, Philos. Iahrbuch, Bd XVII, 1904.

Fournier (P.). — Les collections canoniques attribuées à Yves de
Chartres. Bibliothèque de l'École des Chartes, t. LVII, 1896 et
t. LVIII, 1897, et Extrait, Paris 1897.

— Un adversaire inconnu de saint Bernard et de Pierre Lombard.
Bibliothèque de l'École des Chartes, t. XLVII, et Extrait 1886.

— Une preuve de l'authenticité de la Somme des Sentences attribuée
à Hugues de Saint-Victor, Annales de l'Université de Grenoble,
t. X et extrait, 1898.

— Joachim de Flore et le Liber de vera philosophia, Revue d'histoire
et de littérature religieuses, t. IV et extrait, Mâcon, 1899.

— La date du Décret de Gratien, Revue d'histoire et de littérature
religieuses, t. III, 1898.

Gietl (A. M.) O. P. — Die Sentenzen Rolands, nachmals Papstes Alexander III (mit einer Einleitung), Freiburg-in-Brisgau, 1891.

Godefroy (F.). — Dictionnaire de l'ancienne langue française, art.
Exposeor et Expositor.

Goldhorn (H.). — Abälard's dogmatische Hauptwerke, Zeitschrift f.
histor. Theologie, 1866.

Hablitzel (J. B.). — Hrabanus Maurus. Ein Beitrag zur Geschichte
der mittelalterischen Exegese, Biblische Studien, Bd XI, 3. Freiburg-in-Brisgau, 1906.

Hauréau (B.). — Histoire de la philosophie scolastique, t. I, Paris,
1872.

— Les œuvres de Hugues de Saint-Victor, 2ᵉ éd., Paris, 1886.

— Maître Bernard, Bibliothèque de l'École des Chartes, t. LIV, 1893.

HAURÉAU (B.). — Mémoire sur quelques chanceliers de l'Église de Chartres. Mémoires de l'Académie des Inscriptions et Belles-Lettres, t. XXXI, 2ᵉ p., 1883.

— — Mémoire sur quelques maîtres du xiiᵉ siècle.

— — Notices et extraits de quelques manuscrits de la Bibliothèque nationale, Paris, 6 v., 1890 à 1893.

— Compte rendu du livre de M. Bréal, De l'enseignement des langues anciennes, Journal des Savants, 1891.

— Compte rendu du livre de Clerval, Les Écoles de Chartres au moyen âge, Journal des Savants, 1895.

— Compte rendu de l'édition du Didascalion de Conrad de Hirschau, Journal des Savants, 1889.

— Compte rendu du livre de G. Lefèvre, De Anselmo Laudunensi scholastico, Journal des Savants, 1895.

HEITZ (Th.). — La philosophie et la foi dans l'œuvre d'Abélard. — Revue des sciences philosophiques et théologiques, 1ʳᵉ année, 1907.

Histoire littéraire de la France, t. X à XVI, édit. Palmé.

HUIT (Ch.). — Le platonisme au xiiᵉ siècle, Annales de philosophie chrétienne, t. XXI, novembre 1889.

JOURDAIN (Am. et Ch.). — Recherches critiques sur l'âge et l'origine des traductions latines d'Aristote, 2ᵉ éd., Paris, 1843.

KAISER (E.). — Pierre Abélard critique, Fribourg (Suisse), 1901.

KELLE (J.). — Ueber Honorius Augustodunensis in d. Elucidarium sive dialogus de summa totius christianae theologiae, Sitzungsb. d. k. Akad. d. Wiss. zu Wien, philos.-hist. Klasse, Bd. XLIII, n° 13, 1901.

KILGENSTEIN (J.). — Die Gotteslehre des Hugo von St-Victor, Würzburg, 1898.

LANGLOIS (Ch.-V.). — La littérature goliardique, Revue politique, 24 décembre 1892 et 12 février 1893.

— Questions d'histoire et d'enseignement, Paris, 1902.

— Maître Bernard, Bibliothèque de l'École des Chartes, t. LIV, 1893.

LEFÈVRE (G.). — De Anselmo Laudunensi scholastico, Mediolani Aulercorum, 1895.

MAITRE (L.). — Les Ecoles épiscopales et monastiques de l'Occident depuis Charlemagne jusqu'à Philippe-Auguste, Paris, 1866.

MANDONNET (P.) O. P. — Polémique averroïste de Siger de Brabant et de saint Thomas. — Revue thomiste, t. IV, 1896, n° 1.

— Siger de Brabant et l'averroïsme latin au xiiiᵉ siècle, Collectanea friburgensia, fasc. VIII, Fribourg (Suisse), 1899.

— Compte rendu des publications de P. Fournier sur le Liber de vera philosophia — Bulletin critique, 5 février 1901.

— Compte rendu du livre de F. Picavet, Roscelin philosophe et théologien, Revue thomiste, t. V, 1897.

MANSER (G. M.) O. P. — Ueber Umfang und Charakter der mittelalterlichen Scholastik, Histor.-polit. Blätter, Bd. CXXXIX, 1907 et Extrait.

Martène (dom). — De antiquis Ecclesiae ritibus, t. IV, Bassani, 1788.
— Thesaurus novus anecdotorum, Paris, 1717, 5 vol.
— Veterum scriptorum et monumentorum historicorum, dogmaticorum et moralium amplissima collectio, Paris, 1724-1733, 9 vol., in-fol.

Meyer (W.). — Die Anklagesätze des h. Bernhard gegen Abaelard, Nachrichten Göttingen, 1898.

Michaud (E.). — Guillaume de Champeaux et les écoles de Paris au xiie siècle, Paris, 1867.

Mignon. — Les origines de la scolastique et Hugues de Saint-Victor, Paris, 1896, 2 vol.

Moirat (E.). — Notion augustinienne de l'herméneutique, Clermont-Ferrand, 1906.

Monod (B.). — Le moine Guibert et son temps, Paris, 1905.

Ostler (H.). — Die Psychologie des Hugo von St-Viktor, Beiträge zur Geschichte der Philosophie des Mittelalters, Bd VI, 1, Münster, 1906.

Paris (G.). — La poésie au moyen âge, 2e éd., Paris, 1887.

Picavet (F.). — Esquisse d'une histoire générale et comparée des philosophies médiévales, Paris, 1905.
— Gerbert, un pape philosophe, Bibliothèque de l'École des Hautes-Études, Sciences religieuses, t. IX, Paris, 1897.
— Roscelin, philosophe et théologien d'après la légende et d'après l'histoire, Paris, 1896.

Poole (R. L.). — Illustrations of the history of medieval thought, London, 1884.

Portalié. — Article Abélard. — Dictionnaire de théologie catholique, sous la direction de A. Vacant.

Pourrat (P.). — La théologie sacramentaire, Paris, 1907.

Prantl (G.). — Geschichte der Logik im Abendlande, Bd II, Leipzig, 1861.

Ragey (P.). — Saint Anselme professeur, Annales de philosophie chrétienne, t. XXI, nov.-déc. 1889.

Rémusat (Ch. de). — Abélard, 2 vol., 2e éd., Paris, 1855.

Saltet (L.). — Les Réordinations, Paris, 1907.

Savigny (de). — Histoire du droit romain au moyen âge, traduit de l'allemand par Ch. Guenoux, 4 tomes en 3 vol., Paris, 1839.

Schaarschmidt (C.). — Joannes Saresberiensis, Leipzig, 1862.

Schmidt (O.). — Hugo von St-Victor als Pädagog, Meissen, 1893.

Simler (J.). — Des Sommes de théologie, Paris, 1871.

Stolzle (R.). — Abaelards 1121 zu Soissons verurtheilter Tractatus de Unitate et Trinitate divina, mit einer Einleitung, Freiburg-in-Brisgau, 1891.

Sudre (L.). — Publii Ovidii Nasonis Metamorphoseon libros quomodo nostrates medii aevi poetae imitati interpretatique sint, Paris, 1893.

Thaner (Fr.). — Abälard und das canonische Recht; die Persönlichkeit in der Eheschliessung, Zwei Festreden, Graz, 1900.

THOMAS (P.). — Un commentaire au moyen âge sur la Rhétorique de
Cicéron, Mélanges Graux, Paris, 1884.

— THUROT (Ch.). — De l'organisation de l'enseignement dans l'Université de Paris au moyen âge, Paris et Besançon, 1850.

UEBERWEGS-HEINZE. — Grundriss der Geschichte der Philosophie,
Bd II, 3e éd., Berlin, 1905.

VACANDARD (E.). — Abélard, sa lutte avec saint Bernard, sa doctrine,
sa méthode, Paris, 1881.

— Vie de saint Bernard, 2 vol., Paris, 1897.

VALOIS (N.). — De arte scribendi epistolas apud Gallicos medii aevi
scriptores rhetoresve, Paris, 1880.

VERRET (F.). — art. Pierre de Bruys, Dictionnaire de théol. cath.
sous la direction de A. Vacant.

N. B. 1) Comme nous renvoyons souvent, dans ce travail, aux
œuvres d'Abélard et de Jean de Salisbury, nous n'avons pas d'ordinaire indiqué pour ces auteurs la tomaison de la *P. L.* dans les notes.
Pour Abélard c'est toujours le t. CLXXVIII, pour Jean de Salisbury
le t. CXCIX.

2) Pour les œuvres théologiques d'Abélard, à côté des renvois à la
P. L. nous avons mis les renvois à l'éditition Cousin; ces derniers
sont entre parenthèses.

3) Dans la *P. L.* les œuvres de Hugues de Saint-Victor comprennent
les t. CLXXV, CLXXVI et CLXXVII. Le t. CLXXVI est, pour nous,
le plus important, car il contient le *De Sacramentis*, la *Summa Sententiarum* et le *Didascalion*. Lorsque nous renvoyons, pour Hugues
de Saint-Victor, à la *P. L.* sans indication de tome, c'est toujours au
t. CLXXVI qu'il faut se référer.

INTRODUCTION

« La période de notre histoire qui comprend le dernier quart du xi⁰ siècle et le premier tiers du siècle suivant, a vu se produire dans la société française des changements profonds.

« Un violent effort de l'Église pour se régénérer et rejeter les éléments féodaux ; la constitution définitive de la monarchie des papes, dont la réforme et la croisade inaugurent le pouvoir universel ; les tentatives de la grande féodalité pour fonder des gouvernements ; le premier essai d'émancipation du peuple dans les campagnes et dans les villes ; l'éveil de la raison indépendante qui donne un caractère nouveau aux études théologiques et un regain de vigueur à l'hérésie ; les progrès décisifs de l'art manifestés par les premiers chefs-d'œuvre de la littérature en langue vulgaire, par le prodigieux épanouissement de l'architecture romane et par la création de l'architecture ogivale : tel est le spectacle auquel ont assisté les contemporains de Grégoire VII, de saint Bernard et de Louis le Gros. »

Ces lignes par lesquelles A. Luchaire, dans l'*Histoire de France*, dirigée par M. Lavisse, commence son exposé si vivant de la Renaissance française de la fin du xi⁰ siècle et du début du xii⁰[1], présentent en raccourci les divers phéno-

---

1. *Histoire de France*, publiée sous la direction d'E. Lavisse, t. II, 2⁰ partie, l. II, p. 203.

mènes religieux, intellectuels, politiques et sociaux qui marquent cette renaissance. On peut discuter sur la justesse des termes employés pour caractériser ces phénomènes, mais aucun n'est oublié : réforme intérieure et extérieure de l'Église par l'imposition définitive du célibat ecclésiastique, par la réforme monastique et la lutte contre les empiètements du pouvoir civil ; concentration des forces de la chrétienté autour de la papauté ; formation des grandes natio nalités et mouvement d'émancipation des communes ; renaissance intellectuelle enfin, à la fois philosophique, théologique, littéraire et artistique.

Le présent travail est une contribution à l'étude d'un de ces phénomènes généraux : la renaissance intellectuelle qui a marqué la première moitié du XIIe siècle, considérée dans ses relations avec le mouvement scolaire contemporain. Cette renaissance a été plus d'une fois décrite avec enthousiasme par les historiens et comparée par eux à la renaissance plus célèbre du XVIe siècle. « Au XIIe comme au XIVe siècle, écrit M. Ch.-V. Langlois, il y eut une floraison extraordinaire d'art et de pensée ; et ce phénomène fut marqué par un retour passionné à l'étude de l'antiquité, alimenté par la découverte de fragments de la littérature antique. C'est vraiment, au temps d'Abélard et au temps de Ramus, le même enthousiasme pour la raison, pour la beauté, pour le savoir et pour le bien-dire, la même curiosité encyclopédique, la même vivacité printanière, la même affluence de jeunesse autour des maîtres réformateurs. Les écrits des étudiants et des maîtres de la première moitié du XIIe siècle sont aussi débordants de lyrisme que ceux des premiers néophytes de l'humanisme[1]. »

Cette époque voit en effet fleurir des poètes latins comme Baudri de Bourgueil, Marbode, Hildebert de Lavardin, Gauthier de Châtillon, dont les poésies rivalisent parfois avec celles des poètes latins de l'époque impériale, au point que des érudits s'y sont trompés et ont cru devoir attribuer

1. Ch.-V. Langlois, *Questions d'histoire et d'enseignement*, I, p. 14.

à Lucain un poème d'Hildebert de Lavardin[1]. A côté de ces poètes, il y a des théologiens et des philosophes, tels que saint Anselme, Abélard, Hugues et Richard de Saint-Victor, Jean de Salisbury, qui sont d'excellents latinistes, et ils le sont devenus à l'école de l'antiquité. C'est à la même école encore que s'est formée la langue de saint Bernard ; cette langue si savoureuse est « le pur latin, qu'il a chaque jour mieux appris, peut-être sans calculs, sans efforts, en ne lisant pas moins Sénèque que saint Jérôme[2] ».

Ce culte de la belle langue latine est presque général alors, tandis qu'il ne constituera plus guère au xiiie siècle que l'exception. Toutefois il n'est pas seul à enthousiasmer les esprits. Les sciences, le droit, la philosophie, la théologie les excitent aussi. C'est alors qu'Irnerius, à Bologne, fonde l'enseignement du droit, qu'Abélard, à Paris, constitue la méthode de la théologie scolastique, et que, sous son influence, Gratien compose son *Décret* qui servira de base à tout l'enseignement ultérieur du droit canonique. C'est alors aussi que les parties les plus importantes de l'*Organon* d'Aristote sont traduites en latin, ce qui a pour effet d'accroître encore l'ardeur avec laquelle on se livre à l'étude de la logique depuis qu'a été soulevé le problème métaphysique des universaux. C'est alors enfin que de jeunes savants, comme Robert de Rétine et Hermann le Dalmate, vont passer plusieurs années en Espagne pour en rapporter les traités scientifiques des Arabes.

Il est vrai, on ne se porte pas à la fois et en même temps vers toutes les parties du savoir avec la même ardeur. Au début du xiie siècle, la culture paraît plus littéraire avec Baudri de Bourgueil, Marbode, Hildebert de Lavardin : c'est le règne de la grammaire. Mais déjà la dialectique a brillé avec Bérenger de Tours, Roscelin et Guillaume de Champeaux ; et la génération suivante, formée par Abélard, sans mépriser la grammaire et la poésie, crie bien haut la supériorité de la dialectique. Qu'une génération passe en-

---

1. Voir B. Haureau, article sur l'ouvrage de Bréal : *De l'enseignement des langues anciennes. Journal des Savants*, 1891, p. 504.
2. B. Haureau, *Journal des Savants*, ibid., p. 505.

core et l'humaniste qu'est Jean de Salisbury prononcera, dans son *Metalogicus*, l'oraison funèbre des belles-lettres tuées par la dialectique, et expliquera en vain à ses contemporains que la dialectique sert à tout et ne suffit à rien.

Si l'on veut cependant personnifier en une figure toute cette renaissance intellectuelle de la première moitié du xiie siècle, c'est le nom d'Abélard qui se présente immédiatement à l'esprit. Sa mémoire est meublée des souvenirs de l'antiquité littéraire. Pour exprimer les diverses passions qui ont agité sa vie, ce sont des vers de Virgile, d'Horace, d'Ovide, de Lucain, ou des traits de Sénèque qui viennent sous sa plume, dans l'*Histoire de ses Calamités*. Il compose des hymnes pour les religieuses du Paraclet, et, pour l'édification de son fils Astralabe, il lui adresse un poème qui rappelle les distiques moraux de Denys Caton. En même temps il élève si haut aux yeux de ses contemporains l'étude de la dialectique qu'ils croient voir en lui un autre Aristote. Il se livre à la théologie, et son *Sic et Non* en renouvelle la méthode. Les sciences naturelles enfin, telles qu'on les connaissait de son temps, ne lui sont pas non plus étrangères : son commentaire de l'*Hexameron* en témoigne. Par cette variété de connaissances, Abélard est donc bien le représentant le plus significatif de cette renaissance universelle, de cette « curiosité encyclopédique » de la première moitié du xiie siècle.

Or, fait important à noter, Abélard est, en même temps, le professeur le plus célèbre de l'époque. Les étudiants accourent en foule pour l'entendre sur la montagne Sainte-Geneviève, et à peine la renommée leur a-t-elle appris qu'après une interruption forcée, il va reprendre son enseignement, que la solitude où il s'était retiré, se peuple, et qu'un village entier se construit autour de l'humble chapelle du Paraclet[1]. Cette simultanéité n'est pas fortuite : si Abélard est à la fois le professeur le plus célèbre et le représentant le plus significatif du mouvement intellectuel de son temps,

---

1. Abélard, *Historia calamitatum*, *P. L.*, CLXXVIII, col. 160 (I, p. 25).

c'est qu'alors, comme pendant tout le moyen âge, la vie intellectuelle et la vie scolaire sont intimement unies.

Sans doute, à toutes les époques et dans tous les pays, l'enseignement est un facteur important de la vie intellectuelle et de la vie sociale; et c'est pourquoi l'étude des institutions scolaires sera toujours d'une grande utilité pour l'historien qui voudra comprendre une époque, s'expliquer la mentalité d'une génération d'hommes, exposer la formation progressive des idées et du caractère d'un individu [1]. Mais jamais peut-être l'importance de la vie scolaire n'a été, sous ce rapport, aussi grande qu'au moyen âge, et, pendant le moyen âge, qu'aux xii° et xiii° siècles. A cette époque, en effet, « en raison de la rareté des manuscrits, de l'absence de journaux, de revues et de livres imprimés, tout enseignement est scolaire, toute science se transmet oralement. Il y a une histoire, une théologie, une philosophie scolastiques. C'est dans les écoles qu'on étudie le droit canonique et le droit romain, qu'on apprend de la médecine et des sciences tout ce qui n'est pas pur empirisme [2] ». Dès lors, quand cette importance de la vie scolaire, cette nécessité absolue de l'audition d'un maître pour l'acquisition de la science coïncident, comme c'est le cas aux xii° et xiii° siècles, avec une soif de connaissances, une rigueur dans l'effort pour apprendre, que ne rebute aucun obstacle, on comprend de quelle importance est l'étude des institutions scolaires à de pareilles époques. Puisque le progrès de la science se fait alors dans l'école et par l'école, l'étude des écoles, de leur organisation, des méthodes et des matières d'enseignement, fait partie intégrante de l'histoire des idées et permet d'expliquer bien des progrès, bien des transformations.

C'est la pensée du rapport étroit existant, au xii° siècle, entre le mouvement intellectuel et le mouvement scolaire qui nous a guidé dans notre travail. En parcourant les écrits d'Abélard, de Hugues de Saint-Victor, de Jean de Salis-

1. Voir sur ce point d'intéressantes considérations de F. PICAVET, *Esquisse d'une histoire comparée des philosophies médiévales,* p. 76.

2. F. PICAVET, *ouv. cit.,* p. 77.

bury et de leurs contemporains, pour noter les renseignements qu'ils nous fournissent sur les usages scolaires du temps, nous avons été amené à constater combien l'enseignement théologique, tout en ayant ses caractères propres, était étroitement lié aux méthodes d'enseignement employées alors dans l'étude des autres connaissances, et comment la création de la méthode de la théologie scolastique, ainsi que des sommes de théologie, était en fonction du mouvement scolaire contemporain.

A cette constatation se rattache l'économie de notre travail. Il comprend deux parties. La première a pour but de faire connaître le milieu scolaire de la première moitié du xii° siècle, c'est-à-dire les écoles, leur nombre, leur nature, leur organisation, les méthodes d'enseignement, l'importance respective attribuée aux diverses matières étudiées dans les écoles. La seconde partie est consacrée spécialement à l'enseignement· de la théologie. Nous essayons d'y montrer comment à cette époque cet enseignement a pris la forme qu'il devait conserver pendant tout le moyen âge.

Les difficultés particulières aux études du genre de celle-ci ont été signalées en partie par M. F. Picavet dans l'ouvrage auquel nous nous sommes déjà référé[1]. Il y a d'abord le danger d'erreurs auxquelles expose l'usage presque général alors des *deflorationes*. Trop souvent, tel passage d'un auteur, dont on est porté à faire état pour exposer les idées particulières de cet auteur, pour dater un ouvrage ou pour fixer l'origine d'une coutume, a été emprunté mot pour mot à un Père de l'Église. Parfois l'auteur, sans citer exactement ses sources, avertit du moins qu'il a emprunté sa doctrine aux Pères, à tel ou tel en particulier. Mais plus d'une fois aussi il n'en dit rien, si bien qu'il faudrait connaître en détail les œuvres de saint Augustin, de saint Jérôme, de saint Grégoire, d'Isidore de Séville, de Bède, pour distinguer dans un auteur d'alors ce qui est original de ce qui est emprunté. Assez souvent même cela ne pour-

---

1. F. PICAVET, *Esquisse...*, p. 78.

rait suffire, car les contemporains sont mis à contribution tout aussi bien que les anciens, sans plus d'indications des sources. Nous verrons que les meilleurs auteurs, tels qu'un Hugues de Saint-Victor, ne sont pas exempts du procédé. Il nous arrivera de constater que si les contemporains de Hugues l'ont appelé un second Augustin, c'est bien un peu parce que, de temps en temps, il copiait le premier sans le dire.

En outre, les documents authentiques, assez peu nombreux, sont difficiles à comprendre et mêlés à beaucoup d'apocryphes. Il importe aussi d'éviter les généralisations hâtives, de ne pas croire sans preuve que telle prescription édictée par un concile a été immédiatement appliquée, que telle coutume constatée à une époque et dans un pays déterminés existait également ailleurs. D'autre part l'intérêt que nous portons aujourd'hui à l'étude des coutumes et des institutions n'existant guère pour les gens d'alors, ils ont omis bien souvent de nous les signaler, et c'est risquer de tomber dans l'erreur que de conclure à la non-existence de telle ou telle institution, de telle ou telle école, parce que les contemporains n'en parlent pas [1].

Pour toutes ces raisons et pour une autre plus grave encore, notre inexpérience de débutant dans les études historiques, nous ne saurions songer à voir dans les constatations que nous ferons, dans les conclusions que nous poserons, que des approximations de la vérité, sujettes à révision.

Les lacunes et les imperfections de cet ouvrage, disons-le en terminant, auraient été beaucoup plus sensibles si nous n'avions trouvé un excellent guide dans la personne du Révérend Père Mandonnet, professeur d'histoire ecclésiastique à l'Université de Fribourg. Sa profonde connaissance du moyen âge autant que sa précieuse bibliothèque, nous a été d'un secours inestimable. C'est pour nous un devoir et un plaisir de lui en exprimer ici toute notre gratitude.

---

1. C'est ce qu'oublie un peu M. F. Picavet lorsqu'il critique ce qu'il appelle les habitudes apologétiques des Bénédictins, *ouv. cit.*, p. 78.

PREMIÈRE PARTIE

LES ÉCOLES

CHAPITRE Iᵉʳ

LES PRINCIPALES ÉCOLES PENDANT LA PREMIÈRE MOITIÉ DU XIIᵉ SIÈCLE.

Diverses catégories d'écoles : épiscopales, monastiques, capitulaires, presbytérales. — I. *Les écoles épiscopales :* leur nombre; leur renommée dépend de celle du maître qui y enseigne; spécialités de certaines d'entre elles. Prédominance des écoles de l'Ile-de-France, de Paris en particulier. — II. *Les écoles monastiques :* elles n'ont pas d'écoles extérieures; mouvement opposé aux écoles au nom de la discipline monastique; elles prennent peu de part à la renaissance intellectuelle. — III. *Extension de l'instruction :* instruction des clercs, des nobles, des femmes, du peuple.

Pendant la première moitié du xııᵉ siècle, comme pendant le moyen âge, de Charlemagne au début du xıııᵉ siècle, il y a trois sortes d'écoles : les *écoles épiscopales* ou cathédrales, placées sous la haute surveillance de l'évêque et dirigées d'ordinaire par des maîtres appartenant au clergé séculier, les *écoles monastiques* qui, comme leur nom l'indique, sont les écoles des monastères, et les *écoles presbytérales* ou écoles des paroisses. On pourrait y joindre les *écoles capitulaires* ou canoniales; mais, parmi celles-ci, les unes, attachées à une collégiale de chanoines séculiers, ressemblent aux écoles épiscopales, les autres, écoles de chanoines réguliers, comme l'école de Saint-Victor de Paris, se rapprochent des écoles monastiques.

Des écoles presbytérales nous ne dirons rien, car, peu nombreuses et ne donnant qu'un enseignement très élémentaire, elles n'ont pas exercé d'influence[1].

I

Les écoles épiscopales sont, relativement au xi° siècle, assez nombreuses. Le nombre des maîtres avait en effet beaucoup augmenté durant la dernière moitié du xi° siècle, ainsi qu'en témoigne Guibert de Nogent. Celui-ci raconte dans son autobiographie que, lorsqu'il commença ses études, vers 1060, « on ne rencontrait pour ainsi dire pas de maîtres de grammaire dans les bourgs; c'est à peine si on pouvait en trouver dans les grandes villes; encore leur science était-elle bien courte ». Par contre, lorsqu'il écrit ses *Gesta Dei per Francos*, c'est-à-dire au début du xii° siècle, entre 1104 et 1112[3], il déclare que « la grammaire fleurit çà et là et que le grand nombre des écoles la met à la portée des plus pauvres[4] ». La fin du xi° siècle et la première moitié du xii° marquent, en effet, la période la plus florissante des écoles épiscopales, car, avant cette époque, elles sont surpassées par les écoles monastiques,

---

1. Le P. BERNARD, *De l'enseignement élémentaire en France aux XI° et XII° siècles*, p. 117 et suiv., en indique quelques-unes, mais les textes cités ne sont pas toujours très probants, car parfois on ne distingue pas s'il s'agit d'écoles presbytérales ou d'autres écoles.

2. GUIBERT DE NOGENT, *De vita sua*, l. I, c. iv : « Erat paulo ante id temporis, et adhuc partim sub meo tempore tanta grammaticorum raritas, ut in oppidis pene nullus, in urbibus vix aliquis reperiri potuisset, et quos inveniri contigerat, eorum scientia tenuis erat, nec etiam moderni temporis clericulis vagantibus comparari poterat. » *P. L.*, CLVI, col. 844.

3. Pour cette date voir B. MONOD, *Le moine Guibert et son temps*, p. 256, n. 1.

4. « Cum enim passim videamus fervere grammaticam et quibusque vilissimis prae numerositate scolarum hanc patere noverimus disciplinam. » GUIBERT DE NOGENT, *Gesta Dei per Francos*, Praefatio, *P. L.*, CLVI, col. 681.

et dès la fin du xɪɪ° siècle, elles sont éclipsées par l'Université de Paris. Toutefois, même à cette époque où elles sont le plus florissantes, leur nombre n'est pas aussi grand qu'on l'a parfois prétendu. Les auteurs de l'*Histoire littéraire de la France* affirment qu'il y en avait alors une dans chaque ville épiscopale[1]. Le P. Bernard le répète après eux[2], mais il avoue lui-même n'en avoir pas la preuve[3]. De fait, M. L. Maitre, dans son ouvrage sur les écoles épiscopales et monastiques, a dressé la liste de celles dont l'existence est attestée par les documents[4], et l'on peut constater qu'il n'y en a pas une pour chaque ville épiscopale. Au reste on ne s'en étonnera pas, pour peu que l'on songe aux traits qui les caractérisent.

Celui qui frappe tout d'abord, c'est que l'éclat de ces écoles dépend presque exclusivement de la valeur des maîtres qui les dirigent. H. Pasquier disait des universités du moyen âge qu'elles étaient bâties en hommes, pour faire entendre qu'elles étaient constituées par des corporations sans attaches fixes. Ce mot est encore plus vrai des écoles du xɪɪ° siècle. Elles brillent soudain lorsqu'un maître célèbre y enseigne. Vient-il à mourir ou va-t-il enseigner ailleurs, très vite l'école tombe dans l'oubli. Dans la dernière moitié du xɪ° siècle, c'était une école monastique, l'école de l'abbaye du Bec, qui avait attiré à elle les étudiants par la renommée de l'enseignement de Lanfranc et de saint Anselme. Au début du xɪɪ° siècle, c'est l'école épiscopale de Laon qui est la plus fréquentée, et pour la même raison : un maître célèbre, Anselme de Laon, y occupe la chaire. Il est aidé par son frère Raoul, mais celui-ci, après la mort d'Anselme, survenue en 1117, ne peut maintenir l'éclat de l'école. Alors Paris attire déjà les étudiants avec Guillaume de Champeaux et Abélard. Les nombreuses pérégrinations

---

1. *Histoire littéraire de la France*, t. IX, p. 32.
2. Cf. Bernard, *ouv. cité*, p. 103 et 106.
3. Id., *ibid.*
4. L. Maitre, *Les écoles épiscopales et monastiques de l'Occident depuis Charlemagne jusqu'à Philippe-Auguste*, ch. vɪɪɪ, p. 140-172. Cf. encore *Hist. litt.*, IX, p. 60 et suiv.

de ce dernier apportent une intéressante confirmation au
fait que nous signalons. Qu'il enseigne à Melun, à Corbeil,
à Paris, ou bien dans des lieux presque inhabités, comme
à Maisoncelle, près de Provins, ou au Paraclet, près de
Nogent-sur-Seine, ses disciples le suivent pour l'entendre,
aussi nombreux à la campagne que dans les villes [1]. Il trans-
porte, pour ainsi dire, son école avec lui, ce qui montre bien
que le maître est toute l'école. On voit de même un certain nombre d'écoles épiscopales jeter quelque éclat, juste
le temps où un professeur de renom y enseigne. Ainsi
Angers a quelque célébrité avec Geoffroy Babion et Ulger,
Reims avec Albéric, Cambrai avec Odon, Auxerre avec
Gilbert l'Universel, Bourges avec Joscelin de Vierzy;
l'école de Laon, découronnée par la mort d'Anselme,
retrouve un peu de vie sous Gautier de Mortagne, et
celle de Tours, jadis illustrée par Bérenger, se relève quelque temps avec Bernard Silvestris.

Cependant, si à cette époque une école doit toute sa
renommée au maître qui y enseigne, lorsque celui-ci y
reste assez longtemps et se distingue d'une manière particulière dans telle ou telle branche d'enseignement, il se
forme peu à peu vers cette école un courant qui attire à
elle maîtres et étudiants, et elle se fait comme une spécialité qui lui donne un éclat plus durable. Au début du
xiie siècle, Angers, Meung-sur-Loire, Tours, sont des cen-
tres poétiques; à partir de 1140, c'est à Orléans que l'on
accourt pour étudier les *auctores* et pour se former à l'art
épistolaire, l'*ars dictaminis*, si lucratif alors. Paris, dès
1100, est la grande école de dialectique, et bientôt, grâce au
talent d'Abélard, elle va devenir la grande école de théologie [2]. Montpellier est aussi bien connue par son école de
médecine. Seule Chartres semble faire exception. La gloire

1. ABÉLARD, *Historia calamitatum*, *P. L.*, col. 116-126, 138 et 159
(I, p. 4-9, 18, 25).
2. On connaît les vers de Geoffroy de Visenau :

    In morbis sanat medici virtute Salernum
    Aegros. In causis Bononia legibus armat
    Nudos. Parisius dispensat in artibus illos
    Panes unde cibat robustos. Aurelianis
    Educat in cunis auctorum lacte tenellos.

de Bernard de Chartres y a attiré de brillants étudiants : Thierry de Chartres, Gilbert de la Porrée, Guillaume de Conches, Richard l'Évêque. Devenus maîtres à leur tour, ils continuent les traditions de Bernard de Chartres qui était à la fois grammairien et philosophe. Grâce à eux, on étudie à Chartres, avec la même ardeur, toutes les parties du trivium et du quadrivium, et ce caractère d'universalité donne à cette école « une auréole qui n'appartient qu'à elle seule au XIIe siècle [1] ».

De ces divers courants qui se forment alors, le plus puissant est celui qui attire les étudiants vers l'Ile-de-France, vers la France, comme disent les auteurs du temps. Dès 1087, Robert d'Arbrissel, à la recherche des lettres qui semblent le fuir, quitte la Bretagne et vient en France parce que la France est déjà célèbre par ses écoles [2]. Paris, Orléans, Meung, Melun, Laon, Chartres forment, en effet, un groupe à l'activité intellectuelle duquel rien ne saurait être comparé alors en Occident. Dans ce groupe, c'est Paris qui attire le plus maîtres et étudiants. Pendant la période dont nous nous occupons, la plupart des professeurs de renom y ont étudié ou cherchent à y enseigner. En même temps qu'Abélard ou après lui, ce sont Adam du Petit-Pont, Thierry de Chartres, Gilbert de la Porrée, Robert Pullus, Robert de Melun, Simon de Poissy, Pierre Lombard, Maurice de Sully. Les uns sont Anglais, comme Adam du Petit-Pont, Robert de Melun, Robert Pullus ; d'autres Italiens, comme Pierre Lombard ; d'autres, comme Thierry de Chartres et Gilbert de la Porrée, attirés par Paris, ont quitté Chartres, alors cependant florissante. Les étudiants arrivent, eux aussi, non seulement de toutes les parties de la France, mais encore d'Angleterre, d'Allemagne, d'Italie. Hugues de Saint-Victor vient de Saxe, et Jean de Salisbury d'Angleterre. Des princes d'Allemagne, des sénateurs romains écrivent au

---

1. CLERVAL, *Les écoles de Chartres au moyen âge*, p. 272.
2. « Fugientes litteras per orbem persequi videbatur et quoniam Francia tum florebat in scholaribus emolumentis copiosior, fines paternos tanquam exsul fugitivus exivit, et Franciam adiit. » Ap. BOLLANDISTES, 25 fév., p. 604, cité par L. MAITRE, *ouv. cit.*, p. 132.

roi de France, Louis VII, pour lui recommander des jeunes gens qui se rendent à Paris pour leurs études [1]. L'exil est même devenu si ordinaire qu'on le déclare nécessaire à qui veut acquérir la science [2].

Ces étudiants venus ainsi à Paris de partout sont si nombreux qu'à en croire les affirmations, un peu exagérées sans doute, de certains historiens, leur nombre égale alors celui des habitants de la ville [3]. On pense bien, dès lors, qu'ils ne sont pas tous groupés autour d'une seule chaire. L'école du cloître Notre-Dame ne peut plus les contenir. Plusieurs maîtres enseignent dans l'île même. D'autres, depuis qu'Abélard en a donné l'exemple, tiennent école en dehors de la ville, sur la montagne Sainte-Geneviève, ou près de l'église Saint-Hilaire [4]. Les écoles de la montagne Sainte-Geneviève existent encore lorsque Jean de Salisbury termine ses études vers 1147 [5]. Mais en 1148 les chanoines réguliers de Saint-Victor ayant remplacé les chanoines séculiers, les écoles de Sainte-Geneviève disparaissent [6].

Faut-il joindre aux écoles fréquentées par les étudiants l'école de Saint-Victor? La question n'est pas facile à résoudre. Il est certain que Guillaume de Champeaux, après s'être retiré à Saint-Victor, continua à y tenir une école publique : Abélard l'affirme [7]. D'autre part, au temps d'Etienne de Tournay, abbé de Sainte-Geneviève dans la deuxième moitié du xiie siècle, il est non moins certain qu'il n'y avait pas d'école publique à Sainte-Geneviève et à Saint-Victor [8]. Mais est-ce immédiatement après le départ de Guillaume de Champeaux que l'école de Saint-Victor fut

---

1. *Chartularium Universitatis Parisiensis*, I, p. 37, 38, 39.

2. JEAN DE SALISBURY, *Polycraticus*, l. VII, c. XIII, *P. L.*, CXCIX, col. 666. — HUGUES DE SAINT-VICTOR, *Didascalion*, l. III, cap. xx, *P. L.*, CLXXVI, col. 778.

3. L. MAITRE, *ouv. cit.*, p. 147.

4. *Historia pontificalis*, ap. M. G. H., XX, p. 537. — *Vita Goswini*, *Recueil des Historiens des Gaules*, t. XIV, p. 442.

5. JEAN DE SALISBURY, *Metalogicus*, l. II, c. x, *P. L.*, ibid., col. 869.

6. H. DENIFLE, *Die Universitäten des Mittelalters*, Bd I, p. 656 et suiv.

7. ABÉLARD, *Hist. cal.*, *P. L.*, col. 119 (I, p. 5).

8. H. DENIFLE, *ouv. cit.*, p. 658 et 673.

uniquement réservée aux chanoines réguliers, ou bien Hugues de Saint-Victor, « magister Hugo », comme l'appellent ses contemporains, tint-il lui aussi une école publique? On ne saurait décider la question d'une manière définitive. Cependant, comme les personnages célèbres qui, d'après un manuscrit du xive siècle, sont sortis de cette école, sont tous des chanoines réguliers[1], comme, d'autre part, on ne cite aucun membre du clergé séculier qui ait été le disciple de Hugues, comme Hugues lui-même, dans son *Didascalion*, déclare qu'il est contraire à l'état monastique—et sans doute entend-il aussi par là les chanoines réguliers — de tenir une école publique[2], il est probable qu'après l'élévation de Guillaume de Champeaux sur le siège de Châlons, l'école de Saint-Victor cessa d'être publique. D'ailleurs, malgré les insinuations d'Abélard, il semble bien que Guillaume de Champeaux songeait, en embrassant la vie régulière, à renoncer à son enseignement : on le lui avait conseillé, et s'il ne le fit pas, ce fut sur la demande instante d'Hildebert de Lavardin[3]. Par conséquent, pendant la première moitié du xiie siècle, l'île et la montagne Sainte-Geneviève étaient les seuls endroits où se tenaient les écoles publiques de Paris.

II

Quel rôle jouaient à côté des écoles de Paris et des écoles épiscopales les écoles monastiques? Ont-elles été, comme celles-ci, les foyers de la renaissance du xiie siècle? On l'affirme assez généralement. Pour M. L. Maître, le grand épanouissement des ordres religieux à cette époque est une des causes de la renaissance. « Il est indubitable, écrit-il, que la rivalité qui s'établit entre les nouvelles communautés et les anciennes, éveilla l'émulation et donna une forte impulsion aux études[1]. » Molinier pense également que, pres-

<hr>

1. Cité *P. L.*, CLXXV, col. cxli. Il est dit d'eux : « fuerant ibidem accepti canonici professi ».

2. HUGUES DE SAINT-VICTOR, *Didascalion*, l. V, c. viii, *P. L.*, col. 796.

3. *Hildeberti epistolarum*, l. I, ep. i, *P. L.*, CLXXI, col. 142.

que partout, l'introduction des Clunisiens donna le signal de la renaissance des études[2]. C'est aussi l'opinion de M. A. Luchaire[3]. Toutefois, au cours de nos recherches, nous avons constaté un certain nombre de faits qui paraissent de nature à modifier cette opinion trop facilement admise.

Qu'au XIIe siècle il y ait eu des écoles monastiques, cela est certain : M. L. Maître, à la suite des auteurs de l'*Histoire littéraire*, en a énuméré un assez grand nombre[4]. Mais ces écoles sont des écoles intérieures. Dom U. Berlière s'est efforcé de montrer que des laïques et des clercs fréquentaient les écoles bénédictines, et que celles-ci, par conséquent, étaient à la fois internes et externes[5]. Mais son article embrasse une période trop vaste : on ne saurait tirer de conclusions précises d'exemples empruntés à quatre siècles différents du moyen âge (du IXe au XIIe siècle). Il importe de distinguer les époques. Au XIe siècle, il est certain que des clercs séculiers fréquentèrent certaines écoles monastiques : c'est le cas de l'abbaye du Bec et des fondations de Saint-Bénigne de Dijon; mais on n'a aucune preuve qu'il y eût des laïques à ces écoles[6], ni que les écoles fréquentées par les clercs fussent des écoles externes des monastères. Quant à la première moitié du XIIe siècle, les cas cités par D. Berlière se ramènent à deux : celui de l'abbaye de Saint-Vincent de Metz où enseignait Sigebert de Gembloux[7], et celui de l'abbaye de Saint-Trond[8]. Mais ici

---

1. L. Maitre, *ouv. cit.*, p. 142.

2. Molinier, *Les Sources de l'Histoire de France*. Introduction générale, t. V, p. LXXII.

3. A. Luchaire, *ouv. cit.*, p. 186.

4. L. Maitre, *ouv. cit.*, p. 140-172. — *Hist. litt.*, IX, p. 92-113.

5. D. U. B(erlière), *Les écoles abbatiales au moyen âge. — Ecoles externes*, art. du *Messager des Fidèles, Revue Bénédictine*, VI, 1889, p. 499-511.

6. Aux écoles de Saint-Bénigne il n'y avait que des clercs; c'est pour eux qu'elles avaient été fondées. Raoul Glaber le dit formellement : « cernens... in plebeiis maxime scientiam psallendi ac legendi deficere et annullari clericis, instituit scholas sacri ministerii ». Raoul Glaber, *Vita Sancti Guillelmi Divionensis*, n° 14, *P. L.*, CXLII, col. 709.

7. D. U. B., *art. cit.*, p. 504.

8. Id., *art. cit.*, p. 507.

encore il ne s'agit visiblement que de clercs, il n'est pas parlé d'école extérieure, et même pour Saint-Trond, l'école extérieure est formellement exclue par le témoignage du chroniqueur qui nous apprend que les clercs qui y avaient été élevés y menaient la même vie que les oblats. Nous voyons de même que Guibert de Nogent, jeune clerc recueilli à l'abbaye de Saint-Germer-de-Fly, habitait sous le même toit que les moines, sans être encore oblat[1].

Du reste nous savons d'une manière certaine que les Chartreux et les Cisterciens n'avaient point d'écoles publiques, et les Prémontrés non plus[2]. La réforme clunisienne y était également opposée. Au bourg de Cluny, de jeunes clercs de familles nobles avaient jadis été élevés par les moines, mais il n'y en avait plus au temps de Pierre le Vénérable[3]. A Lobbes, vers 1134, l'abbé Léonius, venu d'Anchin, sous l'influence des idées de Cluny, enleva aux moines pour la confier à un chanoine, l'école de Saint-Ursmer qui faisait la gloire de l'abbaye, et cela, parce qu'il regardait la tenue des écoles comme contraire à la discipline monastique[4]. D. U. Berlière reconnaît lui-même que « l'influence de Cluny contribua à la disparition des écoles monastiques[5] », et cependant Cluny était regardé comme un ordre ami des études. En dehors de l'influence clunisienne, nous voyons encore à Tours[6], à Saint-Martin-en-Val[7], à Châteaudun[8], des

---

1. Guibert de Nogent, *De vita sua*, l. I, 15, *P. L.*, CLVI, col. 866.

2. *Hist. litt.*, IX, p. 119-125. Au chapitre général de Cîteaux tenu en 1134, on interdit de donner l'enseignement dans les monastères de l'ordre à d'autres qu'aux moines ou à ceux qui sont reçus novices : Sancti Rainardi, *Cisterc. abbatis Instituta capituli generalis*, c. 76, *P. L.*, CLXXXI, col. 1737.

3. Dans la *Dispositio rei familiaris* Pierre le Vénérable dit qu'aux cinq cents setiers fournis au monastère on en avait ajouté autrefois soixante « ut quosdam clericellos nobiles qui *tunc* in burgo Cluniacensi docebantur aleret ». Pierre le Vénérable, *Dispositio rei familiaris*, *P. L.*, CLXXXIX, col. 1051. Ce texte prouve qu'il n'y avait dans cette école que des clercs et qu'elle n'existait plus lorsque Pierre le Vénérable écrivait.

4. *Gesta abbatum Lobbensium*, ap. M. G. H., XXI, p. 327.

5. D. U. B., *art. cit.*, p. 507.

6. L. Maître, *ouv. cit.*, p. 161.

7. Clerval, *ouv. cit.*, p. 301.

8. Id., *ouv. cit.*, p. 207.

écoles précédemment tenues par des moines, confiées à cette époque à des maîtres séculiers. Ces faits prouvent qu'il y avait au xiie siècle une tendance chez les moines et les réformateurs à laisser aux séculiers les écoles publiques.

Il faut chercher l'origine de cette tendance dans la volonté qu'ont les réformateurs religieux de rétablir l'intégrité de la discipline monastique. On dit alors couramment que l'office des moines n'est pas d'enseigner, mais de gémir et de pleurer. Saint Anselme écrit à un moine que, du moment qu'il a renoncé au monde, il ne saurait consacrer sa vie à diriger les écoles[1]. Roscelin écrit à Abélard qu'il a cessé d'être moine, puisqu'il enseigne ce qui est défendu, alors qu'il ne devrait même pas enseigner ce qu'il est permis à d'autres d'enseigner[2]. C'est pour les mêmes raisons qu'on interdit alors aux moines d'aller aux écoles soit pour enseigner, soit pour étudier. « Si tu es moine, écrit Hugues de Saint-Victor, que fais-tu au milieu de la foule?... Je veux instruire les autres, dis-tu. Ce n'est pas ton office; ton office est de pleurer. En fuyant le monde, tu l'instruis plus qu'en le recherchant. Mais, diras-tu peut-être, ne m'est-il pas permis d'y aller pour étudier? — Je te l'ai déjà dit, la lecture ne saurait t'occuper continuellement. Elle peut être pour toi un exercice; elle ne peut être le but[3]. » Et lorsque au concile de Tours, en 1163, Alexandre III interdira aux moines d'enseigner la médecine ou le droit, il alléguera encore les mêmes motifs : « *ne sub occasione scientiae spirituales viri mundanis rursus actionibus involvantur et in interioribus ex eo ipso deficiant, ex quo se aliis putant in exterioribus providere[4].* » Cette réaction contre les écoles, destructrices de la discipline monastique, allait si loin chez certains réformateurs qu'ils étaient même opposés aux écoles d'oblats à l'intérieur des monastères. Saint Pierre Damien félicite

---

1. Saint Anselme, *Epistolarum,* l. I, ep. xxx, *P. L.,* CLVIII, col. 1102.

2. « Non docenda docere non desinis cum et docenda docere non debueras. » *Epistola Roscelini ad Abaelardum. P. L.,* CLXXVIII, col. 370 (II, p. 803).

3. Hugues de Saint-Victor, *Didascalion,* l. V, c. viii, *P.L.,* col. 796.

4. *Chart. Un. Par.,* I, p. 3, n 1.

Désiré, abbé du Mont-Cassin, parce qu'à son passage, il n'a pas trouvé à l'abbaye ces écoles d'enfants qui énervent la discipline[1]. Guibert de Nogent critique ces écoles pour les mêmes motifs[2], et Ulric, moine de Cluny, dans ses *Antiquiores consuetudines Cluniacenses* composées en 1085 et qui étaient lues partout au xiie siècle[3], nous apprend qu'à Cluny il n'y avait pas plus de six oblats[4]. C'est même encore trop à ses yeux, car il félicite Guillaume, abbé d'Hirschau, qui avait supprimé les oblats dans son monastère, d'avoir ainsi extirpé la vraie cause, la cause unique de la décadence des monastères[5].

Qu'à ces faits on ajoute les attaques dirigées alors contre l'ignorance des moines, non pas seulement par des clercs séculiers, mais par des moines eux-mêmes, par Guibert de Nogent contre ses confrères de St-Germer-de-Fly, qui dédaignaient la science et lui faisaient violence lorsqu'il étudiait[6], par Abélard qui se plaint que dans les monastères on n'apprend qu'à chanter et à bien prononcer le latin sans chercher à le comprendre[7]. Qu'on remarque encore, ainsi que nous l'exposerons plus tard, que la plupart de ceux qui menèrent le combat contre la philosophie grecque et la dialectique, étaient des moines, et l'on sera conduit à conclure que non seulement c'est une erreur de croire que, dans la plupart des monastères, il y eut des écoles internes et externes, mais encore que, dans la Renaissance du xiie siècle, ce sont les écoles épiscopales

---

1. « Hoc ibi non mediocriter placuit quod ibi scholas puerorum, qui saepe rigorem sanctitatis enervant non inveni. » Pierre Damien, *Opusculum* xxxvi, cap. xvi, *P. L.*, CXLV, col. 621.

2. Guibert de Nogent, *De vita sua*, l. I, c. viii, *P. L.*, CLVI, col. 637.

3. *Hist. litt.*, VIII, p. 393.

4. « Non ultra senarium protendunt. » Udalricus Cluniacensis, *Antiquiores consuetudines cluniacenses*, l. III, c. viii, *P. L.*, CXLIX, col. 635.

5. « Ego autem certus sum illam te radicem funditus exstirpasse ex qua sola praecipue omnia sunt monasteria destructa, quae destructa sunt vel in Teutonica vel in Romana lingua » Udalricus Cluniacensis, *ouv. cit.* Epist. nuncupatoria. *P. L.*, CXLIX, col. 637.

6. Guibert de Nogent, *De vita sua*, l. I, c. xvi, *P. L.*, CLVI, col. 870.

7. Abélard, *Epistola* VIII, *P. L.*, col. 307 (I, p. 207).

et non les écoles monastiques qui jouèrent le principal rôle. Au xiiie siècle avec les Dominicains et les Franciscains, les ordres religieux seront de nouveau, il est vrai, à la tête du mouvement intellectuel de leur temps; mais il faudra pour cela, comme le montrent les textes cités par les PP. Denifle et Mandonnet[1], lutter contre les tendances que nous venons de constater au xiie siècle et qui subsistaient toujours.

Sans doute encore, il faut se garder de tirer des faits qui viennent d'être allégués des conséquences exagérées. Les exceptions à ce mouvement qui, pour sauvegarder la discipline monastique, tint en suspicion les écoles, ne furent pas rares. Certaines abbayes conservent à cette époque le culte du savoir. Telles sont l'abbaye du Bec, fidèle aux traditions de Lanfranc et d'Anselme, l'abbaye de Saint-Vincent de Metz, Cluny, Hirschau, Saint-Vanne et surtout l'abbaye des chanoines réguliers de Saint-Victor. Dans beaucoup de monastères on continue à copier les manuscrits, et c'est à des moines que l'on doit la plupart des chroniques de l'époque[1]. A la tête de certaines abbayes on trouve des abbés très cultivés : Guibert de Nogent, saint Bernard, Pierre le Vénérable, Wibaud de Stavelot, Guillaume de Hirschau, Pierre de Celles. Les écoles intérieures ont aussi quelques maîtres célèbres : Sigebert de Gembloux, Hugues et Richard de Saint-Victor, et un peu plus tard Adam. Mais, en définitive, ce mouvement intellectuel n'est ni aussi fécond, ni aussi intense que celui qui agite la population des écoles épiscopales.

III

Ce dernier mouvement est loin, d'ailleurs, de s'étendre à toutes les classes de la société. Il n'atteint ni la bourgeoisie, ni le peuple; le moment n'est pas encore venu où les communes tiendront à avoir leurs écoles à elles. Quant aux

1. H. DENIFLE, *ouv. cit.*, p. 699-702 et 714-720. — P. MANDONNET, *Siger de Brabant et l'averroïsme latin au XIIIe siècle*, p. XLVI-XLVIII.
2. Voir MOLINIER, *ouv. cit.*, Introd. gén., t. V, p. LXXII.

nobles, ils ne sont ni très cultivés, ni aussi ignorants qu'on s'est plu parfois à l'affirmer. C'était alors la coutume de confier les enfants nobles à des précepteurs. Ceux-ci leur donnaient une instruction élémentaire, surtout pratique, ayant pour but de les rendre capables de rédiger les actes requis par leur situation sociale[1]. C'est ainsi que le père d'Abélard avait reçu une certaine culture[2]. On sait aussi que les rois de France avaient soin de faire instruire leurs enfants : le roi Robert avait été élève de Gerbert à Reims, Louis le Gros reçut l'instruction des moines de Saint-Denis; par contre, et c'est un fait significatif, son fils Louis VII fut formé aux écoles de Paris.

Parmi les femmes, l'instruction était naturellement encore plus rare. On nomme bien alors des femmes instruites, telles la comtesse Adèle, dont les poètes angevins vantent les connaissances[3], et la célèbre Héloïse. On cite également une ou deux abbayes de femmes où les lettres furent cultivées : Ronceray, le Paraclet[4]. Mais c'étaient là des exceptions, comme nous l'apprennent Abélard et Pierre le Vénérable[5]. Aussi quoique Abélard, dans sa lettre sur la règle de l'abbaye du Paraclet, dicte que la religieuse exerçant les fonctions de *cantrix* doit être très instruite et surtout ne doit pas ignorer la science de la musique[6], que la sacristine doit connaître le comput[7], qu'il est bon que l'infirmière n'ignore pas la médecine[8], et que toutes les religieuses qui en sont capables, s'adonnent librement aux lettres[9], il est probable que ces règles, dignes d'Abé-

---

1. Le P. Bernard, *ouv. cit.*, p. 195-206, a bien mis le fait en lumière. Toutefois les textes qu'il cite, p. 204, n. 1, ne sont pas probants : il ne s'agit que de saints, clercs ou moines.

2. Abélard, *Hist. calam.*, *P. L.*, col. 114 (I, p. 3).

3. Voir *Hist. litt.*, IX, 130-131.

4. *Ibid.*, IX, 128.

5. Abélard, *P. L.*, col. 127 (I, p. 9). — Pierre le Vénérable, *Epistola ad Heloissam. P. L.*, CLXXXIX, col. 348 (I, p. 711), donne le fait comme très rare « quod perrarum est ».

6. Abélard, *Epistola* VIII, *P. L.*, col. 278 (I, p. 175).

7. Id., *ibid.*

8. Id., *ibid.*, *P. L.*, col. 278 (I, p. 176).

9. Id., *ibid.*, *P. L.*, col. 281 (I, p. 179).

lard et d'Héloïse, n'ont guère pu être mises à exécution.

En résumé, pendant la première moitié du XIIe siècle, ce sont les clercs seuls qui, comme auparavant, reçoivent une instruction un peu complète. Celle des nobles est élémentaire, et celle des femmes très rare. Alors, comme longtemps encore après, les termes *clerici* et *litterati* sont synonymes, de même que les termes *laïci* et *idiotae*[1]. L'instruction se donne dans les écoles, et en particulier dans les écoles épiscopales, car les écoles des monastères, pour sauvegarder la discipline, tendent à se fermer à la science séculière et aux bruits du dehors. Aussi est-ce dans les écoles épiscopales qu'il faut chercher le foyer de la renaissance intellectuelle du XIIe siècle. Ces écoles elles-mêmes n'ont pas toutes la même importance, ni la même stabilité. Des courants se forment qui attirent les maîtres renommés et les étudiants vers certaines écoles : parmi celles-ci, les plus célèbres sont celles de Paris. On peut déjà prévoir que Paris va absorber de plus en plus la vie intellectuelle du pays et que ses écoles ruineront les autres écoles épiscopales : ce sera chose faite à la fin du XIIe siècle.

1. « Clerici sive scholares », écrit Héloïse en parlant des étudiants qui fréquentaient le cours d'Abélard. *Epistola* II, *P. L.*, col. 183 (I, p. 74). — Dans les écoles, maîtres et élèves étaient clercs. L. Maître parle de professeurs laïques, mais il n'en cite aucun. Le seul que nous connaissions est Manegolde de Lutenbach qui enseigna à Paris, entre 1060 et 1090, et qui était marié. Cf. *Hist. litt.*, IX, p. 281. Par contre Héloïse, pour dissuader Abélard qui voulait l'épouser, lui donne cet argument : qu'une fois marié il ne pourra plus enseigner. *Hist. cal.*, *P. L.*, col. 130 et 132 (I, p. 12 et 14).

CHAPITRE II

L'ORGANISATION SCOLAIRE.

Il n'y a pas de règles fixes, mais des coutumes. — I. *Termes employés pour désigner les écoles et le personnel scolaire :* scolae, auditorium, magister, scholares, scholasticus. — II. *Autorités dont dépendent les écoles :* interventions de l'autorité civile; faits qui attestent le pouvoir effectif de l'autorité ecclésiastique; la *licentia docendi* existe pratiquement, sinon dans les termes; conditions requises pour enseigner; c'est l'évêque qui accorde le pouvoir d'enseigner; magister scolarum et scolasticus. — III. *Les conditions économiques :* la gratuité de la licentia docendi et de l'enseignement existe en principe plutôt qu'en fait; situation économique des maîtres et des étudiants. — IV. *La discipline scolaire :* elle ne peut pas s'exercer facilement.

« L'organisation des écoles épiscopales et monastiques n'ayant jamais été ramenée à un système uniforme pendant tout le moyen âge, il nous est fort difficile d'en donner une idée complète. Nous nous contenterons donc de constater çà et là les coutumes qui servaient le plus souvent de règles. Ni les empereurs ni les souverains Pontifes, qui ont successivement exercé la haute juridiction sur les écoles, n'ont essayé de dresser un code de règlements; leur zèle s'est borné à prodiguer les exhortations. » C'est en ces termes que M. L. Maître caractérise les résultats auxquels ont abouti ses recherches sur l'organisation des écoles du moyen âge [1]. Quoique la période qui nous occupe, précède immédiatement celle qui verra naître l'Université de

---

1. L. MAITRE, *ouv. cit.*, p. 178.

Paris, dont les règlements seront si précis, pas plus que
M. L. Maître nous ne sommes arrivé à constater des règles
fixes et générales. Comme lui, nous ne signalerons que des
coutumes, sans pouvoir garantir qu'elles s'appliquent à
toutes les écoles d'alors, ni même à toutes celles d'un groupement, comme par exemple les écoles de l'Ile-de-France.

I

Les écrivains de l'époque, pour désigner un établisse-
ment scolaire, emploient presque toujours le terme de
scholae. Cette expression, suivant la remarque de Denifle[1],
est stéréotypée dans sa forme plurielle[2]; le singulier se
rencontre rarement[3]. On entendait d'ailleurs par là moins
l'emplacement de l'école que les cours du maître. C'est ce
dernier sens que le mot a d'ordinaire dans les passages de la
correspondance d'Abélard cités en note.

L'emplacement même où se donnaient les leçons s'appelait *auditorium* dans les monastères où une salle spéciale
était affectée à ce but, comme chez les Clunistes et les
Cisterciens[4]. Pour les écoles épiscopales, elles se tenaient
dans le cloître des chanoines, lorsqu'il y en avait un. C'était
le cas à Notre-Dame de Paris et à Tournay[5]. Lorsque Abélard enseigna pour la première fois, vers 1113, sur la montagne Sainte-Geneviève, il le fit dans le cloître[6]; la seconde

1. H. Denifle, *ouv. cit.*, p. 9.
2. On en trouve de nombreux exemples dans la correspondance
d'Abélard, où le mot est toujours employé au pluriel : « ... ad scholarum regimen adolescentulus aspirarem... scholas nostras a se remo-
vere conatus... ab hoc autem scholarum nostrarum tyrocinio ». Abélard, *Hist. cal.*, *P. L.*, col. 116-117 (I, p. 4). L'expression se rencontre
encore plusieurs fois, *P. L.*, 118 à 126 (I, p. 5 à 9). — Cf. encore
les exemples cités par. H. Denifle, *ouv. cit.*, p. 9.
3. L. Maitre, *ouv. cit.*, p. 202, n. 1, en cite un exemple.
4. Voir Du Cange, *Glossarium*, I, p. 483 au mot *auditorium*.
5. Hermannus, *De restauratione abbatiae S. Martini Tornacensis*,
P. L., CLXXX, col. 43. A Paris, en 1132, l'école quitta le cloître et fut
établie entre le cloître et l'évêché. *Hist. litt.*, XI, p. 416, n. 1.
6. « In claustro sancti Genovefae », est-il dit dans la *Vita S. Goswini*, ap. *P. L.*, col. 120, n. 18 I, (p. 43).

fois, en 1136, ce fut près de l'église Saint-Hilaire [1]. Bien souvent, les maîtres étaient obligés de louer un local quelconque, ou bien ils enseignaient en plein air. Plusieurs fois Abélard, pour désigner ce local, emploie le mot vague de *locus* [2], ce qui semble indiquer que l'on enseignait où l'on pouvait.

Lorsque les leçons étaient ouvertes à tous — par ce mot entendons non pas clercs et laïques, mais clercs séculiers et réguliers — on les appelait *scholae publicae* [3], par opposition aux *scholae privatae* des monastères. Ouvrir une école, un cours, se disait *scholas constituere* [4], la direction de l'école : *scholarum regimen* [5]; être à la tête d'une école, c'était *scholis praesidere, scholis vacare, studium regere*, et cesser de tenir une école : *a regimine scholarum cessare* [6].

Le maître était appelé *magister*. C'était là un titre honorifique que continuait à porter, même après qu'il avait cessé d'enseigner, celui qui avait tenu une école publique. Saint Bernard, écrivant à des cardinaux et à des évêques, met ce titre avant celui de cardinal ou d'évêque [7]. Par *magisterium* on désignait la fonction et le droit d'enseigner, mais le terme avait aussi une plus large extension et pouvait signifier également la science communiquée par le maître; il était même parfois employé dans le sens de discipline d'enseignement [8].

---

1. Arnaud de Brescia enseigna « apud S. Hilarium ubi jam dictus Petrus (Abaelardus) fuerat hospitatus ». *Historia pontificalis*, ap. M. G. H., XX, p. 537.

2. Abélard, *Hist. cal., P. L.*, col. 117 et 120 (I, p. 4 et 6).

3. Abélard dit de Guillaume de Champeaux enseignant à Saint-Victor : « publicas exercuit scolas ». *Hist. cal., P. L.*, col. 119 (I, p. 5).

4. « Melidunum reversus, scholas ibi nostras... constitui ». *Ibid.*, col. 120 (I, p. 6).

5. *Ibid., P. L.*, col. 110 (I, p. 4).

6. *Hist. cal., P. L.*, col. 121 (I, p. 6).

7. Saint Bernard, *Epistola* 182, *P. L.*, CLXXXII, col. 358. — *Ep.* 183, *ibid.*, col. 355. — *Ep.* 200, *ibid.*, col. 367.

8. Dans le sens de « fonction d'enseigner », voir *Hist. cal., P. L.*, col. 125 (I, p. 8), où Abélard dit qu'Anselme de Laon lui interdit d'enseigner « in loco magisterii sui ». Cf. encore *ibid., P. L.*, col. 120 (I, p. 6) : « qui mihi suum concesserat magisterium ». — Pour faire entendre que Guillaume de Champeaux brillait dans l'enseignement

A côté des *magistri* des écoles publiques, il y avait des précepteurs qui donnaient l'instruction aux nobles dans les maisons privées : Jean de Salisbury fut un certain temps précepteur[1] ; Thierry de Chartres avait donné, dit-on, des leçons en secret à Abélard sur le *quadrivium*[2] ; Guillaume de Conches devint précepteur de Henri de Plantagenet[3]. Ces précepteurs étaient déjà sans doute assez nombreux, car Thierry de Chartres, dans son Commentaire sur la Rhétorique de Cicéron, se plaint de ces répétiteurs des maisons privées qui supplantent les grands maîtres[4].

Les élèves qui suivaient les leçons des professeurs étaient appelés *scholares*[5]. Mais on rencontre aussi, pour désigner un étudiant, le terme de *scholasticus*, et cela, non seulement dans les textes du ixe siècle, à l'époque de Charlemagne[6], mais aussi dans plusieurs textes du xie et du xiie siècle, dans le *Didascalion* de Hugues de Saint-Victor en particulier[7].

II

A quelles conditions les maîtres pouvaient-ils enseigner? Cette question se rattache à une autre plus générale, celle de l'autorité qui avait droit de juridiction sur les écoles. On sait que Charlemagne avait fait, en dehors des conciles, des

de la dialectique, Abélard écrit : « Guillelmum... in hoc tunc magisterio re et fama praecipuum ». *Hist. cal.*, *P. L.*, col. 116 (I, p. 4). Il offre le concours de ses lumières à Héloïse en ces termes : « sin... magisterio nostro atque scriptis indiges ». *Epist.* III, *P. L.*, col. 187 (I, p. 79).

1. JEAN DE SALISBURY, *Metalogicus*, II, 10, *P. L.*, col. 868.
2. (*Ouv. inéd.*), p. 471.
3. CLERVAL, *ouv. cit.*, p. 182.
4. ID., *ibid.*, p. 211.
5. ABÉLARD, *Hist. cal.*, *P. L.*, col. 128 (I, p. 11).
6. Voir sur ce point Manser O. P. : « Ueber Umfang und Charakter der mittelalterlichen Scholastik ». *Histor. polit. Blätter*, t. CXXXIX, 1907, p. 321-322.
7. On lit dans la vie de Lanfranc enseignant au Bec : « Ea quae a scholasticis accipiebat, abbati conferebat ». *Vita Lanfranci*, *P. L.*, CL, col. 19. — Othon de Saint-Emmeran emploie plusieurs fois le mot dans ce sens, *Liber visionum*, *P. L.*, CXLVI, col. 353. — *Liber de tentationibus suis*, *ibid.*, col. 38 et 57. — Hugues de Saint-Victor écrit dans le

règlements concernant les écoles. Mais dès le règne de son successeur, ce sont les conciles seuls qui prennent des décisions au sujet de l'enseignement, et au xiiᵉ siècle, c'est l'Église qui a la direction des écoles, ainsi que le prouvent les décisions prises alors soit par les papes, soit par les conciles.

Ce n'est pas à dire que les autorités civiles, empereur, rois, princes ou seigneurs, ne s'immiscent pas dans les nominations des maîtres, comme dans la procuration aux bénéfices ou les élections aux évêchés. Au besoin, les clercs ne craignent pas d'avoir recours à eux pour arriver à leurs fins. Lorsque Abélard raconte qu'il ouvrit sa première école à Melun, *castrum et sedem regiam*[1], malgré les intrigues de Guillaume de Champeaux, il semble bien faire entendre que c'est à la faveur du roi qu'il dut de réussir, malgré le crédit de son adversaire. Ce qui le confirme, c'est qu'il transféra son école à Corbeil[2], peu après que cette ville devint fief royal, sinon à cette époque même[3]. Nous voyons de même Serlon de Wilton demander au roi, dans une supplique en vers, d'agir contre ceux qui exigeaient en secret de l'argent des maîtres[4]. L. Maître et G. Bourbon citent aussi d'autres exemples qui prouvent que certains seigneurs se réservaient le droit de nommer les maîtres sur leurs territoires[5].

Didascalion : « Scholastici autem nostri aut nolunt aut nesciunt modum congruum in discendo servare, et idcirco multos studentes, paucos sapientes invenimus ». *Didascalion*, l. III, c. iii, *P.L.*, col. 768. Cf. encore *ibid.*, l. III, c. xix, col. 777 et l. VI, c. iii, col. 800.

1. Abélard, *Hist. cal.*, *P. L.*, col. 116 (I, p. 4).

2. *Ibid.*, *P.L.*, col. 117 (I, p. 3).

3. Voir les notes X et XI de Duchesne, *Pet. Ab. op.* (I, p. 40-41). Ce ne fut d'ailleurs pas la seule fois qu'Abélard profita du crédit dont il jouissait auprès des grands, crédit attesté par Héloïse, *Ep.* II, *P. L.*, col. 183 (I, p. 174). Dans ses démêlés avec l'abbé de Saint-Denis, il sut habilement recourir à l'intervention du roi et du comte de Champagne. *Hist. cal.*, *P. L.*, col. 156-157 (I, p. 24-25).

4. B. Hauréau, *Notices et extraits de quelques manuscrits de la Bibliothèque nationale*, t. I, p. 311, donne le texte de cette supplique.

5. L. Maître, *ouv. cit.*, p. 182. — G. Bourbon, *La licence d'enseigner et le rôle de l'écolâtre au moyen âge*, *Revue des Questions historiques*, 1876, t. XIX, p. 531.

Cependant les écoles relèvent, en droit, de la juridiction ecclésiastique. C'est de l'abbé que dépendent les écoles situées sur le territoire de son abbaye[1]. Les autres dépendent de l'évêque diocésain. Il en est ainsi à Chartres[2] et aussi à Paris. Plusieurs faits l'attestent. Lors de l'attentat dont fut victime Abélard, le procès intenté aux coupables fut jugé par l'évêque de Paris[3]. Le 28 mars 1123, Calixte II adresse à l'évêque de Paris, Girbert, une bulle dans laquelle il ordonne que tous, clercs et abbés, lui obéissent[4]. L'évêque de Paris avait donc autorité sur les professeurs des écoles, même sur ceux enseignant à Sainte-Geneviève. Le conflit qui éclata en 1134 entre les professeurs et l'évêque de Paris, en est une autre preuve[5]. Cette année-là, Galon, professeur à Paris, à la tête des maîtres et des écoliers, ayant outragé le chancelier Algrin, celui-ci se plaignit à l'évêque, Étienne de Senlis, qui suspendit Galon de ses fonctions et mit en interdit toute la montagne Sainte-Geneviève. Les chanoines de Sainte-Geneviève en appelèrent au pape Innocent II et au légat, Pierre le Sanglier, archevêque de Sens. Le pape écrivit à Étienne de Senlis et lui enjoignit de rétablir les services religieux dans les églises du mont Sainte-Geneviève. Le légat voulut arranger les affaires; mais n'ayant pas réussi, il accusa l'obstination de l'évêque de Paris. Celui-ci lui répondit pour se justifier tout en maintenant ses droits. Voici le passage de sa lettre qui concerne Galon : « Comptant, dit-il, sur le crédit de l'archevêque et du sénéchal[6], beaucoup plus que sur la bonté de sa cause, Galon a eu l'audace de continuer ses leçons au mépris de Dieu et de notre autorité. Pour nous, après avoir concerté avec le roi et plusieurs évêques, les mesures que nous devions prendre à ce sujet, nous avons, de leur commun avis, lancé notre

1. L. MAITRE, *ouv. cit.*, p. 180 et 181, donne plusieurs décisions des papes confirmant cette juridiction abbatiale.
2. CLERVAL, *ouv. cit.*, p. 145.
3. *Epistola Fulconis*, *P. L.*, col. 375 (I, p. 706).
4. U. ROBERT, *Bullaire du pape Calixte II*, t. II, p. 134, n° 359 : « omnes et clerici et abbates ad sedem Parisiensem pertinentes ».
5. Voir le récit dans *Hist. litt.*, XI, p. 415 et suiv.
6. L'archevêque, c'est Pierre le Sanglier, et le sénéchal, c'est Étienne de Garlande.

sentence[1] contre le rebelle et ses suppôts; et l'effet de ce jugement a été tel que, malgré son insolence, Galon s'est trouvé réduit à se taire, faute d'auditeurs[2]. »

Cette affaire montre bien que, même à Paris, l'évêque avait autorité sur les professeurs et les clercs des écoles du diocèse, et qu'il avait le pouvoir d'interdire l'enseignement, et par conséquent sans doute aussi de le permettre[3]. Néanmoins comme on ne sait pas quel fut le sujet qui porta Galon à insulter le chancelier Algrin, on ne peut conclure de cet incident qu'alors déjà le chancelier de Notre-Dame avait autorité sur les maîtres des écoles de Paris, et leur octroyait la *licentia docendi*.

Il est même curieux qu'on ne possède aucun document de cette époque, attestant l'obligation pour un maître, d'obtenir la *licentia docendi*. Le P. Bernard cite, il est vrai, un statut l'exigeant, qui remonterait au concile de Rouen de 1074[4]. Mais il n'est pas établi que le statut soit de cette époque[5], sa date en réalité est incertaine. On ne saurait non plus tirer argument du motif pour lequel Abélard fut condamné à Soissons. Dans l'accusation de ses adversaires, ainsi formulée par Abélard : « *Dicebant enim ad damnationem libelli satis hoc esse debere, quod nec romani pontificis nec Ecclesiae auctoritate commendatum legere prae-*

1. L'excommunication.
2. *Hist. litt.*, XI, p. 418.
3. On peut voir une autre preuve du droit qui appartenait à l'autorité ecclésiastique d'interdire l'enseignement, dans un passage de l'*Hist. cal.* : les adversaires d'Abélard, pour arriver à faire interdire son enseignement, excitaient contre lui « episcopos, archiepiscopos, abbates et quoscumque poterant religiosi nominis personas ». *Hist. cal., P. L.*, col. 140 (I, p. 18).
4. « Ut nullus cujuslibet quaestus gratia, vel alia qualibet occasione, sumat populum docere nisi persona probata ab episcopo, propter multimodos et detestandos errores, quos docent imperiti. » Cité par le P. Bernard, *ouv. cit.*, p. 156, n. 1.
5. Hardouin (*Acta conciliorum*, t. II, pars I, p. 1520) en publiant ce décret avec plusieurs autres, à la suite des statuts du concile de Rouen de 1074, les fait précéder de cette note concernant leur place dans le manuscrit d'où ils sont tirés : « In eodem ordine sequebantur sine titulo sequentia capitula, quae duximus ceteris subjicienda, ne pereant ». Au reste ces mots « docere populum » peuvent très bien se rapporter non à l'enseignement, mais à la prédication.

sumpseram[1] », certains ont vu une allusion à la *licentia docendi*, mais Denifle a justement fait remarquer que, d'après le texte, le consentement du pape ne se rapporte pas à l'enseignement en soi. Si on éleva une plainte contre Abélard, ce fut parce qu'il s'était arrogé le droit de lire publiquement un livre composé par lui, avant que ce livre eût été approuvé par le Pape ou par l'Église[2]. Suivant une autre remarque de Denifle[3], le reproche qu'on adressait à Abélard d'avoir osé, sans maître, commencer à enseigner les Écritures[4], ne doit pas être non plus interprété comme une preuve de l'existence de la *licentia docendi*, car tout le contexte montre que l'accusation porte sur ce fait qu'Abélard a enseigné la théologie avant d'avoir profité de l'enseignement d'un maître en cette matière : il n'avait étudié que très peu de temps sous Anselme de Laon, et c'était là son crime.

On aurait tort cependant de renoncer à tirer parti de cette dernière accusation portée contre Abélard. Si elle n'est pas une preuve de l'existence de la *licentia docendi*, elle nous est du moins un indice des coutumes du temps. Plusieurs fois, en effet, les contemporains ont fait allusion à cette audace d'Abélard, qui avait enseigné *sine magistro ;* les uns, ses adversaires, comme Roscelin et Hugues de Saint-Victor[5], pour l'en blâmer, les autres, ses admirateurs, pour faire ressortir la puissance de son esprit[6]. C'est qu'à

1. *Hist. cal., P. L.,* col. 149 (I, p. 21).

2. H. Denifle, *ouv. cit.,* p. 765 et note 31. Il fait remarquer que les manuscrits donnent la leçon « auctoritate eum commendatum legere praesumpseram ». Eum = libellum.

3. H. Denifle, *ibid.,* n. 31.

4. « Quod sine magistro ad magisterium divinae lectionis accedere praesumpsissem. » *Hist. cal., P. L.,* col. 140 (I, p. 18).

5. « Cur miraris in dictis tuis aliquid reprehendi potuisse cum te in sacrae Scripturae eruditione manifestum sit nullatenus laborasse. » *Epist. Rosc. ad Ab., P.L.,* col. 362 (II, p. 796). — Hugues de Saint-Victor, *Didascalion,* l. III, c. xiv, *P. L.,* col. 774. C'est le passage qui commence par ces mots : « Hinc etiam ebullit quod nugigeruli, etc. » Quoique Abélard ne soit pas nommé, l'allusion à la scène de l'école de Laon racontée par lui, *Hist. cal., P. L.,* col. 124 (I, p. 7), est si évidente qu'il ne peut y avoir de doute sur le personnage visé.

6. « Ille sciens quidquid fuit ulli scibile, vicit Artifices, artes absque docente docens. » *Epitaphia Abaelardi,* n° 2, *P. L.,* col. 103 (I, p. 717).

une époque où la science s'acquérait presque uniquement par l'enseignement, on regardait comme une nouveauté extraordinaire qu'un clerc osât enseigner sans avoir suivi, pendant assez longtemps, les cours d'un maître. Aussi, à défaut de *licentia docendi*, il semble bien qu'on regardait comme condition pour pouvoir occuper une chaire dans telle ou telle branche d'enseignement, d'avoir étudié un certain temps cette branche sous la direction d'un maître.

On imposait aussi d'autres conditions, comme on le voit d'après l'*Historia calamitatum*, des conditions de moralité : le successeur de Guillaume de Champeaux se vit enlever sa chaire à la suite d'accusations contre ses mœurs[1]; des conditions d'orthodoxie : Anselme de Laon interdit à Abélard de gloser Ezéchiel *in loco magisterii sui*, ne voulant pas être responsable des erreurs que pouvait écrire un clerc si novice dans l'étude des Écritures[2].

Cette interdiction portée par Anselme de Laon prouve qu'un maître pouvait permettre ou défendre à un clerc d'enseigner dans le même endroit que lui. L'*Historia calamitatum* offre un autre exemple de ce pouvoir : le successeur de Guillaume de Champeaux à l'école Notre-Dame avait cédé sa chaire à Abélard et s'était mis à son école; mais Guillaume de Champeaux ayant fait interdire ce maître, ce fut un rival d'Abélard qui lui succéda, et Abélard, obligé de chercher fortune ailleurs, retourna à Melun[3]. Faut-il aller plus loin et voir dans l'acte d'Anselme de Laon le droit qu'aura plus tard celui qui est à la tête des écoles d'un diocèse ou d'une ville épiscopale, de permettre ou d'interdire l'enseignement aux maîtres qui enseignent sur sa juridiction? A notre avis ce n'est pas probable. Si les évêques n'enseignent plus, ils ne paraissent pas encore s'être déchargés sur le chancelier, le *magister scolarum* ou le *scolasticus*, du droit de nommer les maîtres

---

1. « Turpissimis objectis criminibus. » *Hist. cal., P. L.*, col. 120 (I, p. 6).

2. *Hist. cal., P. L.*, col. 125 (I, p. 8). Après sa condamnation à Sens, l'enseignement fut interdit à Abélard.

3. *Hist. cal., P. L.*, col. 120 (I, p. 6).

dans leurs diocèses. On a vu, en effet, que c'est l'évêque de Paris, Étienne de Senlis, et non son chancelier Algrin, qui avait interdit à Galon d'enseigner[1]. A Chartres, où l'évêque Ives avait encore enseigné à la fin du xi⁰ siècle, ses successeurs nomment le chancelier qui est à la tête des écoles, mais ils nomment aussi les maîtres[2]. Toutefois cette coutume de faire nommer les maîtres par le chancelier ou par un *scolasticus* qui leur octroyait la *licentia docendi*, ne tarda pas à s'établir, car elle est attestée vers 1170-1172 par une lettre adressée aux évêques de France par le pape Alexandre III[3].

Cette lettre est le premier document à notre connaissance qui fasse une mention expresse de la *licentia docendi*. Elle nous apprend aussi que le maître qui accordait cette licence avait le nom et la dignité de *magister scholarum*. Aux autres maîtres qui l'aidaient dans ses fonctions on donnait le nom de *magister scholae*, parfois de *grammaticus*, parce qu'ils enseignaient les éléments[4]. Le *magister scholarum* était aussi appelé *scholasticus*. On rencontre ce dernier terme plusieurs fois déjà au xi⁰ siècle pour désigner le maître principal d'une école[5]. Mais cette appellation prête à l'équivoque. Après avoir été, en effet, aux temps de saint Augustin, de saint Grégoire et même d'Alcuin, synonyme de savant[6], le terme de *scholasticus* désignait au ix⁰ siècle aussi bien un élève qu'un maître[7]. Cette double signification existe encore au xii⁰ siècle; Hugues de Saint-Victor, on l'a vu, emploie plusieurs fois le mot dans le sens d'*étudiant*[8]. Aussi faut-il veiller, en lisant les

1. Voir plus haut, p. 29.

2. CLERVAL, *ouv. cité*, p. 30.

3. Le pape y blâme ceux « qui nomen magistri scolarum et dignitatem assumunt in ecclessiis, et sine certo pretio ecclesiasticis viris docendi alios licentiam non impendunt ». *Chart. Univ. Par.*, I, p. 4, n⁰ 4.

4. CLERVAL, *ouv. cit.*, p. 30-31.

5. G. BOURBON, *La licence d'enseigner*, p. 523 et 525 et *Rec. des Hist. des Gaules*, XII, p. 124, 149, 164 etc.

6. MANSER, *art. cit.*, en donne des exemples, p. 325, n. 1 et 2, p. 326 et 327.

7. *Ibid.*, p. 321-22 et notes.

8. Voir plus haut, p. 26, n. 7.

textes, à ne pas tomber dans des confusions. Nous serions porté à croire que les auteurs de l'*Histoire littéraire* et ceux qui les ont suivis, ont fait cette confusion lorsqu'ils ont pris pour un maître le *Berengarius scolasticus*, auteur d'une *apologia* en faveur d'Abélard. Ce Bérenger n'était sans doute encore qu'un simple étudiant lorsqu'il écrivit son *factum* contre saint Bernard [1].

III

Le droit d'enseigner devait être accordé gratuitement aux maîtres, mais cela n'avait pas toujours lieu. En 1138, le concile de Londres interdit aux maîtres de louer leur chaire moyennant une certaine redevance [2] : l'interdiction prouve que l'abus existait. Vers le milieu du XIIe siècle, à Paris, on exigeait encore en secret des maîtres une certaine somme, malgré les décrets. Dans la supplique dont il a déjà été question, Serlon de Wilton se plaint en ces termes au roi de France, Louis VII :

> Tractamur misere, dare cogimur atque tacere
>
> . . . .
> Ast in decretis legitur : Quicumque docetis,
> Verum dicatis, hoc date sitque satis.
> Ergo tibi mando, rex summe, palam lego, clam do [3].

1. Ce Bérenger déclare lui-même que lorsqu'il écrivit son *Apologia*, il n'était qu'un blanc-bec : « Eram ea tempestate adolescens, nondumque impuberes malas nubes lanuginis adumbrabat », et qu'il voulait réciter des vers comme les étudiants à l'école : « eratque mihi velut scholastico animus inficta crebro materia declinare » *Epistola Berengarii ad episcopum Mimatensem* ap. *P. L.*, CLXXVIII, col. 1872 (II, p. 787). — Il est à noter que dans cette lettre, postérieure à l'*Apologia*, et dans la suivante, Bérenger ne prend plus le titre de *scolasticus*, ce qui confirme notre opinion. On s'explique ainsi qu'on ne sache pas, comme le remarque l'*Hist. litt.*, XII, 34, où il était scolastique ou maître : il ne l'était pas.

2. « Sancimus praeterea, ut si magistri scholarum alii scholas suas locaverunt legendas pro pretio, ecclesiasticae vindictae subjaceant. » HARDOUIN, *Acta conciliorum*, t. VI, pars 2, p. 1206.

3. B. HAURÉAU, *Not. et ext. de quelques manuscrits*, t. I, p. 311. Hauréau prouve *ibid.* que cette pièce de vers est antérieure à la lettre d'Alexandre III.

Alexandre III, dans la lettre ci-dessus mentionnée, interdit de nouveau cette vénalité[1], et un glossateur du début du xiii° siècle, expliquant la mesure du pape, dit qu'elle fut prise contre le chancelier de Paris qui exigeait une rétribution de quiconque enseignait[2]. Notons cependant qu'à Paris il y avait probablement des raisons spéciales justifiant ces exigences du chancelier, car Alexandre III, même après sa lettre d'interdiction, autorisa Pierre le Mangeur, alors chancelier, à lever sur les maîtres une certaine taxe[3].

Si le chancelier ou le *magister scholarum* exigeaient des maîtres une rétribution, on comprend qu'à leur tour ceux-ci n'étaient pas disposés à livrer gratuitement leur enseignement aux étudiants. Sans doute, en principe, on estimait que l'enseignement devait être gratuit, suivant cette parole de l'Écriture : *Veni et audi*. Mais s'il y eut des maîtres désintéressés[4], il y en eut, et en assez grand nombre, qui vendaient leurs leçons, aussi bien aux ix° et x° siècles qu'aux xi° et au xii°[5]. Les moines, s'ils ne demandaient rien, acceptaient les cadeaux qui leur étaient faits, comme le prouvent les exemples de Lanfranc et de Sigebert de Gembloux[6]. Abélard, déjà moine et enseignant au Paraclet, recevait beaucoup d'argent de ses disciples, et Roscelin lui reprochait d'en faire un usage indigne[7] : on pense bien que, étant encore chanoine séculier, il en reçut aussi; lui-même parle des gros bénéfices qu'il réalisa à l'école Notre-Dame[8]. Il n'était pas le seul dans ce cas.

1. *Chart. Univ. Par.*, I, p. 4, n° 4.
2. *Ibid.*
3. *Ibid.*, p. 8, n° 8. La lettre est datée de 1174.
4. L. Maître cite Adelmann et Vason de Liège. *Ouv. cit.*, pp. 101 et 113. On sait que toutes les abbayes réformées par saint Bénigne de Dijon donnaient l'instruction gratuite, Raoul Glaber, *ouv. cit.*, n° 14, *P. L.*, t. CXLII, col. 709.
5. Cf. L. Maître, *ouv. cit.*, p. 49 et n. 1, p. 77 et n. 3, p. 101.
6. Pour Lanfranc, voir le texte cité plus haut, p. 26, n° 7. — Pour Sigebert de Gembloux, L. Maître, *ouv. cit.*, p. 204.
7. *Hist. cal.*, *P. L.*, col. 161 (I, p. 26) et *Epist. Roscel.*, *P. L.*, col. 370 (II, p. 803).
8. « Quanta mihi de pecunia lucra... compararent (scholae) ». *Hist. cal.*, *P. L.*, col. 126 (I, p. 9).

Odon de Tournay reçut beaucoup de présents et d'argent, qu'il distribua après sa conversion[1]. Hugues de Chartres, qui vécut après Abélard, avait lui aussi, de son propre aveu, amassé de grosses sommes en enseignant[2]. L'Anglais Adam du Petit-Pont, professeur à Paris, faisait payer ses leçons[3]. Jean de Salisbury parle de ces maîtres qui sont obscurs dans l'explication de Porphyre pour retenir plus longtemps auprès d'eux les étudiants[4], sans doute pour gagner plus d'argent. La recherche du gain est d'ailleurs un des défauts que l'on signale alors chez les maîtres[5].

Aussi bien on aurait tort de s'en étonner outre mesure. Ces maîtres, à Paris par exemple, devaient louer l'endroit où ils donnaient leurs leçons, et en outre il leur fallait vivre ; or souvent ils n'avaient pas de bénéfices. A Chartres, par exemple, où le chancelier avait une assez bonne prébende, les autres maîtres n'étaient pas au large[6]. Aussi à

1. HERMANNUS, *De restauratione abbatiae S. Martini Tornacensis*, P. L., CLXXX, col. 41.

2. CLERVAL, *ouv. cit.*, p. 213.

3. B. HAURÉAU, *Notices et ext. de quelq. manuscr.*, I, p. 213 et 218.

4. J. DE SALISBURY, *Polycraticus*, l. VII, c. XII, P. L., col. 666.

5. Cf. SAINT BERNARD, *In canticum Sermo XXXVI*, n° 3, P. L., CLXXXIII, col. 968, et aussi GUILLAUME DE CONCHES, *De philosophia mundi*, l. IV, c. XXXVII, P. L., CLXXII, col. 99. — Dans la *Patrologie*, ce traité est attribué à Honoré d'Autun, mais il est certainement l'œuvre de Guillaume de Conches. B. Hauréau, dans son *Histoire de la philosophie scolastique* (t. I, p. 432, n. 3), l'avait déjà reconnu. R. L. Poole en a fait la preuve en le comparant avec la *Dragmaticon* manuscrit, du même auteur. Cf. R. L. POOLE, *Illustrations of the history of medieval thought*, Appendix VI. *Excursus on the writings of Williams of Conches*, p. 351-352. On peut l'établir encore d'une autre manière, par la comparaison de l'ouvrage avec les citations qu'en fait Guillaume de Saint-Thierry dans son traité *De erroribus Guillelmi de Conchis*. Cf. *De philosophia mundi*, l. IV, c. V-XII, P. L., ibid., col. 144-145 et *De erroribus Guillelmi de Conchis*, P. L., CLXXX, col. 333-334. — Notons en outre que Guillaume de Saint-Thierry reproche à Guillaume de Conches, outre des erreurs formelles, d'avoir le même esprit qu'Abélard « cum spiritu hujus mundi scrutantur alta Dei », ibid., col. 334. Or cette dépendance du *De philosophia mundi* par rapport à Abélard, a été mise en lumière par E. Kaiser, *Abélard critique*, p. 316-320. Seulement ce dernier se trompe en attribuant l'ouvrage à Honoré d'Autun.

6. CLERVAL, *ouv. cit.*, p. 208-209.

l'époque qui nous occupe, commence-t-on à remédier à ces
inconvénients en attachant à la dignité d'écolâtre ou de
maître une prébende qui, du reste, — c'est le cas à Senlis —
n'exclut pas nécessairement la rétribution scolaire. L.
Maître, G. Bourbon et le P. Bernard signalent quelques
faits de ce genre [1]. Pour l'Église, qui, sentant la nécessité
des études, s'efforçait de les faciliter même aux clercs
pauvres, c'était là la meilleure manière d'assurer la gratuité de l'enseignement. C'était aussi, d'autre part, un
moyen d'attacher les maîtres aux églises et de les empê-
cher d'aller tous dans les villes où ils pouvaient espérer
faire de plus grands profits en ayant plus d'auditeurs.
C'est pour ces raisons que le troisième concile de Latran,
en 1179, en même temps qu'il décréta la gratuité de
l'enseignement, décida que dans chaque église il y aurait
un bénéfice pour le maître qui y serait attaché [2].

Comme on le voit, la solution de la question de la gratuité de la *licentia docendi* et de l'enseignement dépendait
des conditions économiques de la vie scolaire. Nous
dirons néanmoins peu de choses sur ces conditions, car
elles sont sensiblement les mêmes qu'aux autres périodes
du moyen âge. Depuis que maîtres et élèves étaient devenus trop nombreux pour être logés dans l'enceinte du
cloître, ils demeuraient chez des particuliers, avec lesquels
ils convenaient d'un salaire. A Chartres, ils logeaient surtout chez des maîtres ou des chanoines [3]. A Paris, dès 1127,
l'évêque et les chanoines avaient décidé qu'on n'hospitali-
serait plus dans le cloître les étudiants étrangers [4]. Ceux-ci
logeaient donc chez des particuliers. Il semble même que,
dès cette époque, certaines maisons étaient habitées
uniquement par des étudiants. Ainsi on lit dans la vie de

---

1. L. Maitre, *ouv. cit.*, p. 188-189. G. Bourbon, *art. cit.*, p. 530. —
Bernard, *ouv. cit.*, p. 168-170.

2. « Per unamquamque ecclesiam magistro qui clericos ejusdem et
scholares pauperes gratis doceat, competens aliquod beneficium prae-
beatur », cité *Chart. Un. Par.*, I, p. 10, n° 12.

3. Clerval, *ouv. cit.*, p. 216.

4. *Cartulaire de Notre-Dame de Paris*, IIe part. : Charte de 1127,
documents inédits, cité par L. Maitre, *ouv. cit.*, p. 199, n° 3.

Goswin, abbé d'Anchin, qu'après avoir disputé victorieusement sur la montagne Sainte-Geneviève contre Abélard, il redescendit vers les étudiants qui étaient restés *in tabernaculis scholaribus*[1]. Abélard parle également d'*hospitia* où logeaient les étudiants qui suivaient ses leçons à Maisoncelle[2]. Les maîtres logeaient eux aussi chez les particuliers : tel était le cas d'Abélard, demeurant à Paris, chez le chanoine Fulbert.

Les étudiants subvenaient diversement aux frais de la vie scolaire, suivant qu'ils étaient riches ou pauvres. Les riches avaient des bénéfices, des canonicats[3], ou bien leurs parents leur envoyaient l'argent dont ils avaient besoin : parmi les modèles de lettres donnés en appendice dans les traités de l'*ars dictaminis*, on en trouve toujours un ou plusieurs où des étudiants demandent à leurs parents, en prose ou en vers, l'argent et les fournitures dont ils ont besoin. Quant aux étudiants pauvres, ils vivaient de charités ou bien ils se faisaient les précepteurs, parfois même les serviteurs, de condisciples plus fortunés : Jean de Salisbury, pour vivre, se fit précepteur de jeunes nobles[4].

IV

Quoique le nombre des étudiants fût assez grand pendant la première moitié du xiie siècle, ils n'étaient pas groupés en corporations. Le conflit entre Galon et l'évêque de Paris atteste bien que, dans certaines circonstances, maîtres et élèves savaient s'unir pour défendre leurs inté-

1. *Vita Goswini*, P. *L.*, col. 122 (I p. 43).
2. Abélard dit que les étudiants étaient accourus si nombreux au Paraclet « ut nec locus hospitii nec terra sufficeret alimentis ». *Hist. cal.*, *P. L.*, col. 138 (I, p. 17).
3. « Qui de beneficiis vivebant ecclesiasticis », dit Héloïse en parlant des étudiants qui suivaient les cours d'Abélard. *Ep.* II, *P. L.*, col. 183 (I, p. 74). A Chartres il y avait des chanoines presque enfants. Clerval, *ouv. cit.*, p. 200.
4. Jean de Salisbury, *Metal.*, II, 10, *P. L.*, col. 767.

rêts, mais on n'a aucune preuve qu'ils formassent une corpo·
ration jouissant de privilèges. Le premier privilège accordé
aux étudiants, que mentionnent les documents, est un privilège ecclésiastique. Il consistait dans le droit pour les
étudiants d'être jugés par leurs maîtres. Ce droit est reconnu
dans une lettre du pape Alexandre III, de la deuxième
moitié du xii° siècle [1].

Ce droit des étudiants est en corrélation avec le devoir
qui incombait aux maîtres d'exercer la surveillance sur
leurs élèves. L'éducation et la correction des élèves ren-
traient toujours dans les attributions du maître. Le biographe d'Odon de Tournay nous représente celui-ci
menant à l'église le bataillon de ses disciples, au nombre
de près de deux cents, et y maintenant un si bon ordre
qu'on se serait cru dans un monastère de discipline sévère.
Il ne leur permettait ni de causer, ni de rire, ni de murmu-
rer, ni de regarder çà et là ; et, dans la vie journalière, il
surveillait avec soin leurs relations et leur tenue [2].

Cela se passait à la fin du xi° siècle. Mais du jour où les
étudiants, devenus trop nombreux, logèrent chez les particuliers, les maîtres ne purent plus aussi facilement remplir leurs fonctions d'éducateurs. Ils le faisaient à l'école,
où la férule était toujours en usage [3]. Ils prenaient aussi
parfois des mesures contre l'inconduite des étudiants [4].
Mais il n'existait pas encore d'institutions semblables aux
hôtels et aux collèges du xiii° siècle, et les mœurs des étudiants souffraient de la trop grande liberté qui leur était
laissée. Dès cette époque, vers 1140, dans son sermon
de *Conversione ad clericos*, prêché devant les étudiants
de Paris, saint Bernard traçait de leur vie un portrait
peu flatté [5]; et les poésies goliardiques, dont un certain

---

1. *Chart. Univ. Par.*, I, p. 5, n° 5.
2. HERMANNUS, *De restauratione... etc.*, *ouv. cit.*, *P. L.*, CLXXX,
col. 43.
3. *Hist. cal.*, *P. L.*, col. 128 (I, p. 10).
4. Abélard obligea pendant un certain temps les étudiants du Paraclet à se retirer au village de Quincey, parce qu'on lui avait fait des
rapports défavorables sur leur compte, *P. L.*, col. 1855 (I, p. 708).
5. *De conversione ad clericos*, c. xix-xxi, n°ˢ 32-37, *P. L.*, CLXXXII,

nombre datent de cette époque, puisque Hugues Primat,
un des plus célèbres goliards, enseigne vers 1140, ne sont
pas de nature à donner complètement tort au saint réformateur [1]. Aussi bien les maîtres n'étaient pas tous parfaits.
Sans parler des désordres de jeunesse d'Abélard, on sait
avec quelle jalousie, parfois même avec quelle grossièreté,
ils se dénigraient les uns les autres, soit dans leurs lettres,
— qu'il suffise de citer la lettre de Roscelin à Abélard, —
soit dans tous leurs écrits : dans ces derniers, il est vrai,
c'était la coutume de ne pas nommer les contemporains,
mais on savait recourir à des allusions assez transparentes
pour que personne ne s'y méprît.

Gardons-nous néanmoins, en ce qui concerne la vie trop
libre des étudiants, d'une sévérité exagérée dans le par-
tage des responsabilités; car le développement presque
subit des écoles et de la vie intellectuelle, spécialement à
Paris, ayant attiré un grand nombre d'étudiants, c'était là
une situation toute nouvelle, et on ne saurait faire un grief
aux autorités qui en avaient la charge, de n'avoir pas trouvé
immédiatement les moyens qui répondissent le mieux au
nouvel état de choses.

col. 852 et suiv. Cf. E. VACANDARD, *Saint Bernard*, t. I, p. 219-221 et
t. II, p. 118-120.
1. Sur les poésies goliardiques, voir les deux articles d'ensemble de
Ch.-V. LANGLOIS, *La littérature goliardique*, *Revue polit. et litt.*, 24
déc. 1892 et 12 fév. 1893 et, entre plusieurs notices d'Hauréau, celle
qu'il a publiée dans *Not. et ext. des mss de la Bibl. Nat.*, t. VI, p. 278-
335.

CHAPITRE III

MATIÈRES ET MÉTHODES D'ENSEIGNEMENT.

I. *Les sources de la science :* La méditation, l'enseignement du *trivium* et du *quadrivium*; sens des mots : *litteratus, philosophia, logica, eloquentia*; connaissance des langues. — II. *Ordre des études :* ordre dans lequel les matières doivent être étudiées; temps employé à parcourir le cycle des études. — III. *Emploi d'une journée scolaire :* 1° travail personnel des élèves; 2° *declinatio* ou *lectio :* plan qu'on y suivait, triple explication, gloses, commentaires allégoriques; 3° *collatio :* la *collatio* chez les moines et dans les écoles, la *disputatio* en logique, son importance. — Double enseignement pour les faibles et les avancés. — IV. *Qualités et défauts de l'enseignement* chez les maîtres, chez les étudiants.

Le chapitre précédent a été consacré à étudier ce qui concerne pour ainsi dire l'organisation extérieure des écoles : le personnel, la hiérarchie, les conditions économiques. Entrons maintenant dans l'école même, et voyons quelles étaient les matières qui y étaient enseignés, les qualités que l'on exigeait des maîtres et des élèves, et aussi l'écart qui existait entre l'idéal et la réalité.

A l'époque dont nous nous occupons, paraissent deux traités des études, l'un est le *Didascalion* de Hugues de Saint-Victor [1], l'autre le *Dialogus super auctores sive*

---

1. Le *Didascalion* est publié, *P. L.*, t. CLXXVI, p. 739 et suiv., sous ce titre : *Eruditiones didascalicae, libri septem*. Le vrai titre de l'ouvrage est *Didascalion* et il ne contient en réalité que six livres. Cf. B. HAURÉAU, *Les œuvres de Hugues de Saint-Victor*, p. 98-100. Hauréau toutefois a tort de dire (*ibid.*, p. 98) que rien n'explique pourquoi l'on joint d'ordinaire au *Didascalion* le livre VII. A la fin du 6e livre (*Didascalion*, l. II, c. xiii, col. 809), Hugues de Saint-Victor déclare

Didascalion de Conrad de Hirschau [1]. L'ouvrage de Conrad
de Hirschau, écrit peu avant 1150, fait surtout connaître
l'enseignement de la grammaire pendant la première
moitié du XIIe siècle. A part quelques renseignements
donnés au début sur l'ordre à suivre dans l'explication
d'un auteur, et, vers la fin, une discussion sur la légitimité
des études profanes, il ne se compose guère que d'une série
de notices sur les « auctores » dont on lisait les ouvrages
dans les écoles de grammaire et de rhétorique, et sur les
ouvrages eux-mêmes [2]. Ce traité est d'ailleurs postérieur
au *Didascalion* de Hugues de Saint-Victor, et s'il porte le
même titre, c'est sans doute par analogie avec ce dernier [3].
L'ouvrage de Hugues de Saint-Victor, par contre, est un
ouvrage d'ensemble, très précieux dans sa brièveté. Il y
est traité de l'étude des arts libéraux et de la théologie,
et l'auteur y porte son attention non seulement sur les
matières d'enseignement, mais aussi sur les méthodes; on
y trouve également d'intéressants renseignements sur les

qu'il réserve à un traité spécial ce qui concerne la *meditatio*. Or ce
traité spécial, c'est le livre VII qui commence par cette note de
Hugues : « Hunc in Didascalio non comperi, sed quasi illius appendi-
cem : tractat enim de meditatione ». *P. L., ibid.,* col. 111.

Notons aussi que l'hypothèse de O. Schmidt (*Hugo von Saint-Victor als
Pädagog,* p. 15), d'après laquelle le livre IV et une bonne partie du
livre V, où il est traité du canon des Écritures, des traductions et de
la lecture de la Bible en vue du perfectionnement moral, ne feraient
pas partie du *Didascalion,* est une hypothèse insoutenable. Les raisons alléguées, ressemblance avec le *De Scripturis et scriptoribus ecclesiasticis,* et place peu naturelle de semblables dissertations dans un
traité de pédagogie, paraîtront sans valeur, si l'on veut bien songer
aux habitudes littéraires de Hugues qui se répète souvent, et aux
traités de saint Augustin, de Cassiodore, de Raban Maur qui ont servi
de guides à Hugues dans la 2e partie du *Didascalion,* et où précisément
ces questions sont exposées.

1. CONRADI, HIRSAUGIENSIS, *Dialogus super auctores, sive Didascalion,*
Herausg. von Dr Scheps, Würzburg, 1889, in-8°.

2. Voici dans l'ordre où il les donne, les auteurs dont parle Conrad
de Hirschau : Donat, Caton, Ésope, Avianus, Sedulius, Juvencus,
Prospère, Theodulus, Arator, Prudence, Tullius (Cicéro), Salluste,
Boèce, Lucain, Horace, Ovide, Juvénal, Homère, Perse, Stace, Virgile.
Est-ce cet ordre que l'on suivait dans les classes? Quelques mots sur
Caton (*ouv. cit.*, p. 31) et sur Avianus (*ibid.,* p. 36) sembleraient l'in-
diquer.

3. Cf. sur ce point la préface de Scheps, p. 14.

maîtres et les élèves de l'époque, et comme le livre est souvent signalé par les contemporains, son succès nous autorise à nous fier aux indications que l'auteur y a consignées. Nous y renverrons souvent au cours de ce chapitre, de même que nous nous référerons souvent aussi au *Metalogicus* de Jean de Salisbury, si plein de renseignements sur les écoles du temps.

I

Il importe, tout d'abord, de constater que l'enseignement, quoique étant aux yeux des gens du moyen âge le moyen le plus important pour acquérir la science, n'est pas le seul qu'ils aient connu. Ils savent faire une place à la méditation, à la réflexion. M. F. Picavet, à propos d'un passage des Histoires du moine Richer, constatait que Gerbert « n'est pas un partisan exclusif de l'autorité, ainsi qu'on le dit trop souvent et d'une façon inexacte des hommes du moyen âge, puisqu'il tient compte, comme un Descartes ou comme un Malebranche, de la méditation [1] ». Gerbert n'est pas seul à faire ainsi sa place à la réflexion. Saint Anselme lui attribuait également une grande importance. Le *Monologium* en témoigne par son titre, et le *Proslogion*, où est développé le célèbre argument métaphysique auquel le saint a donné son nom, en est le fruit [2]. Les auteurs de la première moitié du xiie siècle ne négligent pas non plus la méditation : « *Duo praecipue res sunt, quibus quisque ad scientiam instruitur, videlicet lectio et meditatio* », écrit Hugues de Saint-Victor, dès les premières lignes du *Didascalion* [3]; et les dernières lignes du livre sont encore un éloge enthousiaste de la *meditatio* [4]. Jean de Salisbury écrit de même que la lecture, la doctrine et la méditation sont les trois moyens d'acquérir la

1. F. Picavet, *Gerbert, un pape philosophe*, p. 145.
2. Cf. Saint Anselme, *Proslogium*, préface, *P. L.*, CLVIII, col. 221 et Eadmer, *Vita S. Anselmi, ibid.*, col. 55.
3. Hugues de Saint-Victor, *Didascalion*, I, 1, *P. L.*, col. 741.
4. Id., *ibid.*, VI, 13, col. 809.

science [1]. Sans doute la méditation pour eux a surtout pour objet les vérités de la foi, les questions théologiques, mais elles n'en constituent pas l'unique objet [2].

Ceci dit, il est juste de reconnaître qu'alors — pas plus aujourd'hui d'ailleurs — la méditation, la réflexion profonde n'était le fait de tous ceux qui étudiaient ; elle l'était seulement des meilleurs esprits. Pour l'ensemble, le grand moyen d'instruction, et pour tous, le premier dans l'ordre du temps, c'était l'enseignement, que Hugues de Saint-Victor appelle *lectio* [3] et qui comprend à la fois la *lectio* et la *doctrina* de Jean de Salisbury [4].

L. Maître fait remarquer que, tandis que l'on chercherait en vain l'uniformité dans l'organisation des écoles épiscopales ou monastiques, cette uniformité est au contraire « le caractère propre et invariable de l'enseignement [5] ». Si, comme on le verra, cette remarque n'est pas très exacte, à n'envisager que la pratique de l'enseignement, elle l'est rigoureusement lorsqu'il s'agit de l'énumération théorique des matières enseignées. Elles se ramènent toutes — toujours en théorie — à huit : d'une part les sept matières du *trivium* : grammaire, rhétorique et dialectique, et du *quadrivium* : musique, arithmétique, géométrie et astronomie, qui constituent les *seculares artes* ou *artes liberales*, et d'autre part la théologie qui porte les noms de *divina scriptura*, *divina pagina* ou *divinitas*, et marque le couronnement des études. L'enseignement de la théologie devant faire l'objet de la deuxième partie de ce travail, nous

---

1. « At lectio, doctrina et meditatio scientiam pariunt ». JEAN DE SALISBURY, *Metalogicus*, I, c. XXIII, *P. L.*, col. 853.

2. Jean de Salisbury écrit : « Meditatio etiam ad ignota protenditur et usque ad incomprehensibilia saepe se ipsam erigit : et *tam manifesta rerum* quam abdita rimatur ». *Metal.*, l. I, c. XIII, *ibid.*, col. 853.

3. « Lectio et meditatio, e quibus lectio priorem in doctrina habet locum, et de hac tractat liber iste dando praecepta legendi. » *Didascalion,* l. I, c. I, col. 741.

4. « Lectio vero scriptorum praejacentem habet materiam ; doctrina et scriptis plerumque incumbit, et interdum ad non scripta progreditur, quae tamen in arcanis memoriae recondita sunt, aut in praesentis rei intelligentia eminent. » JEAN DE SALISBURY, *Metalogicus,* l. I, c. XXIII, col. 853. Ici *doctrina* semble signifier « enseignement ».

5. L. MAITRE, *ouv. cit.*, p. 207.

nous occuperons ici uniquement du *trivium* et du *quadri-vium*.

On sait que la division des sept arts libéraux est sortie d'une autre division en neuf disciplines qui a Ter. Varron pour auteur. Les sept arts libéraux sont les neuf disciplines de Varron, moins les deux sciences pratiques : médecine et architecture [1]. Ils se divisent en deux groupes, le *trivium* comprenant les sciences ou les disciplines ayant pour objet les mots, *voces*, et le *quadrivium* qui réunit les sciences dont l'objet sont les choses elles-mêmes, *res*.

Ces termes de *trivium* et de *quadrivium* sont des termes scolaires que l'on rencontre assez fréquemment au xiie siècle, mais ce serait une erreur de croire qu'ils représentent tout ce que l'on savait au moyen âge. Ils désignent seulement la somme de connaissances que l'on devait posséder pour pouvoir être dit *litteratus* [2]. Hugues de Saint-Victor les considère comme les sciences nécessaires pour arriver à connaitre les autres. « Les arts libéraux, écrit-il, avaient cette efficacité auprès des anciens qu'à celui qui s'y était appliqué avec soin, ils ouvraient toute lecture, disposaient l'esprit à tout et suffisaient à résoudre les difficultés de toutes les questions qui comportent une preuve [3]. » Ainsi ceux qui avaient étudié les sept arts libéraux n'avaient plus besoin de maîtres pour expliquer un auteur ou résoudre une question difficile [4]. Mais ces arts étaient loin

1. C. SCHAARSCHMIDT, *Joannes Saresberiensis*, p. 61, n. 1.
2. « Poetas, historicos, oratores, mathematicos probabilis mathe-maticae, quis ambigit esse legendos, maxime cum sine his viri esse nequeant, vel non soleant litterati? Qui enim istorum ignari sunt, illi-terati dicuntur, etsi litteras noverint », écrit Jean de Salisbury, *Poly-craticus*, l. VII, c. ix, *P. L.*, col. 655. Toutefois Jean de Salisbury accorde ce nom à qui connaît seulement la grammaire : « Licet autem et aliae disciplinae ad litteraturam proficiant, haec tamen privilegio singulari facere dicetur litteratum ». ID., *Metalogicus*, I, 24, *ibid.*, col. 856. Il y avait même des gens réputés *litterati* qui lisaient le latin sans le comprendre. Abélard dit des moines : « Scire quippe litteras in claustris dicuntur, quicumque illas proferre didicerunt. Qui pro-fecto, quantum ad intelligentiam spectat, se nescire legem profitentes, librum qui traditur, habent signatum aeque ut illi quos illitteratos ibidem dicunt. » ABÉLARD *Ep.* VIII, *P. L.*, col. 310 (I, p. 209).
3. HUGUES DE SAINT-VICTOR, *Didascalion*, l. I, c. xii, col. 839.
4. ID., *ibid.*

de représenter l'ensemble des sciences. Le nombre de
celles-ci était beaucoup plus grand : Hugues de Saint-
Victor, qui les énumère, porte ce nombre à vingt et un[1].

L'ensemble des arts libéraux s'appelait d'ordinaire *philosophia*. On trouve déjà chez Alcuin ce sens synthétique
donné au terme *philosophia*[2]. Il se retrouve chez Gerbert
qui définit la philosophie la science des choses divines et
humaines[3]. On le rencontre au xii⁰ siècle, entre autres
chez Abélard, chez Hugues de Saint-Victor, chez Honoré
d'Autun et chez Conrad de Hirschau[4]. Certains cependant
regardaient les sciences du *trivium* qui ont pour objet les
mots, comme préparatoires à la philosophie dont l'objet
est constitué par les choses, et ils ne comprenaient ainsi
dans la philosophie que le *quadrivium* (choses humaines)
et la théologie (choses divines)[5]. Les diverses parties de la
philosophie étaient appelées disciplines, sciences ou arts.
Les auteurs semblent parfois vouloir distinguer ces trois
termes, mais ces distinctions ne sont pas précises, et ils
emploient d'ordinaire l'un pour l'autre[6]. Les classifications
des divers arts varient aussi d'un auteur à l'autre; cependant les trois sciences du *trivium* sont le plus souvent
groupées sous le nom de *logique* ou sous celui d'*éloquence*[7],

---

1. Hugues de Saint-Victor, *Didascalion*, l. III, c. 1, col. 765.

2. Alcuin, *Grammatica, P. L.*, CI, col. 853.

3. « In quo divina et humana consistunt. » Richer, *Historiarum*, l. III,
c. lvi, *P. L.*, CXXXVIII, col. 105. Cf. Picavet, *Gerbert*, p. 146.

4. « Dialecticarum rationum armaturam omnibus philosophiae do-
cumentis praetuli. » Abélard, *Hist. cal., P. L.*, col. 45 (I, p. 4). Cf.
Hugues de Saint-Victor, *Didascalion*, III, 1, *P. L.*, col. 766. — Honoré d'Autun, *Summa totius* ap. Endres, *Honorius Augustodunensis*,
p. 21, n⁰ 3. — Conrad de Hirschau, *Dialogus*, p. 33.

5. C'est le cas de Guillaume de Conches, *De philosophia mundi*,
l. IV, c. xli, *P. L.*, CLXXII, col. 100.

6. Voir Hugues de Saint-Victor, *Didascalion*, l. II, c. 1, *De discretione artium, P. L.*, col. 751.

7. Le groupement des trois sciences du *trivium* sous le nom de
logique se rencontre chez *Gerbert*, Richer, *Historiarum*, l. III, c. xliv,
P. L., CXXXVIII, col. 102, — chez Hugues de Saint-Victor, *Didascalion*, l. II, c. xxix, *P. L.*, col. 763, — chez Conrad de Hirschau,
Dialogus, p. 77 et p. 82, — chez Jean de Salisbury, *Metalogicus*, l. I,
c. x, *P. L.*, col. 837. — Guillaume de Conches emploie le terme *eloquentia : De philosophia mundi*, l. IV, c. xli, *P. L.*, CLXXII, col. 100.

et les quatre sciences du *quadrivium* sont regardées comme des subdivisions de la *mathématique* appelée encore *matesis*, ou de la *physique*[1].

Il faut d'ailleurs remarquer que si l'on enseigne toujours les sept arts libéraux, on n'attache pas à tous la même importance, et pour chaque art on insiste plus sur tel point que sur tel autre, suivant le goût et les besoins de l'époque. Il en était ainsi spécialement pour le *trivium* pendant la première moitié du xiiᵉ siècle. On s'appliquait chez le grammairien à l'explication des auteurs, à l'étude des règles de Donat, et on y ajoutait les règles d'accentuation et de prononciation, très importantes pour des clercs qui avaient à chanter les psaumes en commun et qui perdaient le sens de l'accentuation à mesure que la langue parlée s'éloignait de la langue des auteurs étudiés dans les écoles. Aussi apprenait-on le latin chez le *grammaticus ;* quant au grec et à l'hébreu, les personnages les plus instruits du temps, comme Abélard et Jean de Salisbury, n'en savaient que quelques mots qu'ils avaient appris, pour l'hébreu dans saint Jérôme ou Isidore de Séville, et pour le grec dans des alphabets et des dictionnaires[2]. L'enseignement de la rhétorique prit vers cette époque une tournure toute particulière : vers 1136, Bernard Silvestris enseigne à Tours l'*ars dictaminis* et compose sa *Summa dictaminis* contenant des règles et des modèles de l'art épistolaire[3]. Bientôt l'enseignement de la rhétorique va se réduire à celui de l'art épistolaire[4]. L'enseignement de la dialectique enfin prend également une tournure spéciale, ainsi qu'on le verra plus loin.

1. Gerbert appelle les sciences du *quadrivium*, *matesis* : RICHER, *Histor.*, l. III, c. 44, *P. L.*, CXXXVIII, col. 102. Hugues emploie les deux termes *matesis* et *mathematica*, *Didascalion*, l. II, c. IV, *P. L.*, col. 753 et l. III, c. I, col. 765. — Conrad de Hirschau emploie le terme *physica*. *Dialogus*, p. 77 et 82.

2. Voir sur ce point CLERVAL, *ouv. cit.*, p. 231.

3. Sur cette date, voir B. HAURÉAU, *Maître Bernard*, Biblioth. de l'École des Chartes, t. LIV, 1893, p. 793.

4. L. DELISLE dans son article du *Journal des Savants* (1899, p. 173) sur le *Formulaire de Clairmarais* donne la bibliographie de la question.

II

En théorie, les étudiants devaient étudier dans l'ordre suivant les diverses parties du *trivium* et du *quadrivium* : grammaire, dialectique, rhétorique, arithmétique, musique, géométrie, astronomie, et l'étude de la théologie devait couronner le tout[1]. Mais pour que cet ordre fût suivi, il aurait fallu, à défaut d'une organisation qui n'existait pas, quelque entente entre les maîtres, afin que les étudiants n'eussent pas la liberté de suivre les cours dans l'ordre qui leur plaisait. Peut-être y avait-il sur ce point des coutumes dans les écoles monastiques, aucun document en tout cas ne nous le laisse soupçonner, car le seul que l'on pourrait citer, celui qui se trouve en appendice à la chronique d'Ingulphe et qui donne le programme des cours faits au couvent de Cottenham à Cambridge, est apocryphe[2]. Quant aux maîtres séculiers, loin de s'entendre, ils semblent tous se jalouser : sans cesse dans leurs ouvrages ils parlent de l'envie qui les poursuit et déchire leur réputation. Ils se disputaient les élèves; aussi lorsqu'ils étaient assez nombreux, comme à Paris, et que chacun avait sa spécialité [3], les étudiants allaient-ils suivre leurs cours dans l'ordre qu'ils voulaient, écoutant, pour chaque matière, les professeurs qui s'y étaient fait un plus grand renom. C'est ainsi que Jean de Salisbury étudia d'abord la dialectique sous Abélard, Albéric et Robert de Melun, puis se mit à l'école de Guillaume de Conches pour la grammaire. Avec Richard l'Évêque, il revit tout ce qu'il avait étudié

1. C'est l'ordre donné par Guillaume de Conches, *De philosophia mundi*, l. IV, c. XLI, *P. L.*, CLXXII, col. 100.

2. C'est ce qu'a démontré H. Denifle, *ouv. cit.*, p. 7 et n. 37.

3. Abélard enseignait la dialectique et la théologie. Bernard de Chartres enseignait surtout la grammaire; on l'appelait *grammaticus*. Guillaume de Conches excellait dans la *grammaire* et le *quadrivium*. On disait de Thierry de Chartres qu'il était bon pour la rhétorique, mais non pour la dialectique (Clerval, *ouv. cit.*, p. 213). Par contre Richard l'Évêque excellait dans toutes les parties (Jean de Salisbury, *Metalogicus*, l. II, c. x, *P. L.*, col. 868).

chez les autres et apprit ce qu'il ignorait du *quadrivium*. Plus tard il étudia la théologie, puis se remit à la logique avec Gilbert de la Porrée. Enfin il termina la théologie auprès de Robert Pullus et de Simon de Poissi[1]. Avant lui, Abélard, après avoir été l'élève de Roscelin[2], avait suivi à Paris les leçons de Guillaume de Champeaux sur la dialectique et la rhétorique, puis était allé à Laon pour se livrer à l'étude de la théologie auprès d'Anselme[3]. Bien auparavant, au xe siècle, Gerbert, après avoir étudié la grammaire au monastère d'Aurillac, était allé en Espagne étudier la mathématique ou le *quadrivium*, et n'avait appris que plus tard, à Reims, la dialectique[4]. Il y a plus, non seulement on voyait des clercs qui se mettaient à enseigner les arts avant d'avoir étudié la théologie, — comme ce fut le cas pour Jean de Salisbury[5] et comme ce fut plus tard la coutume à l'Université de Paris où beaucoup d'étudiants à la faculté de théologie étaient maîtres à la faculté des arts, — mais il y en avait même qui enseignaient certaines parties du *trivium* ou du *quadrivium* avant d'avoir appris les autres. Au xe siècle, Gerbert enseigna les mathématiques à Rome avant d'apprendre la dialectique à Reims à l'école de Garannus[6], et au xiie siècle lorsque Abélard vint entendre les leçons de Guillaume de Champeaux sur la rhétorique, il s'était déjà fait un nom comme professeur de dialectique[7].

Les clercs étant libres d'étudier les divers arts dans l'ordre qu'ils voulaient, on pense bien qu'il leur arrivait de négliger certaines parties au détriment des autres, malgré l'enseignement des maîtres qui déclaraient qu'on ne devait en délaisser aucune[8]. Ainsi l'étude du *quadrivium* n'était le fait que d'un petit nombre, et dans ce petit nom-

<hr>

1. Jean de Salisbury, *Metalogicus*, l. II, c. x, *P. L.*, col. 867 et suiv.
2. V. Cousin, *Introduction aux ouvrages inédits d'Abélard*, p. xi.
3. Abélard, *Hist. cal.*, *P. L.*, col. 115 et 123 (I, p. 5 et 7).
4. Richer, *Historiarum*, l. III, c. xliii et xliv, *P. L.*, CXXXVIII, col. 101-102; cf. F. Picavet, *ouv. cit.*, p. 27.
5. Jean de Salisbury, *Metalogicus*, II, 10, *P. L.*, col. 868.
6. Richer, *Historiarum*, l. III, c. xliv, *ibid.*, col. 102.
7. Abélard, *Hist. cal.*, *P. L.*, col. 119 (I, p. 5).
8. Hugues de Saint-Victor, *Didascalion*, l. III, c. 5, *P. L.*, col. 869.

bre beaucoup — tels par exemple Abélard et Jean de Salisbury[1] — l'expédiaient très vite. Beaucoup aussi, surtout à partir de 1130-1140, ne poussaient même pas jusqu'à la rhétorique et s'éternisaient dans l'étude de la dialectique[2].

La mémoire jouant un grand rôle dans toutes ces études, on y consacrait beaucoup de temps. Jean de Salisbury avait déjà appris les premiers éléments lorsqu'il vint à Paris suivre les leçons d'Abélard sur la dialectique, et il employa encore près de douze ans à fréquenter les cours des maîtres célèbres[3]. Gilbert de la Porrée avait près de cinquante ans lorsqu'il quitta l'école de Bernard de Chartres pour aller enseigner à Poitiers, et, même à cet âge, il aurait encore voulu suivre les leçons du maître[4]. On admirait le génie d'Abélard qui avait commencé si jeune à enseigner la dialectique; or lorsqu'il ouvrit sa première école à Melun, il avait déjà vingt-cinq ans[5]. Mais cela ne devait pas toujours durer : lorsque les étudiants furent nombreux, il y en eut qui, poussés vers l'étude plus par le désir de se créer une bonne situation que par amour de la science, trouvèrent trop longues toutes ces années d'école; et, comme il n'existait pas une organisation qui pût les forcer à respecter les traditions, on en vit prétendre achever en deux ou trois ans, ou même en un an, des études qui, d'après Guillaume de Conches, auraient dû durer au moins huit ans[6]. Ce fut là un des épisodes de la lutte entre les partisans des anciens et les Cornificiens, dont nous aurons à dire quelques mots en

1. Sur Abélard, on connaît l'anecdote citée plus haut, p. 26, d'après laquelle il aurait étudié en secret la mathématique auprès de Thierry de Chartres. — Jean de Salisbury avoue lui-même avoir consacré peu de temps à l'étude du *quadrivium*. *Metalogicus*, l. II, c. x, *P. L.*, col. 868.

2. JEAN DE SALISBURY, *ibid.*, col. 869.

3. ID., *ibid.* Il consacra à suivre ces diverses leçons « fere duodecennium ».

4. Cf. la lettre écrite par Gilbert de la Porrée à Bernard de Chartres, publiée dans *Biblioth. de l'Ec. des Ch.*, 1855, p. 461 et traduite par BERTHAUD, *Gilbert de la Porrée*, p. 74. — Gilbert de la Porrée était né en 1076 et la lettre a été écrite entre 1120 et 1124. Cf. CLERVAL, *ouv. cit.*, p. 164.

5. Abélard est né en 1079 et a commencé à enseigner à Melun vers 1104.

6. « Discipuli... relicta Pythagoricae doctrinae forma qua consti-

parlant du mouvement des idées pendant la première moitié du xii° siècle.

III

Après avoir vu quelles étaient les matières d'enseignement, l'ordre dans lequel on les étudiait, et le temps qu'on y consacrait, il nous faut chercher à nous rendre compte de la manière dont se faisaient les leçons, dont se passait une journée d'école. Sur ce point, les documents sont si rares qu'il est impossible de savoir quel programme suivaient les maîtres, en combien de temps ils achevaient l'étude d'une matière ou d'un livre, quand commençaient et finissaient les leçons, quels jours elles avaient lieu et combien de temps elles duraient. Tout ce que l'on peut conjecturer, c'est que les maîtres devaient pour tout cela jouir d'une certaine liberté. Nous sommes mieux renseignés sur l'emploi d'une journée scolaire, grâce à Jean de Salisbury qui a retracé avec complaisance, dans son *Metalogicus*, la méthode suivie par Bernard de Chartres et, après lui, par Guillaume de Conches et Richard l'Évêque, ses propres maîtres. Sans doute, il ne s'agit ici que de l'enseignement de la grammaire, mais, très probablement, la même méthode, avec quelques modifications, était employée pour la dialectique et la rhétorique, et nous pouvons ainsi nous faire une idée de l'enseignement du *trivium*, c'est-à-dire de ceux des arts libéraux qui étaient regardés comme les plus importants [1].

Bernard de Chartres faisait deux cours, un le matin et un dans la soirée. Le cours le plus important était celui du

tutum erat discipulum septem annis audire et credere, octavo demum anno interrogare... unius vero anni spacio, negligenter studentes, totam sapientiam sibi cessisse putantes... pondere rei vacui abeunt. » GUILLAUME DE CONCHES, *Dragmaticon*, cité par R. L. POOLE, *Illustrations of the history of medieval thought*. Appendice VII, p. 362. Cf. JEAN DE SALISBURY, *Metalogicus*, l. II, c. iii, col. 829.

1. Cet exposé de la méthode de Bernard de Chartres se trouve dans le *Metalogicus*, l. I, c. xxiv, *P. L.*, col. 854-856. B. HAURÉAU, *Histoire de la philosophie scolastique*, t. I, p. 403, et CLERVAL, *ouv. cit.*, p. 225, en ont donné la traduction, au moins en partie.

soir. Il était appelé *declinatio* : Bernard de Chartres y expliquait les orateurs et les poètes qu'il jugeait dignes d'être imités, et son explication était si copieuse en remarques de grammaire qu'un élève d'intelligence moyenne pouvait, en un an, posséder tous les termes, toutes les expressions d'un usage courant. A cette classe du soir, Bernard indiquait aussi les lectures à faire, donnait de petites compositions en prose ou en vers, et la classe se terminait par une conférence, *quasi collatione quadam*, clôturée par la récitation du *De profundis* et du *Pater*[1]. La classe du matin était moins importante ; elle dépendait de celle de la veille au soir. On y repassait ce qui avait été dit la veille[2] ; on y corrigeait les devoirs et on y récitait les leçons.

Ainsi une journée scolaire comprenait en somme trois parties : 1° la vérification du travail de l'élève, qui se faisait le matin, 2° la *declinatio*, 3° la *collatio*.

Ce que Jean de Salisbury nous apprend sur la vérification du travail des élèves, ressemble à ce qui se fait encore maintenant. Bernard de Chartres guidait ses disciples dans le choix de leurs lectures, leur conseillait une imitation libre des bons auteurs, faisait à propos de leurs petites compositions des remarques sur la correction, le style, la liaison des idées etc.[3]. On croirait, à lire Jean de Salisbury,

1. « Vespertinum exercitium, quod *declinatio* dicebatur, tanta copiositate grammaticae refertum erat, ut si quis in eo per annum integrum versaretur, rationem loquendi et scribendi, si non esset hebetior, haberet ad manum, et significationem sermonum, qui in communi usu versantur, ignorare non posset. Sed quia nec scholam, nec diem aliquem decet esse religionis expertem, ea proponebatur materia, quae fidem aedificaret, et mores, et unde qui convenerant, quasi collatione quadam, animarentur ad bonum. Novissimus autem hujus declinationis, imo philosophicae collationis articulus pietatis vestigia praeferebat ; et animas defunctorum commendabat, devota oblatione psalmi, qui in poenitentialibus sextus est, et in oratione dominica Redemptori suo. Quibus autem indicebantur praeexercitamina puerorum, in prosis aut poematibus imitandis, poetas aut oratores proponebat, et eorum jubebat vestigia imitari, ostendens juncturas dictionum et elegantes sermonum clausulas. » Jean de Salisbury, *Metalogicus*, l. II, c. iii, col. 855.

2. « Cogebantur exsolvere singuli die sequenti aliquid eorum, quae precedenti audierant, alii plus, alii minus : erat enim apud eos praecedentis discipulus sequens dies. » *Metalogicus, ibid.*, col. 854.

3. « Id quoque inter prima rudimenta docebat et infigebat animis,

assister à la correction dans une classe d'aujourd'hui d'une narration ou d'un discours français. Quant aux leçons[1], pour arriver à les retenir, on utilisait toutes sortes de procédés mnémotechniques : vocabulaires, abrégés par demandes et réponses, tableaux synoptiques, vers mnémotechniques[2].

L'exercice de la *declinatio* était proprement la part du professeur. Ailleurs il est plus généralement appelé *lectio* : c'est le terme qu'on rencontre sans cesse chez les auteurs du temps pour désigner un cours, une leçon d'un professeur[3]. Toutefois si c'est là le sens courant du terme[4], ce n'est pas son sens unique, comme nous l'apprend Hugues de Saint-Victor : « *Lectio*, écrit-il dans le *Didascalion*, *est cum ex his quae scripta sunt, regulis et praeceptis informamur. Trimodum est lectionis genus, docentis, discentis, vel per se inspicientis. Dicimus enim : lego librum illi, et lego librum ab illo, et lego librum*[5]. » On le voit, *legere* désigne

quae in oeconomia virtus; quae in decore rerum, quae in verbis laudanda sunt : ubi tenuitas et quasi macies sermonis, ubi copia probabilis, ubi excedens, ubi omnium modus. » Jean de Salisbury, *Metalogicus*, l. II, c. iii, col. 855.

1. Elles étaient quotidiennes : « ex singulis, aliquid reconditum in memoria, diurnum debitum, diligenti instantia exigebat. » *Ibid.*, col. 855.

2. Clerval, *ouv. cité*, p. 109 et aussi p. 115, 127, 127, 130 où il parle de vers mnémotechniques composés par Fulbert de Chartres.

3. Ce terme de *declinatio* employé pour désigner la leçon où on expliquait les auteurs, où on les lisait, est à rapprocher de cette phrase citée plus haut, p. 33, n. 1, de *Berengarius scolasticus* : « Eratque mihi animus inficta crebro materia declinare ». Bérenger, dans sa lettre, cite en effet, ou récite de nombreux vers latins empruntés aux poètes de la Rome impériale. *Declinare* semble bien avoir là le sens de réciter, citer des vers. Dès lors, dans le vers bien connu qui termine la *Chanson de Roland* :

Ci falt la Geste que Turoldus declinet,

le mot « declinet » pourrait bien avoir le sens de « réciter » et Turolde ne serait pas l'auteur de la *Chanson*, mais l'aurait simplement récitée.

4. Le terme est souvent employé par Abélard, *Hist. cal.*, *P. L.*, col. 113-126 (I, p. 5-9).

5. Hugues de Saint-Victor, *Didascalion*, l. III, c. viii, col. 771. — Abélard, parlant des disciples d'Albéric de Reims, les désigne par ces mots : « hi qui ab eo legerunt ». *Theologia christiana*, *P. L.*, col. 85 (II, p. 522). Cf. encore saint Anselme : « Audivi quod legas a domino

à la fois l'acte d'un professeur qui lit un livre, celui de l'élève qui l'écoute, et celui de quelqu'un qui lit seul. Aussi Jean de Salisbury, trouvant le mot équivoque, proposait-il d'appeler la lecture du maître, *praelectio*, et la lecture particulière, simplement *lectio*[1]; mais il ne semble pas qu'on ait alors adopté cet usage.

Avant de commencer à expliquer un livre, le maître donnait d'abord quelques renseignements sur l'auteur de l'ouvrage, sur le titre, les circonstances qui avaient amené l'auteur à le composer, sur les intentions de celui-ci, sur l'utilité que pouvait en tirer le lecteur, sur la place du livre dans l'ensemble des sciences[2]. Mais on ne rencontre pas encore alors ces introductions dont le plan consiste régulièrement à exposer les causes « efficiente, matérielle, formelle et finale » de l'ouvrage, telles qu'on en rencontre souvent au xiiiᵉ siècle[3].

Après cette courte introduction, la lecture proprement dite commençait. Elle comprenait trois sortes d'explications, appelées *litera*, *sensus* et *sententia*. *Litera*, c'était l'explica-

Arnulpho... aliis auctoribus quos a me non legisti.'» *Epist.*, l. I, ep. 55, *P. L.*, CLVIII, col. 1124.

1. JEAN DE SALISBURY, *Metalogicus*, l. I, c. xxiv, col. 853.

2. « Nec te lateat quod in libris explanandis VII antiqui requirebant : auctorem, titulum operis, carminis qualitatem, scribentis intentionem, ordinem, numerum librorum, explanationem; sed moderni IIII requirenda censuerunt : operis materiam, scribentis intentionem, finalem causam, et cui parti philosophiae subponatur quod scribitur. » CONRAD DE HIRSCHAU, *Dialogus*, p. 27. — Abélard termine ainsi le début de ses gloses sur les Topiques de Boèce : « Visa autem nunc intentione, materia, modo tractandi, utilitate, et cui parte logicae praesentis operis scientia supponatur, litteram insistamus. » *Ouvrages inédits d'Abélard*, p. 609. — Cf. le début des gloses d'Arnoul d'Orléans (xiiᵉ siècle) sur les Fastes d'Ovide : « Ut evidencius appareant que in serie hujus libri disposita sunt, antequam ad litteram accedamus, compendiose quaedam sunt praelibanda, hec scilicet : quis sit titulus operis, que causa suscepti laboris, que materia artificis, que intentio scribentis, que utilitas legentis, cui parti philosophie supponatur. » Cité par L. Delisle, « Summa dictaminis ». *Annuaire-bulletin de la Société de l'histoire de France*, 1869, p. 148. — Comparer encore les premières lignes du *De sex dierum operibus* de Thierry de Chartres (B. HAURÉAU, *Not. et ext. de quelques mss.*, t. I, p. 52), et, en général, les nombreux commentaires du temps sur l'Écriture sainte.

3. CH. THUROT, *De l'organisation de l'enseignement dans l'Université de Paris au moyen âge*, p. 73.

tion grammaticale; *sensus*, le sens que donne à première vue la *litera*; et *sententia*, l'intelligence profonde de la pensée de l'auteur, le contenu doctrinal. Ces trois explications se suivaient naturellement dans l'ordre où nous les avons énoncées. Une fois données toutes trois, l'explication était achevée[1].

On peut se faire une idée de cette « lecture » par les gloses qui nous sont restées, et dont plus d'une sans doute n'est que la reproduction de gloses faites au cours : Abélard nous apprend, en effet, à propos de sa glose sur Ézéchiel, qu'il l'avait écrite et qu'il la donnait à transcrire[2]. Ce qui caractérise le plus souvent ces gloses, c'est une concision qui ne va pas sans sécheresse; mais, avec la clarté, c'était la qualité du genre. L'auteur s'y contente, après quelques remarques sur la construction de la phrase, de faire ressortir la suite des idées, d'expliquer le sens de certains mots et de commenter brièvement la pensée de celui qu'il glose. En outre, lorsqu'il s'agit de raisonnements, le glossateur a toujours soin d'indiquer à quelle catégorie ils appartiennent; c'est ainsi qu'on rencontre sans cesse dans les gloses d'Abélard ces expressions : *a causa, a parte, a toto; a relativis, ab immediatis* etc.[3]. On trouve les mêmes expressions, chose curieuse, dans la glose intercalaire de Lanfranc sur les Épîtres de saint Paul[4].

---

1. « Expositio tria continet : literam, sensum, sententiam. Litera est congrua ordinatio dictionum, quam etiam constructionem vocamus. Sensus est facilis quaedam et aperta significatio, quam litera prima fronte praefert. Sententia est profundior intelligentia, quae nisi expositione vel interpretatione non invenitur. In his ordo est, ut primum litera, deinde sensus, deinde sententia inquiratur : quo facto, perfecta est expositio. » Hugues de Saint-Victor, *Didascalion*, l. III, c. IX, col. 771.

2. Abélard raconte qu'après ses premières leçons sur Ézéchiel, les étudiants affluèrent, et tous voulurent transcrire les gloses des premiers jours. Il ne s'agit pas là de simples notes d'élèves, puisque Abélard écrit plus loin qu'Anselme de Laon lui interdit de continuer, de peur d'être rendu responsable des erreurs qu'il écrirait : « ne si forte in illo opere aliquid per errorem scriberem », *Hist. cal.*, P. L., col. 125 (I, 8). Cf. encore *ibid.*, P. L., col. 126 (I, 9) : « legentibus acceptabiles fuerunt ».

3. *Glossae in Porphyrium* ap. *Ouv. inéd. d'Abélard*, p. 560 et suiv.

4. Voir infra, p. 119.

Ce mode d'explication était employé pour les traités de grammaire et de rhétorique, aussi bien que pour ceux de logique. Quant aux notes qui en étaient le résultat, elles étaient marginales et interlinéaires[1]. Les notes interlinéaires donnaient surtout la *litera* et le *sensus*, et les notes marginales la *sententia*[2].

Il arrivait parfois qu'amplifiant l'explication, on se livrait à des commentaires allégoriques et moraux. Nous en trouvons un exemple dans le commentaire de Bernard Silvestris sur les six premiers livres de l'Enéide, commentaire publié en partie par V. Cousin, et étudié par Demimuid[3]. Partant de cette idée, qu'il tient de Macrobe, que Virgile, dans l'Enéide, est aussi profond philosophe que grand poète, Bernard Silvestris fait des six premiers livres de l'Enéide une longue allégorie morale. « Les six premiers livres du poème, écrit Demimuid, répondent aux six âges de la vie humaine. Dans le premier, le héros troyen aborde au rivage carthaginois, comme l'âme aborde au rivage de la vie; dans le second, il raconte à Didon ses malheurs avec la prolixité d'un enfant qui s'éveille à la pensée et commence à user de la parole; dans le troisième, il assiste à l'incendie de Troie, image des passions dévorantes de la jeunesse, et ainsi de suite jusqu'au sixième livre[4]. » Ce genre d'explication n'était pas, du reste, particulier à Bernard Silvestris. Au

---

1. CIERVAL, *ouv. cit.*, p. 118.

2. D'après Huguccio (✝ 1210) il y a une différence entre une glose et un commentaire : « Commentum, écrit-il, est expositio verborum juncturam non considerans sed sensum. Glosa est expositio sententiae et ipsius literae quae non solum sententiam sed verba attendit... Unde dicetur glosa q. (quasi) glossa, id est lingua, quia tanquam lingua doctoris adaequat et exponit et ad literam exponendam insistit, et sensum enucleat ». Cité par DE SAVIGNY, *Histoire du droit romain au moyen âge*, trad. Ch. Guenoux, t. III, p. 394, note b. — Mais, en fait, dans un commentaire comme celui d'Abélard sur l'épître aux Romains, on rencontre aussi des explications grammaticales.

3. *Ouv. inéd. d'Abélard*, Appendice, p. 625 et suiv. et M. DEMIMUID, *De Bernardo Carnotensi grammatico professore et interprete Virgilii*. Ce commentaire est de Bernard Silvestris qu'il ne faut pas identifier, comme le font Cousin et Demimuid, avec Bernard de Chartres. Cf. CIERVAL, *ouv. cit.*, p. 158 suiv.

4. DEMIMUID, *Jean de Salisbury*, p. 16.

xi° siècle, Bernard de Maëstricht en fait usage dans son commentaire des Eglogues de Théodule[1], et Conrad de Hirschau le recommande après lui[2]. Jean de Salisbury entend Virgile de la même manière[3]. On interprétait aussi allégoriquement les philosophes. Abélard reproche à quelques-uns des maîtres de tomber dans l'hérésie en faisant trop usage de l'allégorie dans l'interprétation de Platon[4]; mais ce n'est que l'abus de l'allégorie qu'il condamne, car lui-même reconnaît dans sa *Theologia christiana* qu'on peut en faire un usage légitime[5]. — Il était curieux de noter ce genre de glose ou de commentaire, qu'on aurait pu croire réservé à l'Écriture Sainte. On verra, dans le chapitre suivant, que c'était là un moyen, pour les gens d'alors, de faire accorder les études profanes, la lecture des poètes, avec les exigences de la foi et de la morale chrétiennes.

L'exercice scolaire le plus important après la *lectio* et qui, en se transformant, était destiné à un brillant avenir, c'était la *collatio*. La *collatio* était un usage monastique très ancien, existant déjà chez les moines d'Orient, car il en est fait mention dans la règle de saint Pacôme. C'était un exercice distinct de l'*exhortatio*. Dans celle-ci l'abbé parlait seul, tandis que dans la *collatio* les moines posaient des questions et demandaient la solution de difficultés qu'ils avaient rencontrées, soit dans leurs lectures privées, soit dans les lectures publiques, soit dans leurs réflexions personnelles. On

---

1. « Theodoli eglogam ad litteram et allegorice et plerisque in locis moraliter explanavi. » *Epistola Bernardi scholastici ad Conradum episcopum Trajectensem*, ap. D. Martène, *Ampl. coll.*, I, p. 513.

2. « Primum igitur in hoc opere a docente sensus ponendus est literae, deinde ipsa litera per allegoriam elucidanda, inde per moralitatem vita legentis instituenda. » Conrad de Hirschau, *Dialogus*, p. 46.

3. Jean de Salisbury, *Polycraticus*, l. VI, c. xxii, col. 621 et l. VIII, c. xxiv, col. 817.

4. « Sunt autem nonnulli catholicorum, qui allegoriae nimis adhaerentes, Sanctae Trinitatis fidem conantur astruere etc. » Abélard, *Dialectica*, ap. *Ouvr. inéd.*, p. 475.

5. « Ipse praeterea Macrobius ea quae de anima mundi a philosophis dicta sunt, mystice interpretanda esse supra meminit. Quae etiam cum exponi veraciter aut convenienter nullatenus queant, ut supra meminimus, ipsa nos littera ad mysticam expositionem compellit. » *Theol. christ.*, *P. L.*, col. 1159 (II, p. 393).

y lisait aussi les règles des Pères de la vie religieuse, et on s'y occupait d'autres questions relatives à la vie monacale. La *collatio* se tenait le matin — Isidore dit qu'elle avait lieu lorsque les moines étaient encore à jeun — deux ou trois fois par semaine, et aucun moine ne pouvait s'en dispenser sans motif grave. On recommandait à ceux qui y prenaient la parole, la simplicité et l'humilité[1]. Ce sont ces *collationes* qui ont donné leur nom à un ouvrage bien connu de Cassien. Leur usage s'était maintenu chez les moines d'Occident, et subsistait au xii° siècle. Saint Bernard dit avoir pris part aux *collationes* de Cluny[2], et Pierre le Vénérable faisant, dans une lettre à Héloïse, le récit des dernières années d'Abélard, lui dit qu'Abélard observait si scrupuleusement le silence monastique qu'il ne l'interrompait que si la *collatio* familière ou une exhortation à l'église l'y obligeaient[3]. Abélard lui-même, dans son *Carmen ad Astralabium*, déclare la *collatio* plus utile que la lecture de l'Écriture[4].

Est-ce de la vie monastique que la *collatio* passa à l'école ? Nous ne saurions le dire. Cependant l'exercice du soir dont parle Jean de Salisbury, semble bien être une *collatio* semblable à celle des cloîtres, portant sur des sujets moraux et ayant pour but l'édification[5]. Peut-être seulement avait-elle

1. Pour tous ces renseignements voir D. Martène, *De antiquis ecclesiae ritibus*, t. IV, p. 78-79.

2. Saint Bernard, *Apologia ad Guillelmum*, c. ii, *P. L.*, CLXXXII, col. 900.

3. « Nisi aut fratrum familiaris collatio aut ad ipsos in conventu de divinis publicus sermo eum loqui urgebant. » *Epistola Petri Venerabilis ad Heloïssam*, *P. L.*, CLXXXIX, col. 350, (I, p. 713).

4.
>   Lectio sacra minus, sed plus collatio prodest,
>   Haec petit ut quaeras, quod petis illa docet.

Abélard, *Carmen ad Astralabium*, édit. Hauréau, p. 34. — On connaît ce verset de l'*Imitation de Jésus-Christ* : « Juvat tamen non parum ad profectum spiritualem devota spiritualium rerum collatio, maxime ubi pares animo et spiritu in Deo sibi sociantur. » *Imitat.*, l. I, c. ix, v. 2.

4. « Ea proponebatur materia quae fidem aedificaret, et mores, et unde qui convenerant, quasi collatione quadam animarentur ad bonum. » Jean de Salisbury, *Metalogicus*, l. I, c. xxiv, col. 855.

un caractère plus philosophique[1]. Cet entretien se tenait entre le maître et les élèves, mais il y en avait aussi d'autres entre élèves : ils avaient pour but de former ces derniers à l'art de la parole. Jean de Salisbury trouvait excellent cet exercice de la *collatio* qui, tout en apprenant à parler en public, rendait plus facile l'acquisition de la science, et était d'une grande utilité pour la vie[2]. Seulement il avait soin de recommander qu'on y observât la charité et l'humilité[3], recommandation qui n'était pas toujours respectée, surtout dans les *disputationes* ou *collationes* à forme précise et réglée[4].

Ces dernières discussions, celles qui mettaient aux prises les logiciens, étaient anciennes. Richer raconte que l'empereur Othon mit en présence les deux philosophes Gerbert et Ottric et leur fit discuter une question philosophique à Ravenne, devant une nombreuse assemblée[5]. Guitmond, au xi° siècle, rapporte que Bérenger et Lanfranc auraient eu aussi entre eux une dispute de ce genre, d'où Lanfranc serait sorti vainqueur[6]. Plus tard Roscelin, d'après ses propres dires, amena Lanfranc et Anselme, dans une *disputatio*, à partager un moment ses opinions sur la doctrine trinitaire[7]. Enfin, on sait qu'Abélard s'acquit une grande gloire par son habileté dans la *disputatio*. Tout jeune, encore disciple de Guillaume de Champeaux, il forçait son maître, en discutant avec lui, à modifier ses théories sur les universaux. Plus

1. Jean de Salisbury l'appelle *philosophica collatio. Metalogicus*, l. I, c. xxiv, col. 855.

2. « Se mutuis exercebant collationibus, quo quidem exercitio nihil utilius ad eloquentiam, nihil expeditius ad scientiam, et plurimum confert ad vitam, si tamen hanc sedulitatem regit charitas, si in profectu litterario servatur humilitas. » Jean de Salisbury, *Metalogicus, ibid.*, col. 856.

3. *Ibid.*

4. Abélard semble bien faire des deux mots des synonymes dans le passage suivant : « Aliud quippe est *conferendo* veritatem inquirere, aliud *disputando* contendere ad ostentationem ». *Theologia christiana, P. L.*, col. 1217 (II, p. 453).

5. Richer, *Historiarum*, l. III, c. lviii, *P. L.*, CXXXVIII, col. 106.

6. Guitmond, *De corporis et sanguinis Christi veritate*, l. I, *P. L.*, CXLIX, col. 1458.

7. *Epistola Johannis ad Anselmum*, citée par F. Picavet, *Roscelin, philosophe et théologien*, p. 2, n. 3.

tard, entré à son tour en possession d'une chaire, il envoyait ses disciples combattre tant Guillaume de Champeaux que ses élèves, et leurs victoires rejaillissaient sur lui[1]. La victoire dans une *disputatio* paraît même avoir été regardée comme un signe auquel on reconnaissait qu'un disciple était devenu capable d'être maître à son tour. C'est à la suite de ses victorieuses discussions qu'Abélard alla fonder sa première école à Melun; de même Goswin, futur abbé d'Anchin, ayant vaincu Abélard dans une *disputatio*, de nombreux disciples accoururent, au dire de son biographe, pour se mettre sous sa discipline[2]. Plus tard, enfin, à l'Université de Paris, la *disputatio* fut une des épreuves imposées aux candidats au grade de bachelier[3]. Au xiie siècle, ces disputes étaient devenues de plus en plus fréquentes, ce qui amena, comme on le verra, un profond bouleversement dans les études.

Est-ce à l'habitude des *disputationes* ou à quelque autre usage scolaire qu'il faut attribuer le nombre relativement assez grand des dialogues que l'on rencontre parmi les œuvres des auteurs du moyen âge? Déjà Alcuin avait mis sous forme de dialogue ses traités sur la grammaire, l'orthographe, la rhétorique et la dialectique; le *De divisione naturae* de Jean Scot, plusieurs traités de saint Anselme, l'*Elucidarium* d'Honoré d'Autun, le *Dragmaticon* de Guillaume de Conches sont des dialogues. Hugues de Rouen et Abélard en ont également composé. Nulle part, sans doute, les auteurs de ces dialogues ne disent que leurs ouvrages reproduisent leur enseignement ou lui ressemblent. Cependant saint Anselme, au début du *Cur Deus homo*, déclare

1. Abélard, *Hist. cal.*, *P. L.*, col. 121 (I, p. 6). Il est à noter qu'une fois à la tête d'une école, Abélard ne discuta plus personnellement avec Guillaume de Champeaux. Cela ressort nettement du passage suivant : « Post reditum vero magistri nostri ad urbem, quos conflictus disputationum scholares nostri, tam cum ipso quam cum discipulis ejus habuerunt, et quos fortuna eventus in his bellis dederit nostris, imo *mihi ipsi in eis*, te quoque res ipsa jam dudum edocuit ». *Hist. cal.*, *ibid.*

2. « Exinde multi ad eum confluxerunt, ejus magisterio se subdentes. » *Vita s. Goswini*, *Recueil des historiens des Gaules*, t. XIV, p. 443.

3. Ch. Thurot, *ouv. cit.*, p. 45.

avoir choisi la forme du dialogue parce qu'elle est plus accessible aux intelligences peu développées[1]. Ne faut-il pas voir dans ces paroles l'indication d'un mode d'enseignement employé plus particulièrement pour les commençants? Il convient, en tout cas, de rapprocher de ce passage plusieurs autres empruntés à des auteurs du xiiᵉ siècle. Dans son *Eptateuchon*, Thierry de Chartres dit des deux formes de la grammaire de Donat qu'elles correspondent à deux cours distincts sur la grammaire, comportant chacun une méthode différente, l'un, qu'il appelle *dialecticismus*, avec demandes et réponses, pour les commençants, l'autre, *analecticismus*, qui consiste dans une exposition continue, pour les plus avancés[2]. Jean de Salisbury exposant la méthode suivie par Bernard de Chartres dans l'explication des anciens, nous apprend qu'après avoir lu un fragment d'un ouvrage, Bernard de Chartres montrait comment les règles de grammaire y étaient appliquées, indiquait les figures de grammaire, les *colores rhetoricae*, les faux arguments, *cavillationes sophismatum*, et aussi tout ce qui, dans le fragment en question, se rapportait aux autres disciplines[3]. D'après B. Hauréau, il résulte de ce passage que, « tenant compte du degré d'instruction auquel sont parvenus ses auditeurs, Bernard ne leur fait pas à tous la même leçon[4] ». On est porté aussi à le croire en voyant Jean de Salisbury, après deux années consacrées à la logique, se mettre pendant trois ans à l'école du grammairien Guillaume de Conches[5]. Il était certainement trop instruit alors pour aller entendre de simples leçons élémentaires de grammaire. Par contre, lorsque, arrivant à Paris, il apprit, auprès d'Abélard, les premiers éléments de la logique[6], il est peu naturel que ce fût aux mêmes

1. « Et quoniam ea, quae per interrogationem et per responsionem investigantur, multis et maxime tardioribus ingeniis magis patent, et ideo plus placent. » SAINT ANSELME, *Cur Deus homo*, l. I, c. 1, *P. L.*, CLVIII, col. 362.

2. CLERVAL, *ouv. cité*, p. 224-225.

3. JEAN DE SALISBURY, *Metalogicus*, l. I, c. xxiv, col. 854.

4. B. HAURÉAU, *Journal des Savants*, 1891, art. cit., p. 503.

5. JEAN DE SALISBURY, *Metalogicus*, l. II, c. x, col. 868.

6. ID., *ibid.*, col. 867.

cours auxquels assistaient les élèves les plus avancés du maître. Qu'on se souvienne encore qu'Abélard composa des *Introductiones* à l'usage des débutants en dialectique[1], que, d'après Jean de Salisbury, il savait se mettre à la portée des plus jeunes[2], tandis qu'on reprochait à Thierry de Chartres de n'enseigner que pour les plus avancés, afin de retenir plus longtemps auprès de lui les plus jeunes[3], et l'on conclura de tous ces rapprochements que, dans l'enseignement de la grammaire, comme dans celui de la logique, il y avait probablement deux sortes de cours : un cours élémentaire pour les débutants, et un cours plus complet pour les avancés.

IV

Terminons ce chapitre sur les matières et les méthodes d'enseignement, en rapportant ce que nous apprennent les auteurs contemporains sur les qualités et les défauts des maîtres et des élèves.

On reprochait à beaucoup de maîtres de travailler pour la gloire ou pour l'argent, et non pour enseigner la vérité. On estimait alors, en effet, qu'un maître ne devait pas travailler pour la gloire, afin de ne pas être exposé à cacher certaines parties de la science à ses élèves pour éviter qu'ils devinssent ses rivaux : une pareille conduite, qui paraîtrait de nos jours inexplicable, l'était moins alors, et cela pour une raison qui a déjà été plusieurs fois signalée : c'est qu'à cette époque la science s'acquérait surtout par l'enseignement[4]. On pensait également qu'un maître ne devait pas travailler pour l'argent, une pareille disposition d'esprit chez un maître ayant pour résultat d'abaisser le niveau des

---

1. V. Cousin, *Ouv. inéd. d'Abélard*, p. xxxviii et suiv. et infra Appendice I, p. 187.

2. Jean de Salisbury, *Metalogicus*, l. III, c. i, col. 890.

3. Clerval, *ouv. cit.*, p. 213.

4. Jean de Salisbury nous apprend qu'Adam du Petit-Pont pratiquait cette méthode, *Metalogicus*, l. II, c. x, col. 868.

études. Le maître, en effet, pour gagner, était obligé de se conformer aux goûts de ses élèves, et ceux-ci trop souvent, préféraient des bagatelles aux leçons vraiment utiles[1].

Toutefois le plus grand défaut d'un professeur, c'était encore le manque d'ordre et de clarté. On comprend que des qualités, sans lesquelles il ne saurait jamais y avoir de bon professeur, étaient plus nécessaires en un temps où l'enseignement était surtout oral, et où la plupart des élèves n'avaient, pour progresser dans la science, que les notes prises aux leçons ou les notions apprises par cœur. Abélard était un professeur très clair : c'est la qualité que vante en lui Jean de Salisbury[2]. Lui-même recommande cette qualité[3], et elle contribua certainement, pour une bonne part, à l'enthousiasme qu'excitèrent ses leçons. Mais si nous en croyons Hugues de Saint-Victor et aussi Jean de Salisbury, il était loin d'être imité par tous. Adam du Petit-Pont était obscur dans l'explication d'Aristote, et, qui plus est, il l'était de parti pris, prétendant que c'était le seul moyen d'avoir de nombreux auditeurs[4]. D'autres mêlaient tout, confondaient tout. « Ils ne savent pas, dit Hugues de Saint-Victor, ce qui appartient à chaque science ; mais, à propos de n'importe quoi, ils parlent de tout. Dans une leçon de grammaire ils discutent sur le syllogisme ; en dialectique ils parlent de déclinaisons ; et, ce qui est plus ridicule encore, ils trouvent moyen, en expliquant le titre, de dire tout ce que contient le livre ; il leur faut trois leçons pour achever d'expliquer l'*incipit*[5]. » Surtout la question qui revient sans cesse, c'est la question des universaux ; on la

---

1. GUILLAUME DE CONCHES, *De philosophia mundi*, l. IV, c. XXXVII, *P. L.*, CLXXII, col. 99.

2. JEAN DE SALISBURY, *Metalogicus*, l. III, c. I, col. 890.

3.   Planitiem quemcumque sequi debet expositorem
    Quantumcumque rudis sit sermo ejus in hoc,

écrit-il dans son *Carmen ad Astralabium*, édit. Hauréau, p. 33, et il écrit à Héloïse : « Plus quippe lectioni quam sermoni deditus, expositionis insisto planitiem, non eloquentiae compositionem : sensum litterae, non ornatum rhetoricae. » Lettre d'envoi des sermons, *P. L.*, col. 379 (I, p. 350).

4. JEAN DE SALISBURY, *Metalogicus*, l. III, c. III, col. 899.

5. HUGUES DE SAINT-VICTOR, *Didascalion*, l. III, c. VI, col. 769.

mêle à tout. « *A generibus et speciebus*, écrit Jean de Salisbury, *nequaquam receditur, sed eo applicabit, undecumque
institutus sit sermo*[1]. » De fait, Abélard raconte qu'étant
revenu à Paris pour suivre les leçons de rhétorique de
Guillaume de Champeaux, il discuta avec lui sur la question des universaux[2]. On tient principalement à traiter
cette question dans l'explication de l'*Isagoge* de Porphyre,
et cela, contre l'intention de l'auteur qui déclare expressément que ce n'est pas là sa place. Il est frappant de voir
avec quelle insistance Jean de Salisbury s'élève contre ce
défaut des maîtres de son temps, car cette insistance prouve
combien il était répandu. Il faut lire, dit-il, Porphyre comme
tout autre livre, de telle façon qu'on puisse facilement en
comprendre la lettre, et pour cela, il importe de faciliter l'intelligence du texte et non d'y ajouter des difficultés. Donnez
successivement les divers sens des termes qui y sont étudiés,
ajoutez quelques distinctions nécessaires, le tout sans
approfondir, *in superficie*, car l'*Isagoge* n'est qu'une introduction, et puis, que ce soit tout[3]. C'est ainsi que faisait
Abélard[4], mais certains font tout le contraire. Ils passent
leur vie à l'explication de Porphyre, ils y mettent tout.
Pour faire montre de leur science, ils se rendent inintelligi-
bles : chaque lettre est pour eux pleine des secrets de Mi-
nerve ; ils amènent toutes les opinions, mêlent Platon et Aristote. Cela peut être utile ailleurs « *sed non erat hic locus*[5] ».

Il y avait enfin des maîtres qui, eux, ne s'attardaient pas
dans la lecture des textes, car ils n'en lisaient point. Ils
regardaient comme des esprits obtus ceux qui s'attachaient à
comprendre les textes. Parler sans cesse sans rien dire,
discuter à perte de vue, voilà tout ce qu'ils faisaient : le
plus verbeux était réputé le plus savant[6].

---

1. JEAN DE SALISBURY, *Polycraticus*, l. VII, c. XII, col. 665.
2. ABÉLARD, *Hist. cal., P. L.*, col. 113 (I, p. 5).
3. JEAN DE SALISBURY, *Metalogicus*, l. III, c. I, col. 890-891.
4. On peut le constater en lisant la glose sur Porphyre, publiée par
V. COUSIN, *Ouv. inéd.*, p. 553-576.
5. JEAN DE SALISBURY, *Metalogicus*, l. II, c. XVI à XX, col. 874-888
passim.
6. « Accede ut docearis ; quid in scriptis suis auctores senserint,

Tels nous apparaissent les maîtres à travers les écrits de
Hugues de Saint-Victor, de Guillaume de Conches et de
Jean de Salisbury, qui cependant, tous trois, étaient aussi
des maîtres. S'ils se montrent aussi peu indulgents pour
leurs collègues, on peut déjà supposer qu'ils n'ont pas non
plus épargné les étudiants.

Trois choses sont regardées alors comme nécessaires à
un bon étudiant : des dons naturels, l'exercice et une
discipline [1]. Les dons naturels sont l'intelligence et la mémoire : l'exercice les cultive et la discipline unit à la
science les qualités morales requises. Ces qualités, Bernard
de Chartres les avait énumérées en trois vers que nous connaissons par l'intermédiaire de Jean de Salisbury :

> Mens humilis, studium quaerendi, vita quieta,
> Scrutinium secretum, paupertas, terra aliena :
> Haec reserare solent multis obscura legendo [2].

Hugues de Saint-Victor, sans citer ces vers, en a fait un
intéressant commentaire dans son *Didascalion* [3]. Mais ses
plaintes, comme celles des deux autres auteurs déjà cités,
Guillaume de Conches et Jean de Salisbury, prouvent que
l'écart était notable entre l'idéal tracé par le vénérable
Bernard de Chartres et les habitudes de la gent estudiantine.

D'abord les élèves n'avaient pas l'humilité et la docilité du
disciple. Certains, au dire de Thierry de Chartres, se tar-
guaient d'esprit pour ne pas étudier [4]. A peine étaient-ils
entrés aux écoles qu'ils jugeaient leurs maîtres [5]. Ils pré-

diligenter inquire, statim increpabit duritiam tuam..... Nam qui ver-
bosior est, videtur doctior. » JEAN DE SALISBURY, *Polycraticus*, l. VII,
c. XII, col. 662.

1. « Tria sunt necessaria studentibus : natura, exercitium, disciplina.
In natura consideratur ut facile audita percipiat, et percepta firmiter
teneat. In exercitio, ut labore et sedulitate naturalem sensum excolat.
In disciplina, ut laudabiliter vivens, mores cum scientia componat. »
HUGUES DE SAINT-VICTOR, *Didascalion*, l. III, c. VII, col. 770.

2. JEAN DE SALISBURY, *Polycraticus*, l. VII, c. XIII, col. 666.

3. HUGUES DE SAINT-VICTOR, *Didascalion*, l. III, c. XIV et suiv., col.
773 et suiv.

4. THIERRY DE CHARTRES, *Commentaire sur la Rhétorique de Cicéron*,
cité par P. THOMAS, *Mélanges Graux*, p. 41. Cf. CLERVAL, *ouv. cit.*,
p. 211.

5. « Ex quo scholas intrant, antequam sedeant, et interrogant, imo

tendaient achever en un an leurs études [1]. On en voyait qui auraient eu besoin d'apprendre les premiers éléments et qui couraient assister aux cours les plus difficiles. « Ils pensent, écrit Hugues de Saint-Victor, qu'ils ne seront grands eux-mêmes que s'ils ont lu les écrits ou entendu les leçons des grands et des savants. « Nous, disent-ils, nous « avons vu ces grands maîtres, nous avons suivi leurs le- « çons. Ces maîtres fameux, ces maîtres illustres nous con- « naissent. »Voilà ce que souvent j'entends dire. » Et il con- clut, spirituellement et mystiquement : « Pour moi, plût au ciel que personne ne me connût, mais que je connusse toutes choses [2]. »

Assister aux cours les plus difficiles, entendre les maîtres célèbres, cela n'a qu'un sens que l'on devine bien vite : suivre les leçons des professeurs de dialectique en vogue. Aussi, de même qu'il y avait des professeurs qui parlaient sans cesse pour ne rien dire, il y avait également des étu- diants pour les admirer. Ce sont ces étudiants qui repro- chaient à Thierry de Chartres d'ignorer la dialectique, et qu'en retour, il traitait de « vrais comédiens de la scolastique, qui se battent à coups de paroles vaines [3] ».

Ce tableau qui nous est tracé des défauts des étudiants, n'est pas plus flatté, on le voit, que celui où sont exposés les défauts des maîtres. On pourrait s'étonner, à première vue, que pareille peinture ait été faite, à une époque qui, comme nous l'avons dit, marque une véritable renaissance intellectuelle ; mais, en réalité, on en trouve une explication suffisante dans l'étude du milieu intellectuel de l'époque, et des courants d'idées qui se partageaient le monde scolaire d'alors.

(quod deterius est) judicant. » GUILLAUME DE CONCHES, *Dragmaticon*, cité par R. L. POOLE, *ouv. cit.*, ap. VII, p. 362.

1. ID., *De philosophia mundi*. Cf. supra, p. 49, n. 6.

2. HUGUES DE SAINT-VICTOR, *Didascalion*, l. III, c. XIV, col. 773.

3. Cité par E. THOMAS, *ouv. cit.*, p. 41. Cf. CLERVAL, *ouv. cit.*, p. 211.

CHAPITRE IV

LE MOUVEMENT INTELLECTUEL DANS LES ÉCOLES.

I. *Deux causes du désordre apparent qui règne dans les écoles au XII° siècle :* 1° manque d'organisation; 2° action de trois courants : logicien, utilitaire (Cornificiens), réformateur et ascétique; position prise par Jean de Salisbury, Guillaume de Conches, Hugues de Saint-Victor; objet du *Metalogicus.* — II. *Mouvement dialecticien :* côté philosophique de la renaissance littéraire du début du siècle; le problème des universaux; traduction de la logique nouvelle; importance exagérée accordée à la *disputatio;* mépris de la grammaire et des anciens. — III. *Mouvement utilitaire :* étudiants qui veulent achever rapidement leurs études; dédain de la grammaire et de la logique. — IV. *Mouvement religieux et réformateur :* position prise par les Pères par rapport aux études profanes : saint Jérôme, saint Augustin, Cassiodore, saint Grégoire, Isidore de Séville, Raban Maur, Alcuin; toutes les sciences doivent servir de préparation à la théologie; les quatre courants qui se partagent les hommes d'Eglise pendant la première moitié du XII° siècle; questions qui font l'objet des discussions : méthode à suivre en théologie, étude des poètes profanes, des philosophes païens, de la dialectique.

I

L'impression que laisse l'ensemble des appréciations des auteurs contemporains sur les maîtres et les étudiants de la première moitié du XII° siècle, est une impression de désordre. Maîtres et étudiants semblent méconnaître leurs devoirs et leurs droits respectifs. Si les maîtres, de par leurs fonctions, doivent être au service de leurs élèves, il ne faut pas cependant qu'ils soient à leur merci. Or c'est la situation où ils se trouvent alors : les étudiants sont tout-puissants. « Elles sont accomplies, s'écrie Guillaume de Conches, ces paroles de l'Écriture : « Il viendra un temps « où les hommes ne supporteront plus la saine doctrine, « mais désireux d'entendre des choses agréables, ils se don- « neront une foule de docteurs selon leurs désirs ». Quelle liberté peut-on espérer qui reste pour l'étude, lorsque nous voyons les maîtres flatter les disciples, et ceux-ci juger leurs maîtres, les obligeant, selon qu'il leur plaît, à parler ou à se taire? Il est rare que l'on voie un maître sévère; bien plus souvent, c'est la voix et le sourire adulateurs. Mais si quelqu'un veut garder la sévérité qui convient à un maître, les courtisans le fuient comme un insensé; on le trouve cruel et inhumain[1]. » Une des causes de ce désordre dans les rapports entre maîtres et étudiants, doit être cherchée dans le manque d'organisation, qui caractérise, comme nous l'avons vu, le régime scolaire du temps. Pas de règlements précis, rien qui assure l'indépendance du maître. Les ressources dont il a besoin pour vivre, il les trouve le plus souvent, à Paris surtout, dans les dons que lui font ses élèves : est-il étonnant, dès lors, qu'il dépende d'eux? Aussi un grand progrès sera réalisé, lorsqu'en 1179, le troisième concile de Latran décidera que chaque maître aura droit à une prébende qui lui permette de vivre honorablement. Les règlements précis de la future Université de Paris, fixant les rapports respectifs des maîtres et des étudiants, et leurs obligations réciproques, marqueront un second progrès.

Néanmoins, ce manque d'organisation et de réglementation n'aurait pas pu produire, à lui seul, les effets que nous avons constatés, car aussi bien, depuis assez longtemps, les écoles vivaient sous ce régime, sans que l'on eût entendu pareilles plaintes. En réalité, ce manque d'organisation ne fit que favoriser l'action de causes plus profondes, qui sont à chercher dans les courants intellectuels qui travaillaient le monde scolaire et ecclésiastique d'alors. Ces courants

---

1. GUILLAUME DE CONCHES, *De philosophia mundi*, l. IV, praef., *P. L.*, CLXXII, col. 83.

peuvent se ramener à trois : un courant intellectuel qui attire les meilleurs esprits vers la philosophie et la dialectique, un courant utilitaire qui pousse beaucoup d'étudiants à ne s'adonner qu'aux études qui peuvent leur assurer une position lucrative, un courant religieux, enfin, qui combat les nouvelles tendances comme dangereuses pour la foi. Ces trois courants, quoique animés chacun d'un esprit différent, tendirent à diminuer l'importance attachée jusque-là à la grammaire, à la rhétorique, aux auteurs anciens ; et le résultat en fut, comme nous allons le voir, que la renaissance du début du xiie siècle, si générale, si universelle tout d'abord, se trouva canalisée et restreinte presque uniquement à l'étude de la dialectique et de la théologie.

Les auteurs du xiie siècle, auxquels nous avons emprunté nos renseignements sur les maîtres et les élèves, Hugues de Saint-Victor, Guillaume de Conches, Jean de Salisbury, Thierry de Chartres, sont tous, il importe de le noter, des partisans des anciennes méthodes. Ils défendent la culture humaniste mise en péril, recommandent la lecture des auteurs anciens, sont persuadés qu'il faut étudier les arts libéraux dans un ordre déterminé, et qu'on ne saurait négliger une des parties du *trivium* ou du *quadrivium*, surtout du *trivium*, au détriment des autres, car, à leurs yeux, il existe entre ces diverses parties une connexion nécessaire [1]. Ils pensent, enfin, que de longues années d'étude sont indispensables à l'acquisition de la science [2].

C'est là, tout particulièrement, l'esprit dans lequel Jean de Salisbury a écrit son *Metalogicus*. Si l'on n'y prend garde, on est exposé à interpréter faussement cet ouvrage qui, déjà par lui-même, n'est pas très clair pour nous, car, outre qu'il contient nombre d'allusions à la vie scolaire de l'époque, qui nous échappent aujourd'hui, l'auteur a, de parti pris, grossi les traits, pour pouvoir critiquer à son aise ses adversaires dans une œuvre de fantaisie.

---

1. Hugues de Saint-Victor, *Didascalion*, l. III, c. v, *P. L.*, col. 769.
2. Cf. *supra*, p. 49, n. 6.

Au début de son ouvrage, Jean de Salisbury déclare expressément l'avoir entrepris pour défendre la logique, et lui avoir, pour cette raison, donné le titre de *Metalogicus*[1]. De fait, il attaque Cornificius et les Cornificiens, ces adversaires de l'éloquence, ou plutôt des arts libéraux qui permettent de l'acquérir, c'est-à-dire de la logique[2], car, nous l'avons vu, par logique on entend alors, non pas seulement

1. « Praestantiores supremam manum apponant et *ad sententiam ferendam pro logicis*, judicis inclinent officium... Et quia *logicae suscepi patrocinium*, Metalogicon inscriptus est liber. » *Metalogicus*, prol., *P. L.*, col. 824.

2. « At haec domus non eloquentiam criminatur, quae omnibus necessaria est, et commendatur ab omnibus, sed artes eam pollicentium arguit esse inutiles. Eo itaque opinionis vergit intentio... *ut de medio logicam tollat.* » *Metalogicus*, l. 1, c. ıı, *P. L.*, col. 837. — « Ecce propositi planior est intentio, et logicam aggreditur impugnare. » *Ibid.*, l. I, c. ɪxxx, *P. L.*, col. 837. — « Si quidem cum opera logicorum vehementius, tanquam inutilia, riderentur. » *Ibid.*, prol., *P. L.*, col. 824.

Le personnage de Cornificius. Cornificius, le chef des Cornificiens, nous semble devoir être identifié, comme l'ont pensé Prantl, *Geschichte der Logik im Abendlande*, t. II, p. 230, et B. Hauréau, *Mémoire sur quelques maîtres du XIIᵉ siècle*, p. 13, avec le poète Reginaldus dont Walter Mapes dit dans la *Metamorphosis Goliae :*

> Reginaldus monachus clamose contendit
> Et obliquis singulos verbis comprehendit.
> Hos et hos redarguit, nec in se descendit.
> Qui nostrum Porphyrium laqueo suspendit.

Ces vers concordent avec ce que Jean de Salisbury nous apprend de Cornificius. Il était moine : « religionem extrinsecam induit paterfamilias », *Metalog.*, l. I, c. v, col. 853; — les Cornificiens attaquaient les meilleurs professeurs du temps, Anselme et Raoul de Laon, Albéric de Reims, Simon de Paris, Guillaume de Champeaux, épargnant, tout au plus, Hugues de Saint-Victor, à cause de sa profession, et Robert Pullus, à cause de sa dignité cardinalice (*Metal.*, l. I, c. v, col. 832-833); — enfin les Cornificiens s'en prenaient aussi bien à la dialectique qu'à la grammaire (*Metal.*, l. IV, c. xxv et xxvɪ en entier, col. 931). — C'est pour cette dernière raison, autant que pour la conformité de traits entre Reginaldus et Cornificius, que nous n'adhérons pas à l'opinion du P. Mandonnet (*Siger de Brabant*, p. cxɪɪɪ, n. 6), pour qui Cornificius n'est autre que Galon, professeur de dialectique, dont nous avons parlé plus haut. — Au reste, le rapprochement fait par lui entre les arguments gualidiques et ceux que signale Jean de Salisbury, est très exact ; seulement, dans le passage de Jean de Salisbury, il ne s'agit pas des Cornificiens, mais des logiciens. — Néanmoins comme Jean de Salisbury, dans un autre passage du *Metalogicus*, l. I, c. ɪv, col. 831, fait entendre que Cornificius renonça à la cléricature, l'identification avec Reginaldus n'est pas absolument certaine.

la dialectique, mais les trois arts du *trivium*, grammaire, dialectique et rhétorique [1].

Mais, si Jean de Salisbury s'en prend ouvertement aux Cornificiens, il a aussi un autre but, moins clairement annoncé, assez apparent néanmoins. Il veut réagir également contre l'engouement exagéré des maîtres et des étudiants de son temps pour la dialectique, engouement qui lui paraît aussi funeste à la culture humaniste que le mépris des Cornificiens pour toute culture sérieuse, culture dialectique comprise.

II

Cet engouement pour la dialectique n'était pas nouveau. Lorsque Abélard arriva à Paris, vers 1100, la dialectique y était déjà florissante [2]. On peut même dire qu'au plus beau temps de la renaissance littéraire, c'était plutôt pour elle que les esprits avaient des préférences. La dialectique, en effet, ne comprenait pas, à cette époque, uniquement la pure logique, mais aussi des questions de métaphysique et de morale, tout ce que nous appelons aujourd'hui du nom de philosophie. Or les esprits étaient portés de ce côté par la lecture de l'Écriture où sont résolues, du point de vue religieux, nombre de questions qui ressortent aussi de la métaphysique et de la morale. Les discussions contre les hérésies sur la prédestination, sur l'Eucharistie, avaient ouvert le champ à la dialectique. La culture humaniste, elle-même, avait un caractère plus intellectuel qu'artistique. Sans doute, à l'école des poètes et des orateurs anciens, on apprenait l'art de bien dire, mais on puisait chez eux peut-être encore plus de notions philosophiques ou scientifiques que de goût littéraire. Ainsi que l'a remarqué F. Pi-

---

1. Voir plus haut, p. 47 et n. 5. Cf. aussi les textes cités à la page précédente, n. 2. Il convient toutefois de noter que Jean de Salisbury, aux l. II et III, donne aussi le nom de logique à la simple dialectique.

2. « Perveni tandem Parisius ubi jam maxime disciplina haec florere consueverat. » ABÉLARD, *Hist. cal.*, *P. L.*, col. 115 (I, p. 4).

cavet [1], Horace, Lucain, Ovide servent à Abélard d'autorités en théologie autant que de modèles pour l'art de versifier; et Jean de Salisbury, lui-même, le premier humaniste de son temps, pour recommander la lecture des poètes anciens, a recours à cet argument : que chacun peut toujours y trouver à apprendre, quelle que soit la matière de ses préférences [2].

On devine, par là, avec quelle ardeur des esprits ainsi disposés discutèrent le problème métaphysique des universaux, soulevé par Roscelin et Guillaume de Champeaux, et pour lequel on se passionna, après les disputes célèbres et les leçons si suivies d'Abélard. La dialectique, dès lors, occupa la place prépondérante dans les écoles. Mais ce fut encore une recrudescence d'enthousiasme et de passion, lorsque l'on eut traduit du grec et introduit dans le monde scolaire les derniers livres de l'Organon d'Aristote [3], les

---

1. F. PICAVET, *Esquisse*, p. 201.

2. « Excute Virgilium aut Lucanum, et ibi, cujuscumque philosophiae professor sis, ejusdem invenies condituram. » *Metalogicus*, l. I, c. XXIV, col. 854. Cf. encore *Polycraticus*, l. VII, c. IX, col. 655.

3. Ce fut en 1128, semble-t-il, que se fit cette introduction. C'est la date donnée par la Chronique de Torigny, qui s'exprime en ces termes : « Jacobus, clericus de Venetia, transtulit de graeco in latinum quosdam libros Aristotelis, et commentatus est; scilicet topica, Analyt. priores et posteriores, et Elencos, quamvis antiquior translatio super eosdem libros haberetur ». PERTZ, *M. G. H.*, t. VI, p. 489, note (a). — *P. L.*, t. CLX, col. 443, note 555. — A notre avis, il y a lieu d'ajouter foi à cette note de la Chronique, pour les raisons suivantes : 1° quoique cette note ait été ajoutée à la Chronique par une main du XIIᵉ siècle, comme la même main a ajouté un peu plus loin, à la date de 1151 : « Eugenius Papa fecit transferri de graeco in latinum librum Petrum (*sic*) Damasceni » (*P. L.*, *ibid.*, col. 472, n. 555), on peut penser que l'auteur de ces notes est un écrivain informé, s'intéressant à la question de la date d'apparition des traductions; 2° Jean de Salisbury parle de « nova translatio », *Metalogicus*, l. II, c. XX, col. 885; cela correspond au passage de la Chronique : « quamvis antiquior translatio super eosdem libros haberetur »; 3° enfin, vers 1121, Abélard ne connaît pas encore ces livres d'Aristote, tandis qu'en 1132 ils sont déjà étudiés par Adam du Petit-Pont (cf. sur ce point *infrà* Appendice I, p. 188). La date de 1128 paraît donc bien être exacte.

Sur cette question, voir, en sens divers, A. et Ch. JOURDAIN, *Recherches critiques sur l'âge et l'origine des traductions latines d'Aristote*, 2ᵉ éd., 1843, p. XI, 58 et 255. SCHAARSCHMIDT, *ouv. cit.*, p. 121-122. CLERVAL, *ouv. cit.*, p. 222, 244 et suiv.

Analytiques premiers et seconds, les *Topiques* et le *Traité
des Sophismes*, jusqu'alors inconnus et auxquels on donna
le nom de logique nouvelle. Cette introduction détermina
« une sorte de révolution pédagogique »; ce fut « comme
le second assaut de la culture dialectique contre la culture
humaniste du temps [1] ».

Il n'est pas facile de distinguer, dans le *Metalogicus*, ce qui
regarde particulièrement ce courant logicien, de ce qui ne
concerne que les Cornificiens. On le peut, un peu plus facilement, en s'aidant de l'*Entheticus*, où Jean de Salisbury a
caractérisé d'une manière plus précise ces « diseurs de riens,
falsificateurs de la logique [2] », qu'il appelle, dans le *Metalogicus*, les « philosophes purs [3] ».

Ces logiciens à outrance ne se préoccupent pas de l'ordre à suivre dans les études, de la voie dans laquelle doivent marcher maîtres et élèves[4]. Ils méprisent également
la lecture des auteurs anciens et l'étude de la grammaire,
choses inutiles et vaines à leurs yeux [5]. Ils ne louent qu'A-
ristote, ils n'aiment que la logique [6]. Quoique Jean de Salisbury, lui aussi, aime la logique, — il expose tout au long
les diverses solutions données, de son temps, au problème
des universaux, et analyse avec complaisance le contenu des

---

1. P. Mandonnet, *ouv. cit.*, p. cxliii.
2. « De nugacibus mentientibus logicam. » *Entheticus, P. L.*, col.
965.
3. « Indignantur ergo puri philosophi, et qui omnia praeter logicam
dedignantur, aeque grammaticae, ut physicae expertes et ethicae. »
Metalogicus, l. II, c. vi, col. 863.

> Haec schola non curat, quid sit modus, ordove quid sit.
> Quam teneant doctor discipulusque viam.

Entheticus, v. 63, col. 966.

5.
> Expedit ergo magis varias confundere linguas
> Quam veterum studiis insipienter agi.
> Quos numeros aut quos casus aut tempora jungant,
> Grammatici quaerunt, verba rotunda cavent.

Entheticus, v. 65, *ibid.* Cf. v. 40, v. 75 et suiv.

6.
> Laudat Aristotelem, spernit Ciceronem
> Et quidquid Latiis Graecia capta dedit.
> Conspuit in leges, vilescit physica, quaevis
> Littera sordescit, logica sola placet.

Ibid., v. 111, col. 967. Cf. note 3.

divers livres de l'*Organon* — il est désolé d'un pareil exclusivisme, et, à plusieurs reprises, il montre à ces amateurs de dialectique que, si la dialectique est une science excellente, si elle est utile à toutes les autres, elle ne saurait, à elle seule, se suffire [1]. Mais on ne l'écoute pas ; tout le monde veut être logicien [2]. Il en est qui consacrent à l'étude de la dialectique, non pas seulement dix ou vingt ans, mais toute leur vie [3]. Si encore ils étudiaient toute la logique ! Mais non, on délaisse les traités d'Aristote ; l'enseignement de la logique ne consiste plus dans l'explication de Porphyre, des *Catégories,* des *Topiques* ou des *Analytiques,* mais uniquement dans de vaines disputes [4]. La lecture est abandonnée, on a horreur des livres ; seule, la *disputatio* est en honneur. Ici encore, Jean de Salisbury ne montre pas de parti pris ; il est loin de regarder la *disputatio* comme inutile ; il reconnaît, au contraire, qu'elle permet d'acquérir une grande facilité d'élocution, fortifie la mémoire et aiguise la finesse de l'esprit [5]. Mais il voudrait qu'elle portât sur des questions sérieuses, tandis qu'on n'y discute que sur des bagatelles comme celles-ci : un porc que l'on conduit au marché, est-il conduit par l'homme qui le conduit ou par la corde qui le tient attaché ? Celui qui a acheté un manteau entier, a-t-il acheté aussi un capuce ? Et ces questions sont insolubles [6]. En outre, on jette dans le débat toutes les opinions, même les plus saugrenues ou les plus dépourvues d'autorité [7]. Enfin on ne s'attache plus à la lettre, mais à l'esprit qui, dit-on, est caché sous la lettre [8],

1. *Metalogicus,* l. II, c. ix, col. 866. *Ibid.,* c. x, col. 869.
2. *Ibid.,* l. II, c. vi, col. 862.
3. « In ea quam solam profitentur, non decennium aut vicennium, sed totam consumpserunt aetatem. » *Metalogicus,* l. II, c. x, col. 869.
4.   Non tamen ista (logica) placet, ut eam quis scire laboret
. . . .
    Seria sunt etenim cuncta molesta nimis
Dulcescunt nugae, vultum sapientis abhorrent.
    Tormenti genus est saepe videre librum.

Entheticus, v. 115 et suiv., col. 967. Cf. *Metalogicus,* l. IV, c. xxiv, col. 930.
5. *Metalogicus,* l. II, c. viii, col. 865.
6. *Ibid.,* l. II, c. iii, col. 829.
7. *Ibid.,* l. II, c. vii, col. 864.
8. *Ibid.,* l. II, c. iii, col. 829.

et on ne regarde plus un argument comme valable, que s'il est, non seulement mis en forme, mais encore accompagné des termes techniques qui servent à désigner sa nature. Sans cesse retentissent ces mots : *convenientia, ratio, argumentum*[1].

A tous ces traits, on reconnaît que, des nouveaux traités d'Aristote connus dans les écoles, c'était celui des *Sophismes* qui avait eu le plus grand succès. Il avait eu pour effet d'exagérer l'importance accordée à la *disputatio*, d'en faire le plus recherché des exercices d'école. Ce fut un coup terrible porté à l'étude des autres branches du *trivium* et du *quadrivium*, et même à l'étude saine de la logique, comme le remarque justement Jean de Salisbury.

III

C'est au moment où la culture dialectique l'emportait ainsi sur la culture humaniste, que se forma la secte des Cornificiens. Ceux-ci avaient de commun avec les dialecticiens leur dédain pour les anciens et pour les sciences autres que la logique. Mais, animés d'un tout autre esprit, ils allaient beaucoup plus loin. Ils représentaient, dans le monde scolaire, la catégorie des gens pratiques, pressés d'acquérir, avec un minimum d'instruction, une position lucrative. Il devait, inévitablement, exister un certain nombre d'étudiants de ce genre, dans le grand nombre qui était accouru aux écoles de Paris et des alentours. Devant eux, la dialectique ne trouvait pas plus grâce que le reste[2]. Ne pouvant supporter les longues années qu'on consacrait, d'après les traditions, à l'acquisition de la science. Ils ne songeaient guère à les allonger, comme l'avait fait Jean de Salisbury, encore moins à consumer leur vie dans l'étude de la dialectique. En moins de deux ou trois ans, ils prétendaient achever leur instruction[3]. Ils restaient aux écoles, dit Jean

---

1. *Metalogicus*, l. II, c. III, col. 829 A et D.

2. « Illi repentini philosophi et cum Cornificio non modo trivii nostri, sed totius quadrivii contemptores » *Metalogicus*, l. I, c. IV, col. 831. Cf. textes cités p. 69, n. 2.

3. *Metalogicus*, l. I, c. XXIV, col. 856. Cf. supra, p. 49.

de Salisbury, à peine plus de temps qu'il n'en faut aux jeunes oiseaux pour se couvrir de plumes[1]. Aussi le *trivium* et le *quadrivium* furent-ils bouleversés de fond en comble[2]. Gilbert de la Porrée, Thierry de Chartres, Guillaume de Conches, Abélard s'opposèrent énergiquement, il est vrai, à ce funeste mouvement[3]. Après avoir été vivement attaqués, et quelques-uns même obligés de cesser un moment leur enseignement[4], ils remportèrent la victoire, et le danger des Cornificiens parut conjuré; c'est du moins ce que nous apprend Jean de Salisbury[5]. Mais, en réalité, cette victoire fut éphémère, parce que le mouvement des Cornificiens répondait à un besoin. C'était une utopie que de vouloir forcer tous les étudiants à employer de longues années à acquérir une culture littéraire et philosophique à peu près complète; la chose était impossible à beaucoup, soit à cause de leur peu de capacité, soit à cause de leur peu de fortune. Aussi la recherche de situations procurant quelque gain continua-t-elle à tenter les étudiants, et ce fut là une seconde cause du peu de durée de la renaissance littéraire du début du xiie siècle. Jean de Salisbury raconte que les Cornificiens, une fois obligés de quitter les écoles, se dispersèrent; les uns entrèrent dans les couvents de moines ou de chanoines réguliers; ils renoncèrent à leurs erreurs en constatant en eux et en prêchant aux autres que tout est vanité. D'autres allèrent étudier la médecine à Salerne ou à Montpellier, et devinrent, en un moment, méde-

---

1. « Fiebant ergo summi repente philosophi; nam qui illiteratus accesserat, fere non morabatur in scholis ulterius, quam eo curriculo temporis, quo avium pulli plumescunt. » *Metalogicus*, l. I, c. iii, col. 829.

2. « Ecce nova fiebant omnia; innovabatur grammatica, immutabatur dialectica, contemnebatur rhetorica, et novas totius quadrivii vias, evacuatis priorum regulis, de ipsis philosophiae adytis proferebant. » *Ibid.*

3. *Ibid.*, l. I, c. v, col. 832.

4. « Guillelmus de Conchis et Ricardus, cognomento episcopus, impetu multitudinis imperitae victi, cesserunt. » *Ibid.*, l. I, c. xxiv, col. 856.

5. « Redierunt artes et... honorem pristinum nactae sunt, et post exsilium, gratiam et gloriam ampliorem. » *Ib.*, l. I, c. v, col. 832.

cins, comme ils étaient devenus tout d'un coup philosophes. D'autres, semblables à l'auteur lui-même, entrèrent au service des grands, pour y trouver fortune. D'autres enfin, comme Cornificius, retournèrent aux professions du vulgaire. C'est par ce *quadrivium*, conclut Jean de Salisbury, que les Cornificiens quittèrent les écoles[1]. L'observation est très juste; nous voyons, en effet, durant la seconde partie du XII° siècle, bien des étudiants se porter de ces côtés. On étudie beaucoup l'art épistolaire, l'*ars dictaminis;* c'est à cela que se réduit la rhétorique; mais aussi, ceux qui sont versés dans la science du *dictamen*, obtiennent de bonnes places auprès des grands ou des prélats[2]. Beaucoup, également, se mettent à l'étude du droit — droit civil ou droit canon — qui rapporte de tels profits, que Pierre de Blois ne pense pas qu'un clerc puisse s'y livrer[3]. On s'adonne enfin à la médecine, et ce mouvement est si universel, que les conciles jugent opportun d'interdire aux moines et aux chanoines réguliers l'enseignement du droit et de la physique (médecine)[4].

IV

A ce double mouvement, mouvement qui favorise exclusivement l'étude de la dialectique et mouvement utilitaire, opposé à l'étude sérieuse et prolongée des sciences, il convient d'en joindre un autre, dont ne parle pas Jean de Salisbury, mais qui contribua, pour sa part, à détruire les espérances que faisaient entrevoir les débuts du XII° siècle : c'est le mouvement de réforme religieuse. Les Cornificiens

---

1. *Metalogicus*, l. I, c. IV, col. 830-832.

2. « Qui dictandi sequuntur scientiam, ad reges veniunt, et praelatis ecclesie traduntur, a regibus ad honores ecclesiasticos interventus sui potentia promovendi », lit-on dans une lettre citée par N. Valois, *De arte scribendi epistolas*, p. 25. Voir également *ibid.*, p. 25, 26 et 27, d'autres lettres prouvant qu'on quittait l'étude de la théologie et de la poésie pour celle de l'*ars dictaminis*.

3. *Chart. Univ. Par.*, I, p. 32, n° 27. Cf. CLERVAL, *ouv. cit.*, p. 270 et 319.

4. Au concile de Tours, 19 mai 1163. Cf. *Chart. Univ. Par.*, I, p. 3, n° 1.

avaient trouvé là des alliés. Jean de Salisbury dit, en effet, que le chef des Cornificiens avait revêtu l'habit religieux, et que sa secte captait les bonnes grâces des Cisterciens, des Clunistes, des Prémontrés et d'autres ordres renommés, afin de se faire un nom en profitant de leur crédit[1]. Guillaume de Conches s'attaque également à ces gens « qui préfèrent ne rien savoir plutôt que d'interroger un autre, qui crient à l'hérésie, lorsque quelqu'un cherche, et qui ont plus confiance dans leur capuce que dans la force de leur raison »[2].

Mais, pour bien comprendre l'attitude des réformateurs, et, en général, des hommes d'Église du xiie siècle, à l'égard des études profanes, il importe, comme pour les questions théologiques, de remonter jusqu'aux Pères de l'Église, dont ils invoquent sans cesse l'autorité, quelle que soit la position qu'ils prennent eux-mêmes; il faut en particulier connaître l'attitude de saint Augustin, car, outre l'autorité si grande qui lui est reconnue pendant tout le moyen âge pour la solution des difficultés dogmatiques, il en avait une toute particulière sur la question dont il s'agit, ayant, dans son *De Doctrina christiana*, véritable traité sur la méthode en théologie, examiné *ex professo* le problème de l'étude des Écritures, et de l'étude des autres sciences par rapport à celle des Écritures. Aussi, sans cesse, les auteurs du moyen âge et, en particulier, ceux du xiie siècle, font-ils appel à la doctrine exposée dans cet ouvrage.

G. Boissier, dans ses belles études sur la fin du paganisme, a consacré un livre entier à exposer l'attitude adoptée par les Pères de l'Église, par Tertullien, saint Jérôme et saint Augustin, au sujet de l'instruction et de l'éducation données dans les écoles romaines[3]. Récemment, la ques-

---

1. « Religionem extrinsecam induit paterfamilias et Cisterciensium, Cluniacensium, Praemonstratensium aliorumque, quorum fama hilarior est, familiaritatem captat, ut ab eorum auctoritate possit esse insignis. » J. DE SALISBURY, *Metalogicus*, l. I, c. v, col. 833.

2. « Malunt nescire quam ab alio quaerere, et si inquirentem aliquem sciant, illum esse haereticum clamant, plus de suo caputio praesumentes, quam sapientiae suae confidentes. » GUILLAUME DE CONCHES, *De philosophia mundi*, l. I, c. xxiii, *P. L.*, CLXXII, col. 56.

3. G. BOISSIER, *La fin du paganisme*, t. I, l. II, p. 172 et suiv.

tion a été reprise et examinée, plus en détail, par M. Roger, dans sa remarquable thèse sur l'*Enseignement des lettres classiques d'Ausone à Alcuin*. Il a montré quelles avaient été, sur ce sujet, les opinions de saint Jérôme, de saint Augustin, de saint Grégoire, de Cassiodore, d'Isidore de Séville et des moines irlandais[1]. La thèse de M. Roger est très fouillée et très consciencieuse. Sur un point, cependant, il ne nous paraît pas avoir exactement traduit la pensée de saint Jérôme et de saint Augustin, c'est lorsque, constatant des hésitations dans leurs écrits, il déclare qu'il en sera toujours ainsi. A son avis, les Pères, sur la question des études profanes, n'ont pas de principes fixes, ils se décident suivant les circonstances du moment[2]. Apprécier ainsi la pensée des Pères, c'est ne pas assez se rendre compte que ceux-ci étaient à la fois pasteurs et docteurs, et que, dans telle ou telle circonstance, ils pouvaient très bien, comme pasteurs, ne pas conseiller certaines études qu'ils justifiaient complètement, en principe, en qualité de docteurs. Ils ont pu de la sorte, apporter dans leurs lettres, des atténuations qu'on ne rencontre pas dans leurs traités didactiques. Mais saint Jérôme et saint Augustin, en particulier, n'hésitent pas à permettre, dans une mesure déterminée, l'acquisition et l'utilisation des lettres profanes.

Dans sa lettre à un grand orateur de Rome[3], saint Jérôme, pour répondre au reproche qu'on lui a fait, d'introduire, dans ses écrits, des exemples empruntés aux lettres profanes, montre qu'il a eu d'illustres prédécesseurs, et cite en exemples Moïse, qui avait étudié la science des Égyptiens, Salomon, et saint Paul, dans les lettres duquel on rencontre des vers de poètes païens. Il se réfère, également, à des exemples d'un autre ordre, empruntés à l'Ancien Testament : David se servant de l'épée de Goliath, le

---

1. M. Roger, *L'enseignement des lettres classiques d'Ausone à Alcuin*. Pour saint Jérôme, p. 133; saint Augustin, p. 134-141; Cassiodore, p. 177-179; saint Grégoire, p. 187 et suiv.; Isidore de Séville, p. 197 et suiv.; Adhelin, p. 301, et Bède, p. 309.

2. Id., *ouv. cit.*, p. 142-143.

3. Saint Jérôme, *Epistola ad magnum oratorem urbis Romae*, Ep. 70, *P. L.*, XXII, col. 664.

précepte du Deutéronome concernant la femme prisonnière
de guerre, précepte qu'on invoquera sans cesse, après lui,
au xii° siècle, pour en faire la même application : de même
qu'il est dit, dans le Deutéronome, qu'un Israélite pourra
épouser une prisonnière de guerre, après que celle-ci se
sera rasé la tête, se sera fait les ongles et aura quitté les
vêtements qu'elle portait quand elle fut prise (Deut., xxi,
12), de même, le chrétien peut utiliser les lettres et les
sciences profanes, après les avoir purifiées des souillures
leur venant du paganisme. Saint Jérôme, enfin, apporte deux
arguments auxquels on aura souvent recours aussi au xii° siècle : c'est d'abord que, pour défendre le christianisme contre
les attaques des païens, il faut se placer sur le terrain
choisi par ceux-ci, comme l'ont fait Origène, Méthodius et
Eusèbe ; c'est ensuite l'argument d'autorité : nombreuse est
la liste des écrivains ecclésiastiques, grecs ou latins, qui
étaient instruits dans les sciences séculières.

A son tour, saint Augustin aborde la question au deuxième
livre du *De doctrina christiana*. Ayant montré de quelle
utilité peut être, pour l'intelligence des Écritures et de leurs
diverses versions [1], la connaissance de l'hébreu, du grec et
du latin, et combien la science des nombres, de la musique
et des choses de la nature, facilite l'explication d'un grand
nombre de passages de la Bible, il déclare qu'il ne faut pas
mépriser ce que les profanes ont dit de bon [2], et, afin de
faire le départ entre ce que l'on peut leur emprunter et ce
qu'il faut leur laisser, il expose sa classification des connaissances humaines [3]. Les unes, instituées par les hommes [4], se
divisent en trois catégories : il en est de superstitieuses,
comme la divination, les pactes avec le diable, les horos-
copes tirés des étoiles ou des phénomènes de la nature, ce
sont les *errores mathematicorum;* il en est de superflues,
comme le théâtre, les poésies profanes ; il en est, enfin,

---

1. Saint Augustin, *De doctrina christiana*, l. II, c. xiv, *P. L.*, XXXIV,
col. 45.
2. *Ibid.*, c. xvi, col. 47.
3. *Ibid.*, c. xviii, col. 49.
4. *Ibid.*, c. xix-xxvi, col. 50-55.

qui sont nécessaires ou utiles : telles sont l'écriture et la connaissance des langues. Les autres, observées seulement par l'homme, mais non créées par lui, ont leur fondement dans les choses et, en définitive, en Dieu [1]. Elles comprennent les sciences qui concernent les sens et les corps, comme l'histoire qui raconte les événements, comme les sciences physiques et les arts mécaniques, et les sciences qui ont l'âme pour objet : ce sont la dialectique, la rhétorique et la science des nombres. Ayant ainsi classé les diverses connaissances, saint Augustin déclare que les jeunes chrétiens, obligés d'étudier les sciences profanes en dehors de l'Église, ne doivent s'adonner qu'à celles qui permettent d'acquérir la vie éternelle. Il rejette donc les sciences nées de la superstition ou superflues, les *mathematicae* et les poésies profanes en particulier, mais estime, par contre, qu'il ne convient pas de négliger les sciences, d'institution humaine, qui sont nécessaires à la vie, et reconnaît l'utilité de l'histoire, des sciences de la nature, de la rhétorique, de la dialectique et de la science des nombres [2].

A l'égard des philosophes païens, saint Augustin pense, de même, qu'il ne faut pas les craindre ; mais, lorsqu'on trouve chez eux, et tout spécialement chez les Platoniciens, des doctrines conformes à la vérité et à la foi chrétiennes,

---

1. Saint Augustin, *De doctrina christiana*, l. II, c. xxvi et suiv.

2. « Quamobrem videtur mihi studiosis et ingeniosis adolescentibus et timentibus Deum, beatamque vitam quaerentibus, salubriter praecipi ut nullas doctrinas quae praeter Ecclesiam Christi exercentur, tanquam ad beatam vitam capessendam secure sequi audeant, sed eas sobrie diligenterque dijudicent ; et si quas invenerint ab hominibus institutas, varias propter diversam voluntatem instituentium, et ignotas propter suspiciones errantium, maxime si habent etiam cum daemonibus initam societatem per quarumdam significationum quasi quaedam pacta atque conventa, repudient penitus et detestentur, alienent etiam studium a superfluis et luxuriosis hominum institutis. Illa vero instituta hominum, quae ad societatem conviventium valent, pro ipsa hujus vitae necessitate non negligant. In caeteris autem doctrinis... praeter historiam rerum, vel... temporis... et praeter rationem disputationis et numeri, nihil utile esse arbitror. » *Ibid.*, l. III, c. xxxix, col. 62.

« Philosophi... si qua forte vera et fidei nostrae accommodata dixerunt, maxime Platonici, non solum formidanda non sunt, sed ab eis tanquam injustis possessoribus in usum nostrum vindicanda. » *Ibid.*, l. II, c. xl, col. 63.

il faut les leur réclamer comme à d'injustes possesseurs. Ainsi, dit-il, ont fait les Israélites qui, au sortir de l'Égypte, ont pris à leurs oppresseurs, sur l'ordre de Dieu, des vases d'or et d'argent et des objets précieux, qui devaient plus tard servir à la construction du tabernacle [1].

Enfin, il termine ces considérations sur les sciences profanes, en exaltant la supériorité des Saintes Écritures : des connaissances que l'on peut acquérir en dehors d'elles, les unes, celles qui sont mauvaises, y sont condamnées, les autres, celles qui sont bonnes, s'y retrouvent surabondamment, et elles contiennent, en outre, des vérités et des richesses, qu'on ne saurait rencontrer nulle part ailleurs [2].

Telle est la doctrine de saint Augustin sur les sciences profanes. Elle est dominée, on le voit, par ce principe : qu'il ne faut se livrer qu'aux études dont l'acquisition est nécessaire à la vie, ou permet de mieux comprendre les Écritures et, par là, de mieux pratiquer la vie chrétienne. Ce principe restera en vigueur après saint Augustin, et pendant le moyen âge ; les applications, seules, varieront suivant les circonstances, selon que telle ou telle étude paraîtra plus ou moins utile à l'intelligence des Écritures, à la conservation de la foi et à la pratique de la vie chrétienne.

Ainsi, après le grand docteur, Cassiodore recommande, à son tour, l'étude des arts libéraux, à la fois pour la compréhension des Écritures et pour la transcription exacte des manuscrits [3]. Si saint Grégoire, dans sa lettre à l'évêque Désiré, blâme celui-ci parce qu'il enseigne la grammaire [4], c'est à cause sans doute de la lecture des poésies profanes que comporte cet enseignement, car il proclame ailleurs expressément l'utilité des arts libéraux, et va même jusqu'à dire que, si saint Paul l'emporta sur les autres apôtres dans

1. Saint Augustin, *De doctrina christiana*, l. II, c. xl, *P. L.*, XXXIV, col. 63.

2. Id., *ibid.*, l. II, c. xlii, col. 65.

3. Cassiodore, *Institutiones divinarum et saecularium litterarum*, I, c. xxvii, *P. L.*, LXX, col. 1140, et I, c. xxx, col. 1144. Cf. M. Roger, *ouvr. cit.*, p. 177-180.

4. Saint Grégoire, *Epistolarum*, lib. XI, ep. 54, *P. L.*, LXXVII, col. 1171.

l'exposition de la doctrine chrétienne, c'est, peut-être, parce qu'il avait autrefois étudié avec soin les sciences profanes[1]. Isidore de Séville s'élève contre le style pompeux des auteurs profanes, auquel il préfère la simplicité des Écritures, mais il reconnaît l'utilité des études, et déclare que l'ignorance est la mère des erreurs et des vices [2]. Raban Maur reprend l'enseignement de saint Augustin [3], et Alcuin fait de la philosophie « une véritable préparation évangélique[4] ».

Au début du xii° siècle, c'est aussi une maxime incontestée que la science des Écritures est la reine des sciences, et que toutes les autres doivent y préparer. Honoré d'Autun, dans son *De animae exsilio et patria*, représente l'homme comme un exilé : son exil, c'est l'ignorance; sa patrie, c'est la sagesse; pour y arriver, il doit suivre un chemin qui traverse dix villes : les sept arts libéraux, la physique, la mécanique et l'économique sont ces dix villes[5]. « Si l'on a permis aux fidèles, écrit Abélard, de lire les ouvrages qui traitent des arts libéraux, et les livres des anciens, c'est afin que, connaissant, grâce à eux, la grammaire, la rhétorique et la dialectique, ainsi que les sciences de la nature, nous soyons capables de comprendre tout ce qui touche à l'intelligence des beautés de l'Écriture, et que nous puissions la défendre et en exposer les vérités[6]. » Jean de Salisbury

---

1. « Et ideo fortasse per doctrinam aliis apostolis excellit, quia futurus in coelestibus, terrena prius studiosus didicit. » SAINT GRÉGOIRE, *In I Regum*, l. V, *P. L.*, LXXIX, col. 356.

2. « Ignorantia mater errorum est; ignorantia vitiorum nutrix. » ISIDORE DE SÉVILLE, *Synonyma*, l. II, n° 65, *P. L.*, LXXXIII, col. 860. Sur la simplicité des Écritures, opposée au style pompeux des lettres profanes, voir *Sententiarum*, l. III, c. xiii, *ibid.*, col. 685.

3. RABAN MAUR, *De clericorum institutione*, l. III, c. ii, *P. L.*, CVII, col. 379.

4. ALCUIN, *De grammatica*, *P. L.*, CI, col. 853. L'expression est de F. PICAVET, *Esquisse*, p. 131.

5. HONORÉ D'AUTUN, *De animae exsilio et patria*, *P. L.*, CLXXII, col. 1241.

6. « Ad hoc quippe fidelibus saecularium artium scripta et libros gentilium legere permissum est, ut per eas locutionum et eloquentiae generibus atque argumentationum modis, aut naturis rerum praecognitis, quidquid ad intelligentiam vel decorem sacrae scripturae, sive

proclame, dans l'*Entheticus,* que la science des Écritures est
la reine des sciences, et que toutes doivent lui prêter leur
concours[1]. Robert de Melun appelle les arts, des instruments
de vérité qui doivent être soumis à la théologie, leur reine [2].
Dans un dialogue du temps entre un Cluniste et un Cistercien, le Cluniste répond aux attaques du Cistercien par ces
paroles : « Si nous lisons les livres des païens, c'est afin de
nous perfectionner dans leur langue et de nous mettre, par
là, en état de mieux comprendre les Écritures [3]. »

Mais cette unanimité à reconnaître la suprématie et les
droits de la théologie, existe plus dans la théorie que dans
les faits. Il y a des clercs qui ne s'adonnent guère qu'à
l'étude des arts libéraux. D'autres paraissent leur accorder
une place trop grande, et les préférer aux Écritures. Contre
eux les réformateurs se récrient et, animés d'un esprit
opposé, ils tendent à diminuer, au contraire, l'importance
des études profanes. Il se forme, par suite, parmi les diri-
geants de la pensée chrétienne d'alors, des courants d'idées,
des groupes de théologiens, qui se diversifient suivant l'attitude qu'ils prennent à l'égard de deux questions : la part à
faire aux études profanes, et la place à accorder à la spéculation rationnelle en théologie. On peut, de la sorte, distinguer quatre groupes principaux. Ils ont été caractérisés
en des termes d'une remarquable précision, par le P. Mandonnet :

« Nous sommes en présence d'abord, écrit-il [4], d'un

---

ad defendendam vel adstruendam veritatem ejus pertinet, assequi va-
leamus. » ABÉLARD, *Introductio ad theologiam,* Prol., *P. L.,* col. 379
(II, p. 2).

1.   Hanc caput agnoscit philosophia suum
. . . .
Huic operas debent militiamque suam
Practicus huic servit servitque theoricus, arcem
Imperii sacri philosophia dedit.

Entheticus, v. 414 et suiv., col. 974.

2. « Eam quippe solam artes habent dominam, ei subjectione debita
famulantur », cité par H. DENIFLE, *ouv. cit.,* p. 99. Voir *ibid.,* d'autres
textes, p. 98-100.

3. Ap. D. MARTÈNE, *Thesaurus novus anecd.,* t. V, col. 1573.

4. P. MANDONNET, « Polémique averroïste de Siger de Brabant et de
S. Thomas », *Revue thomiste,* t. IV, 1896, p. 22.

courant extrême que nous pouvons qualifier d'ascétique. Non seulement il se tient à l'écart de l'étude de la philosophie, mais encore il déclare une guerre implacable aux études profanes et à ceux qui s'y livrent. Il voit surtout le côté négatif de l'œuvre des dialecticiens, c'est-à-dire le danger qu'ils font courir à la foi par leurs tentatives d'interprétation scientifique des vérités révélées. D'ailleurs, comme les ascètes et beaucoup de mystiques de tous les temps, ceux de cette époque, si remarquables d'ailleurs à d'autres titres, ont une défiance et une antipathie innées à l'égard de l'ordre rationnel. Cette direction est suivie, quoique avec une intensité diverse, par les nouveaux établissements monastiques et leurs chefs; elle va de saint Pierre Damien par saint Bernard et saint Norbert à Joachim de Flore. Elle a son centre d'action dans les réformes de Fonte Avellana et de Cîteaux, dans les fondations de la Chartreuse et de Prémontré.

« A côté des hommes de l'ascèse et en échange de sympathies avec eux, se développe une école de théologiens mystiques. Elle ne donne qu'une importance minime aux préoccupations philosophiques, et elle le fait à la suite de saint Augustin. Son terrain ordinaire est l'Écriture, la théologie et l'ascèse. Dès qu'elle entre dans le domaine de la philosophie, elle est, comme toutes les écoles mystiques, plus ou moins platonisante. Elle a la même antithèse historique, c'est-à-dire les mêmes adversaires que le groupe précédent, les dialecticiens. Ses représentants les plus célèbres sont Lanfranc et saint Anselme de l'abbaye du Bec, Guillaume de Champeaux, Hugues, Richard et Gautier à Saint-Victor.

« A l'opposite de ces deux directions et en lutte avec elles, se trouve le parti serré et formidable des dialecticiens. Il se livre à l'étude passionnée de la logique aristotélicienne et du grand problème de l'universel. Il tente résolument, quoique souvent d'une façon fâcheuse, une première application de l'ordre rationnel à l'ordre révélé. Ce courant est constitué par les maîtres des grandes écoles épiscopales de Tours, de Chartres et surtout de Paris... Bérenger de Tours, Roscelin, Abélard, Bernard de Chartres, Gilbert de la Porrée, Guillaume de Conches, Jean de Salisbury, Pierre Lombard et un grand nombre d'autres encore, forment les grandes unités de ce groupe compact où les vues individuelles sur le problème des universaux, s'opposent sans doute quelquefois avec fracas, mais où le culte passionné des arts libéraux et le dessein de les faire servir à la foi forment le bien commun du groupe et le principe le plus immédiat pour sa classification dans le mouvement intellectuel du temps.

« Voisines des dialecticiens et à eux sympathiques, les anciennes réformes bénédictines de Cluny et de Hirschau en Allemagne, s'adonnent à l'étude même des arts libéraux, et, sans se jeter dans la mêlée philosophique, elles participent plus ou moins au mouvement contemporain des idées. Ces réformes se trouvent doublement rejetées du côté des dialecticiens, par leur goût pour l'étude, et par l'opposition que leur fait la réforme cistercienne sur le terrain des observances monastiques. »

Parmi les questions discutées par ces groupes, nous n'avons à envisager, pour le moment, que celle des arts libéraux. On ne trouverait probablement dans le parti ascétique, aucun auteur qui les rejetât en principe et qui ne reconnût qu'on en peut tirer quelque profit pour l'étude des Écritures. Mais beaucoup estiment que les moines ne doivent pas s'y adonner, et même ne pas s'y livrer du tout : le psautier doit leur suffire[1]. Cette opinion est si répandue qu'on reproche à Abélard, qui professe les arts libéraux, de se livrer à des occupations incompatibles avec son état[2], et dans l'*Introductio*, il sent le besoin de

---

1. « Cum nobis monachis nihil liberalis scientiae praeter psalterium licere asserant », dit Guillaume de Hirschau, cité par J. A. ENDRES, *Othlos von St Emmeran Verhältnis zu den freien Künsten. Philos. Jahrbuch*, B. 17, 1904, p. 4, n. 2. — Nous devons beaucoup pour les pages qui vont suivre aux divers articles de J. A. Endres signalés dans notre bibliographie.

2. « Mihi semper objiciebant, quod proposito monachi valde sit contrarium saecularium librorum studio detineri. » ABÉLARD, *Hist. cal., P. L.,* col. 140 (I, p. 18).

justifier les moines qui se permettent de pareilles études[1]. Quant aux séculiers, les ascètes regardent comme un signe de perdition leur application si intense aux études profanes[2]. Ils estiment tout au moins que, parmi celles-ci, il est des parties superflues qu'un fidèle de Jésus-Christ doit laisser de côté[3], et ces parties superflues, ce sont : la lecture des poètes profanes, l'étude des philosophes païens et l'étude de la dialectique.

Saint Augustin et saint Grégoire, on l'a vu, avaient condamné la lecture des poètes païens. Elle pouvait, en effet, nuire très gravement à la foi et aux mœurs de chrétiens encore récemment convertis, parlant la langue de ces poètes, et que de semblables lectures émotionnaient comme nous émotionnent aujourd'hui les œuvres dramatiques ou les romans de nos contemporains. Pour les générations du moyen âge, le danger était certainement moindre, à cause de la différence des langues, du milieu et des coutumes. Néanmoins, comme on apprenait à lire dans les œuvres des poètes, parce qu'elles permettaient de s'initier plus vite à l'accent, comme on cherchait chez eux des modèles de compositions poétiques, qu'une littérature nationale à peine née ne pouvait fournir, ce contact continuel avec les poètes païens ne demeurait pas sans danger, d'autant plus que le poète le plus lu, celui qu'on étudiait de préférence dans les écoles, parce qu'il se comprenait mieux et se prêtait plus facilement à l'imitation, Ovide, était aussi le plus licencieux[4]. Il faut

1. « Ego autem nullius artis lectionem cuicumque religioso interdicendam arbitror. » ABÉLARD, *Introductio, P. L.*, col. 1044 (II, p. 71).

2.
    Sic igitur totus corrumpitur undique mundus
    Cum cleri officium sectatur opus laïcorum
    . . . .
    Quo plus mundanae dilexeris alta philosophiae
    Ethnica verba legens vel in ipsis moribus haerens
    Tam magis insipiens necnon indignus haberis
    Coram mysteriis divinae simplicitatis.

OTHLO, *De doctrina spirituali*, c. XIII, *P. L.*, CXLVI, col. 275 et 277. — Cf. J. A. ENDRES, *art. cit.*, p. 47, n. 3 et 4.

3. « Mulieri quippe caesariem radimus cum rationabilis disciplinae sensus superfluos amputamus. » PIERRE DAMIEN, *Sermo VI de s. Eleuchadio, P. L.*, CXLIV, col. 540; cf. MANEGOLDE, *Opusculum contra Wolfelmum Coloniensem, P. L.*, CLV, col. 155, et OTHLO DE S. EMMERAN, *Dialogus de tribus quaestionibus*, c. XXII, *P. L.*, CXLVI, col. 89.

4. Voir sur ce point L. SUDRE, *Publii Ovidii Nasonis Metamorpho-

bien convenir, de fait, que plusieurs des poésies que l'on retrouve dans les manuscrits du temps, souvent imitées d'Ovide, établissent que sa lecture favorisait les mauvaises mœurs. Et même n'avait-on pas vu, dans les premières années du xi° siècle, Vilgard de Ravenne prétendre qu'il fallait croire les fables des poètes, et son hérésie prendre une assez grande extension [1]?

Contre toutes ces raisons de condamner la lecture des poètes profanes, leurs défenseurs n'avaient pas d'arguments très puissants à opposer. Faisant la part du feu, ils passaient condamnation sur Ovide [2], mais conservaient les autres poètes, disant leur lecture nécessaire à l'étude de la grammaire. Eh quoi! leur répondait-on, les œuvres des poètes chrétiens, comme Sédulius, Juvencus, Prosper, ne peuvent-elles pas remplir le même office? Soutenir, avec Conrad de Hirschau, que, puisque nous avons été appelés à la liberté, selon la parole de saint Paul, nous devons servir notre Dieu par l'étude des arts libéraux [3], c'était prendre un calembour pour un argument. C'était aussi un piètre compromis que celui de Jean de Salisbury prétendant que Virgile, par exemple, racontant les amours d'Énée et de Didon, ne fait que noter les débordements de la passion, sans les dépeindre voluptueusement [4]. L'explication allégorique et morale de Bernard Silvestris n'était pas un palliatif plus heureux [5].

D'ailleurs, sur ce terrain, l'attaque ne venait pas seulement du parti des réformateurs rigides; comme on l'a vu, les dialecticiens à outrance et les Cornificiens se joignaient à eux. Abélard lui-même, que Jean de Salisbury représente comme un des défenseurs des études libérales, condamne

scon libros quomodo nostrales medii aevi poetae imitati interpretatique sint, c. II, et G. PARIS, *La poésie du moyen âge*, p. 189-209.

1. « Quidam igitur Vilgardus dictus... cepit multa turgide docere fidei contraria, dictaque poetarum per omnia credenda esse asserebat. » RAOUL GLABER, *Historiarum*, l. II, c. XII, *P. L.*, CXLII, col. 644.

2. CONRAD DE HIRSCHAU, *Dialogus*, p. 66.

3. « In libertatem vocati sumus, studiis liberalibus regi nostro serviamus. » ID., *ibid.*, p. 75.

4. JEAN DE SALISBURY, *Polycraticus*, l. VII, c. IX, col. 656.

5. Voir plus haut, p. 55.

énergiquement, dans la *Theologia christiana*, l'étude trop assidue des poètes profanes [1]. A ce triple assaut, la culture humaniste ne put résister; elle faiblit sensiblement dans la seconde partie du xii⁰ siècle : la renaissance littéraire avortait.

Les résultats du combat furent moins décisifs sur la question, également très controversée, de l'étude des philosophes païens. Ses partisans invoquaient l'autorité de saint Paul et de saint Augustin. Saint Paul a dit, dans l'Épître aux Romains, que les Gentils ont pu arriver à une certaine connaissance de Dieu, par la considération de ses œuvres (Rom., 1, 21). Saint Augustin déclare que les chrétiens peuvent faire d'utiles emprunts aux philosophes païens [2]. Mais ces arguments ont aussi leur contre-partie, car saint Paul ajoute que les Gentils « sont inexcusables, puisque, ayant connu Dieu, ils ne l'ont pas glorifié et ne lui ont pas rendu grâces » (Rom., 1, 21); et saint Augustin reconnaît que tout n'est pas à prendre chez les philosophes païens [3]. Partisans et adversaires de l'étude des philosophes invoquaient donc également ces deux grandes autorités, les faisant servir à leurs préférences. Les adversaires rappelant sans cesse la seconde partie du texte

---

1. Après avoir rappelé les défenses portées par les Pères contre la lecture des poètes profanes (*Theologia christiana*, *P. L.*, col, 1208-1209) (II, p. 443-444), et reconnu l'utilité de l'étude de la grammaire, Abélard ajoute : « Nec opus est diu detineri in fabulis poetarum... Quid ergo episcopi et religionis christianae doctores poetas a civitate Dei non arcent, quos a civitate saeculi Plato inhibuit », puis il blâme les dignitaires ecclésiastiques qui aiment à recevoir les jongleurs et les trouvères : « Immo quid in solemnibus magnarum festivitatum diebus, quae penitus in laudibus Dei expendi debent, jaculatores, saltatores, incantatores, cantatores turpium acciunt ad mensam, totam diem et noctem cum illis feriant, atque sabbatizant, magnis postmodum eos remunerant praemiis, quae de ecclesiasticis rapiunt beneficiis, de oblationibus pauperum, ut immolent certe daemoniis »; et il condamne, en termes véhéments, le drame liturgique : « proh pudor!... ante ipsa Christi altaria, omnibus jam ubique introductis turpitudinibus... sub religionis et orationis obtentu, ad explendam libere lasciviam omnibus undique tam viris quam feminis convenientibus, Veneris celebrantur vigiliae. » *Ibid.*, *P. L.*, col. 1210-1212 (II, p. 446-447).

2. Voir plus haut, p. 80.

3. *Ibid.*

de saint Paul, prétendaient qu'on ne devait pas recourir aux lumières de ces soi-disant amis de la sagesse, qui avaient encouru la damnation éternelle[1]. La damnation des philosophes paraissait à ces ascètes un argument décisif. Pour le réfuter, Abélard écrivit tout le second livre de la *Theologia christiana*, où il énumère, avec complaisance, les nombreux exemples de vertus donnés par les philosophes, et soutient qu'ils n'ont pas tous mérité la damnation[2]. Quant aux vérités possédées par les philosophes, tandis que leurs partisans, comme Abélard, allaient jusqu'à soutenir qu'ils ont connu la Trinité, leurs adversaires s'appliquaient à rétrécir le cercle de ces vérités, et l'un d'eux, Manegolde de Lutenbach, composait un traité entier pour établir que, parmi les doctrines des philosophes, le plus grand nombre est contraire à la foi chrétienne[3].

Le débat, à la suite des erreurs d'Abélard[4] et, plus tard,

1. « Porro quid confert animae... disputatio Platonis aut carmina Maronis vel neniae philosophorum, qui nunc cum consimilibus suis strident in carcere infernalis Babylonis, sub truci imperio Plutonis. » Honoré d'Autun, *Gemma Animae*, Praefatio, *P. L.*, CLXXII, col. 545. — Id., *Speculum ecclesiae, ibid.*, col. 1062.

2. « Et quoniam infidelitatis philosophos, utpote gentiles, arguunt, omnemque eis quasi damnatis per hoc fidei auctoritatem adimunt, in hoc nostra plurimum intendat defensio, in quo tota eorum nititur impugnatio. » C'est en ces termes qu'Abélard annonce le sujet du livre II. *Theologia christiana*, *P. L.*, col. 1171 (II, p. 406).

3. Manegolde, *Opusculum contra Wolfelmum Coloniensem*, *P. L.*, CLV, col. 147-176. Il s'attaque à un certain Wolfehlm qui prétendait que, sur bien des points, la doctrine des philosophes pouvait s'accorder avec la religion chrétienne, et il expose la thèse contraire, qu'il résume en ces termes : « ego contra plurima fidei et saluti nostrae contraria in ipsis me invenisse assererem ». Prologus, col. 149. — Cf. J. A. Endres, *Manegold von Lautenbach*, *Hist. polit. Blätter*, Bd 127, 1901, p. 390 et suiv., 486 et suiv.

4. Ce sera un des principaux reproches que lui adressera saint Bernard : « dum multum sudat, quomodo Platonem faciat christianum, se probat ethnicum », écrit-il, *Tractatus contra quaedam capitula errorum Abaelardi*, *P. L.*, CLXXXII, col. 1062. Saint Bernard, d'ailleurs, n'aimait guère les philosophes. Il dit en parlant des Apôtres : « Quid ergo docuerunt?... non Platonem legere, non Aristotelis versutias inversare, non semper discere, et nunquam ad veritatis scientiam pervenire. » *In festo S. Petri et Pauli Sermo I*, n° 3, *P. L.*, CLXXXIII, col. 407. Ailleurs il dit des philosophes : « Ipsi quidem sese philoso-

des platonisants comme Amaury de Bène, sembla un moment se décider dans le sens de la condamnation des philosophes, mais il se rouvrit au début du xiiie siècle, avec l'apparition, dans le monde intellectuel latin, des traités de métaphysique et de morale d'Aristote, et cette fois, grâce à la sage hardiesse d'Albert le Grand et de saint Thomas d'Aquin, il reçut une solution beaucoup moins radicale.

Par contre, dès le milieu du xiie siècle, la troisième question en litige, celle de l'étude de la dialectique, devait être résolue d'une manière favorable à celle-ci. Ce n'est pas que l'opposition manquât de force. Les ascètes soutenaient que, puisqu'il n'est pas permis à un chrétien de traiter des choses qui n'appartiennent pas à la foi, un chrétien ne doit pas s'adonner à la dialectique, car la dialectique non seulement n'instruit pas pour la foi, mais la détruit par les complications de ses raisonnements [1]. Pierre Damien et Manegolde de Lutenbach écrivaient que les dogmes de la conception virginale et de la résurrection avaient infirmé la valeur du raisonnement syllogistique [2]. Rupert de Tuy avouait, sans honte, son ignorance de la dialectique, et déclarait que, même s'il la connaissait, il se garderait bien de la mêler aux vérités divines [3]. Toutefois, ces attaques contre la dialectique rencontrèrent une triomphante résistance. Ses défen-

---

phos vocant, sed a nobis curiosi et vani rectius appellantur. » *In Pentecost. Sermo* III, n° 5, *P. L.*, CLXXXIII, col. 331.

1. « Aemuli mei affirmantes quidem de his, quae ad fidem non attinent, christiano tractare non licere. Hanc autem scientiam non solum nos ad fidem non instruere dicunt, verum fidem ipsam suarum implicamentis argumentationum destruere. » ABÉLARD, *Dialectica*, pars IV, ap. *Ouv. inéd.*, p. 434.

2. « Saepe divina virtus armatos dialecticorum syllogismos eorumque versutias destruit, et quae apud eos necessaria jam atque inevitabilia judicantur, omnium philosophorum argumenta confundit. Veniant dialectici et dicant : Si peperit, concubuit etc. » PIERRE DAMIEN, *De divina omnipotentia*, c. v, *P. L.*, CXLV, col. 610. — « Secunda nativitas propter insolitum nascendi modum, philosophicae rationis evacuat firmamentum. » MANEGOLDE, *ouv. cit.*, *P. L.*, CLV, col. 163. — Pour la résurrection, cf. *ibid.*, col. 171.

3. « Fateor quia neque professionem suscepi, neque ostentationem egi hujusce artis (dialecticae), et si illam cognoscerem, nequaquam dignarer illam arcessire, nisi coactus vel nisi sponte occurreret. » RUPERT DE TUY, *De omnipotentia Dei*, *P. L.*, CLXX, col. 473.

scurs avaient pour eux l'autorité des Pères et en particulier celle de saint Augustin [1]. Ils disaient, après lui, que la dialectique, comme la science des nombres [2], vient de Dieu [3], qu'elle est, par conséquent, la vérité et qu'elle ne peut être en opposition avec l'Écriture. A l'argument tiré des erreurs des hérétiques, erreurs nées, disait-on, de l'usage de la dialectique, Abélard répondait en distinguant la dialectique de la sophistique, et une science bonne en elle-même de l'abus qu'on peut en faire [4], puis justifiait néanmoins l'é-

1. ABÉLARD y recourt sans cesse : *Invectiva in quemdam ignarum dialectices*, *P. L.*, col. 353 (I, p. 696). — *Dialectica*, p. IV, *Ouv. inéd.*, p. 435. — *Theologia christiana*, l. II, *P. L.*, col. 1206 (II, p. 441). — *Introductio*, l. II, *P. L.*, col. 1040 (II, p. 67). — Cf. encore JEAN DE SALISBURY, *Metalogicus*, l. IV, c. XXV et XXVI, col. 931.

2. *La question des mathématiques.* A propos de la science des nombres se posait aussi la question des mathématiques. Nous n'en avons pas parlé parce qu'elle n'était pas un objet de discussion entre les ascètes et les dialecticiens. Tous alors distinguent ce qui est magie et superstition, de la véritable science mathématique. Saint Augustin avait déjà fait la distinction dans le *De doctrina christiana*, l. II, c. XXIX, *P. L.*, XXXIV, col. 56. Elle est faite aussi par Abélard, *Expositio in Hexameron*, *P. L.*, col. 755 (I, p. 649-650). C'est ce que n'a pas vu F. Picavet, qui, à la lecture d'un passage de la *Dialectique* (pars IV, *Ouv. inéd.*, p. 435), donne Abélard comme un adversaire des mathématiques (F. PICAVET, *Gerbert*, p. 200). Abélard fait allusion dans ce passage à la magie, à la sorcellerie, qu'on appelait alors mathématiques, comme l'ensemble du quadrivium; mais les deux mots se distinguaient dans la prononciation. « Mathesim ergo probabilem, écrit Jean de Salisbury, *quae penultima brevi enuntiatur*, quam et natura inducit, ratio probat, et utilitatis experientia approbat, quasi quoddam doctrinae suae jaciunt fundamentum, ut exinde opinionem suarum lubrico quasi quadam imaginatione rationis, in mathesim reprobam, *quae profertur extensa penultima*, perniciosissime prolabuntur. » *Polycraticus*, l. II, c. XVIII, col. 436. — Cf. HUGUES DE SAINT-VICTOR : « Matesis enim quando *t* habet sine aspiratione, interpretatur vanitas, et significat superstitionem illorum, qui fata hominum in constellationibus ponunt : unde et hujusmodi mathematici appellati sunt. Quando autem *t* habet aspiratum, doctrinam sonat. » *Didascalion*, l. II, c. IV, col. 753.

3. JEAN SCOT ÉRIGÈNE, *De divisione naturae*, IV, 4, *P. L.*, CXXII, col. 748. — GERBERT, *De corpore et sanguine Domini*, c. VII, *P. L.*, CXXXIX, col. 185. — ABÉLARD : « Ex his itaque scientiam omnem, quae a Deo solo est et ex ipsius munere procedit, bonam esse convincimus. » *Dialectica*, p. IV, *Ouv. inéd.*, p. 435. Cf. SAINT AUGUSTIN, *De doctrina christiana*, l. II, c. XXXII, *P. L.*, XXXIV, col. 58.

4. *Invectiva in quemdam ignarum dialectices*, *P. L.*, col. 354 (I, p. 697).

tude de la sophistique, en invoquant l'autorité de saint Jérôme et l'exemple de Salomon, instruits dans les subtilités des païens [1]. Appuyé sur les conseils et l'exemple de saint Augustin, il établissait que la dialectique, permettant de distinguer le vrai du faux, sert à réfuter les hérésies, et que, grâce à elle, nous pouvons mettre en pratique le précepte de saint Pierre qui ordonne aux chrétiens d'être prêts à rendre raison de leur foi et de leur espérance [2]. Enfin, plus puissant que tous ces arguments, le mouvement des esprits, avides d'explications qui répondissent aux exigences de la raison, soutenait les défenseurs de la dialectique. Aussi celle-ci, loin d'être vaincue dans la lutte, allait lier, pour ainsi dire, son sort à celui du progrès en théologie, grâce à la formation de la méthode théologique abélardienne.

1. *Invectiva...*, *P. L.*, col. 354 (I, p. 697).
2. *Ibid.*

DEUXIÈME PARTIE

L'ENSEIGNEMENT DE LA THÉOLOGIE

CHAPITRE V

L'ENSEIGNEMENT SCRIPTURAIRE.

I. Les *Introductions à l'étude de l'Écriture avant Hugues de Saint-Victor* : les *Introductores* cités par Cassiodore; le *De Doctrina christiana* de saint Augustin; Cassiodore; Raban Maur. — II. Le *Didascalion de Hugues de Saint-Victor* : originalité du livre; sens du mot *Sacra Scriptura*; trois sortes d'explications de l'Écriture : *l'historia, l'allegoria, la tropologia.* — III. *Méthode suivie dans l'explication des Écritures : historia, sensus, sententia*; règles d'interprétation : règle de la foi et règles critiques; les gloses; application des arts libéraux à l'Écriture; rôle de l'étymologie; les commentaires de Lanfranc à Abélard et à Pierre Lombard, leurs caractères.

Pour se faire une notion quelque peu exacte de l'enseignement de l'Écriture, tel qu'il était pratiqué au xiiᵉ siècle, il convient sans doute d'étudier les traités pédagogiques du temps, qui en exposent la théorie, et les ouvrages des contemporains, gloses ou commentaires, qui nous apprennent comment la théorie était appliquée; mais il importe aussi de remonter plus haut, et de connaître la doctrine des Pères de l'Église sur le même sujet. Dès qu'il s'agit, en effet, de questions doctrinales, en tout temps, et particulièrement, on le sait, au moyen âge, la tradition, l'autorité tiennent, à juste titre d'ailleurs, une grande place. Dès lors, quoique nous possédions dans les trois derniers livres du *Didascalion* de Hugues de Saint-Victor, complétés par le *De Scripturis et scriptoribus sacris* du même auteur, un traité complet sur la méthode suivie au commencement du XIIe siècle, dans l'enseignement scripturaire, nous rechercherons sommairement quelles étaient les doctrines professées sur ce point avant le XIIe siècle, en particulier quelles étaient les règles données par saint Augustin dans son *De doctrina christiana*.

I

L'explication des Écritures fut, dès les premiers siècles, une des principales fonctions des évêques. C'est surtout par là qu'ils instruisaient le peuple dans les vérités de la foi, et lui faisaient connaître les préceptes de la morale chrétienne. Or, cette explication présentait de nombreuses difficultés : difficultés provenant des langues dans lesquelles étaient écrites les Écritures, et de la diversité des versions qui en avaient été faites; difficultés créées par les idiotismes qui avaient passé dans les traductions, par les différences de coutumes, de mœurs, de milieu, qui rendaient nombre de passages presque incompréhensibles; difficultés encore pour interpréter les Écritures d'une manière conforme à la foi chrétienne. Aussi, dès que l'Église jouit enfin de la liberté, on ne tarda pas, pour répondre à la nécessité, à donner des règles, à composer, pour l'explication des Écritures, des traités didactiques, comme il en existait pour l'explication des poètes, des orateurs et des autres écrivains de l'antiquité. Dès la seconde moitié du IVe siècle, le donatiste Tichonius écrivait son *Liber de septem regulis*[1], où il exposait sept règles destinées à faciliter l'intelligence des passages scripturaires rendus plus ou moins obscurs par l'emploi de certaines figures. D'autres vinrent après lui, et furent plus complets. Au VIe siècle, Cassiodore indiquait déjà cinq *intro-*

---

1. *P. L.*, XIII, col. 15-16.

ductores Scripturae divinae dans son traité *De Institutione divinarum et saecularium litterarum* qui est, lui-même, une introduction à l'étude des Écritures[1]. Ces cinq *introductores* sont Tichonius dont nous venons de parler ; saint Augustin : *De Doctrina christiana* ; Adrien, moine et prêtre d'Antioche (première moitié du ve siècle) : *Introduction à l'Écriture sainte*[2] ; Eucher de Lyon, mort vers 450 : *Formularium spiritalis intelligentiae liber unus* et *Instructionum ad Salonium libri duo*[3], et Junilius : *Instituta regularia divinae legis*[4]. De ces introductions, la plus lue au moyen âge était le *De Doctrina christiana* de saint Augustin[5]. On y ajoutait, avant que Hugues de Saint-Victor eût composé son *Didascalion*, le *De Institutione divinarum et saecularium litterarum* de Cassiodore, et le troisième livre du *De clericorum institutione* de Raban Maur.

À propos de l'étude des arts libéraux, nous avons déjà parlé du traité de saint Augustin ; il importe d'y revenir et d'en exposer sommairement le contenu[6].

D'après saint Augustin, l'étude de l'Écriture comprend un double travail : il faut d'abord découvrir et comprendre les vérités qui y sont renfermées, puis les exposer aux fidèles. À ce double travail correspond la division du *De Doctrina christiana* en deux parties : la première, contenue dans les trois premiers livres, est un traité d'herméneutique, et la seconde, qui comprend le quatrième livre, est un traité de rhétorique sacrée.

Le premier livre, une fois la distinction établie entre les choses proprement dites, *res*, et les signes, *signa*, choses

1. *De Institutione divinarum ac saecularium litterarum*, c. x, *P. L.*, LXX, col. 1122.
2. *P. G.*, XVIII, col. 1273-1312.
3. *P. L.*, L, col. 727-772 et 773-822.
4. *P. L.*, LXVIII, col. 15-42.
5. On a vu plus haut, p. 91 et n. 1, qu'Abélard y renvoie souvent pour justifier l'usage de la dialectique. Il le cite également plusieurs fois dans le prologue du *Sic et Non*. Hugues de Saint-Victor s'en inspire dans le *Didascalion*, Jean de Salisbury s'y réfère aussi, *Polycraticus*, l. VII, c. xiv, col. 671.
6. On en trouvera l'exposé complet dans la thèse de doctorat de E. Moirat, *Notion augustinienne de l'herméneutique*.

dont l'écrivain se sert pour en faire entendre d'autres[1], est consacré tout entier à l'étude des choses, *res*, et contient de magnifiques considérations sur Dieu, sur l'homme et sur les vérités de la foi chrétienne. Saint Augustin divise les choses en choses dont on ne doit que jouir, en choses dont on ne doit que se servir, et en choses dont on jouit et dont on se sert[2]. Toutes ces considérations ont leur conclusion dans ces quelques lignes : « *Omnium igitur quae dicta sunt, ex quo de rebus tractamus, haec summa est, ut intelligatur Legis et omnium divinarum Scripturarum plenitudo et finis esse dilectio rei qua fruendum est* (Dieu), *et rei quae nobiscum ea re frui potest*[3] (le prochain) ». Ainsi la charité est la fin et la plénitude de l'Écriture ; tel est le grand principe que pose saint Augustin et dont il tire immédiatement deux conséquences : c'est, d'abord, que le chrétien qui possède la charité, avec la foi et l'espérance qui y conduisent, n'a pas besoin des Écritures, sinon pour en instruire les autres[4] ; c'est, ensuite, qu'il ne faut pas regarder comme trompeuse ou mensongère, une interprétation de l'Écriture, quelle qu'elle soit, même fautive, pourvu qu'elle ait pour effet de nourrir la charité[5]. Le saint docteur ajoute immédiatement, il est vrai, qu'il faut corriger celui qui interprète ainsi d'une manière fautive les Écritures, car de pareilles erreurs peuvent conduire à errer dans la foi et à perdre par là la charité[6] ; mais on voit néanmoins quelle liberté un pareil principe laissait à la pieuse fantaisie des commentateurs.

Au livre II et au livre III, saint Augustin donne, un peu mêlées, les règles d'interprétation catholique et d'interpré-

---

1. *De Doctrina christiana*, l. I, c. II, *P. L.*, XXXIV, col. 19.

2. *Ibid.*, l. I, c. III, col. 20.

3. *Ibid.*, l. I, c. XXXV, col. 34.

4. « Homo itaque fide, spe et charitate subnixus, eaque inconcusse retinens, non indiget Scripturis nisi ad alios instruendos. » *Ibid.*, l. I, c. XXXIX, col. 36.

5. Quisquis vero talem inde sententiam duxerit, ut hinc aedificandae charitati sit utilis, nec tamen hoc dixerit, quod ille quem legit eo loco sensisse probabitur, non perniciose fallitur, nec omnino mentitur. » *Ibid.*, l. I, c. XXXVI, col. 34.

6. *Ibid.*

tation critique[1], permettant de lever les difficultés qui naissent de l'ambiguïté de certains passages des Écritures. Cette ambiguïté peut exister, soit dans les signes propres, soit dans les signes figurés. Pour saint Augustin, il y a, en effet, deux sortes de signes : « les uns désignent directement les objets pour lesquels ils ont été institués, ce sont les signes propres ; les autres désignent directement des choses qui servent elles-mêmes à exprimer quelque objet différent, des choses qui sont signes d'autres choses[2] ». Les premiers expriment le sens propre ; les seconds, le sens figuré, qui embrasse, à la fois, le sens métaphorique et le sens spirituel proprement dit[3]. Il importe de ne pas interpréter au sens propre ce qui doit l'être au sens figuré, et réciproquement ; et, pour savoir dans quel sens un passage doit être entendu, il suffit d'appliquer le principe posé au livre I : tout, dans l'Écriture, a pour fin la charité ; si donc le passage, entendu au sens propre, y conduit déjà, inutile de recourir au sens figuré ; mais par contre, tout passage de l'Écriture qui, entendu au sens propre, ne peut pas être rapporté soit à la vertu, soit à la vérité de la foi, doit être interprété allégoriquement jusqu'à ce que l'on arrive à un sens qui conduit au règne de la charité[4].

Ainsi une parole, une action dure ou cruelle est-elle attribuée à Dieu ou aux saints personnages de l'Écriture, si

1. E. Moirat, *ouv. cit.*, pp. 66 et 103.

2. E. Moirat, *ouv. cit.*, p. 20. *De Doctrina christiana*, l. II, c. x, P. L., XXXIV, col. 42.

3. Sur ce sens figuré, voir E. Moirat, *ibid.*, c. iv, p. 44 et suiv. Il faut noter que saint Augustin ne distingue pas dans le sens figuré, le sens prophétique, le sens tropologique et le sens anagogique, comme on le fera plus tard. Cf. E. Moirat, *ibid.*, p. 26.

4. « Huic autem observationi qua cavemus figuratam locutionem, id est translatam, quasi propriam sequi, adjungenda etiam illa est, ne propriam quasi figuratam velimus accipere. Demonstrandus est igitur prius modus inveniendae locutionis, propria an figurata sit. Et iste omnino modus est, ut quidquid in sermone divino neque ad morum honestatem, neque ad fidei veritatem proprie referri potest, figuratam esse cognoscas. » *De Doctrina christiana*, l. III, c. x, col. 71. — « Servabitur ergo in locutionibus figuratis regula hujusmodi, ut tamdiu versetur diligenti consideratione quod legitur, donec ad regnum charitatis interpretatio perducatur. Si autem hoc jam proprie sonat, nulla putetur figurata locutio. » *Ibid.*, l. III, c. xv, col. 74.

le sens propre montre clairement qu'elle a pour but de détruire le règne de la cupidité, il n'y a pas lieu de parler de sens figuré ; mais il faut y avoir recours, si les simples et les ignorants sont exposés à attribuer à Dieu ou aux saints, grâce à ce passage, des actions vicieuses [1]. De même, lorsqu'il est parlé, dans les Écritures, d'ordres ou de défenses, si c'est un crime qui est interdit, un acte utile ou bienfaisant qui est ordonné, il n'y a pas de sens figuré ; dans le cas contraire, il faut interpréter allégoriquement l'ordre ou la défense [2].

La règle de foi, le règne de la charité, voilà donc le principe qui permet de distinguer le sens propre du sens figuré. C'est encore sur ce principe, ainsi que sur l'autorité de l'Église, que doit s'appuyer tout d'abord l'interprète hésitant entre plusieurs sens pour un même passage. Si maintenant ces sens concordent tous avec la règle de la foi, il lui faut recourir au contexte, qui permet souvent de mieux saisir la pensée de l'auteur sacré. Si, enfin, ce moyen ne suffit pas à lever l'hésitation, l'interprète est libre de choisir le sens qu'il préfère [3]. Peu importe, d'ailleurs, que l'on donne plusieurs explications d'un même passage, quand on ne peut découvrir l'intention de l'auteur, pourvu que ces explications soient conformes à la foi [4].

1. *De Doctrina christiana*, l. III, c. xi et xii, *P. L.*, XXXIV, col. 72.

2. *Ibid.*, c. xvi, col. 74.

3. « Cum ergo adhibita intentio incertum esse perviderit quomodo distinguendum, aut quomodo pronuntiandum sit, consulat regulam fidei, quam de Scripturarum planioribus locis et Ecclesiae auctoritate percepit..... Quod si ambae vel etiam omnes, si plures fuerint partes, ambiguitatem secundum fidem sonuerint, textus ipse sermonis a praecedentibus et consequentibus partibus, quae ambiguitatem illam in medio posuerunt, restat consulendus, ut videamus cuinam sententiae, de pluribus quae se ostendunt, ferat suffragium, eamque sibi contexi patiatur... Ubi autem neque praescripto fidei, neque ipsius sermonis textu ambiguitas explicari potest, nihil obest secundum quamlibet earum quae ostenduntur, sententiam distinguere... Tales igitur distinctionum ambiguitates in potestate legentis sunt. » *Ibid.*, l. III, c. ii, col. 66.

4. « Quando autem ex eisdem Scripturae verbis, non unum aliquid, sed duo vel plura sentiuntur, etiamsi latet quid senserit ille qui scripsit, nihil periculi est, si quodlibet eorum congruere veritati ex aliis locis sanctarum Scripturarum doceri potest. » *Ibid.*, l. III, c. xxvii, col. 80.

Saint Augustin, on le voit, s'attache, avant tout, à sauvegarder la foi et la charité dans l'explication des Écritures.
Toutefois, il est loin de négliger les moyens qui permettent
de reconnaître rationnellement le sens exact, voulu par
l'auteur. Nous l'avons vu conseiller pour cela l'étude des
arts libéraux[1]; il recommande également la connaissance
des tropes, des figures, et expose les règles de Tichonius[2].
Enfin il indique un certain nombre de distinctions auxquelles il est souvent nécessaire d'avoir recours : distinction
des temps et des lieux, sans laquelle on est exposé à condamner
comme une faute un acte justifié par les circonstances[3]; distinction entre les prescriptions temporaires et les préceptes
fondamentaux, entre les lois qui n'obligent que quelques-
uns et les lois qui atteignent tous les hommes[4]; distinction
entre les diverses significations d'un mot : il faut, dans
chaque cas, examiner quelle est celle qui est imposée
par le contexte ou le sens général[5].

Toutes ces règles données par saint Augustin, et destinées à
faciliter l'intelligence des Écritures, règles d'interprétation
catholique et règles d'interprétation critique, nous les ren-
contrerons exposées et appliquées par les auteurs ecclésiastiques du XIIe siècle. Par contre, les souvenirs du quatrième
livre du *De Doctrina christiana* qui traite de la rhétorique sacrée, sont assez rares chez eux. Un seul fait exception, et
il est d'ailleurs plus dans les habitudes littéraires du temps
que dans des citations expresses. Le grand docteur, se pla-
çant toujours au point de vue religieux, avait déclaré qu'on
ne saurait blâmer ceux qui, pour annoncer la parole de Dieu au
peuple, se servent d'écrits composés par de plus habiles[6],

---

1. Voir plus haut, p. 80.
2. *De Doctrina christiana*, l. III, c. XXIX-XXXVII, *P. L.*, XXXIV, col.
80-90. Ces règles sont souvent citées après lui : par ISIDORE DE SÉVILLE,
Sententiarum, l. I, c. XIX, *P. L.*, LXXXIII, col. 581. — HUGUES DE SAINT-
VICTOR, *Didascalion*, l. V, c. IV, col. 791. — Jean de Salisbury les
donne comme les sept clefs nécessaires à l'intelligence des Écritures,
Polycraticus, l. VII, c. XIV, col. 671.
3. *De Doctrina christiana*, l. III, c. XII, col. 73.
4. *Ibid.*, l. III, c. XVII-XVIII, col. 75.
5. *Ibid.*, l. III, c. XXV, col. 78.
6. *Ibid.*, l. IV, c. XXIX, col. 11.

De là à se croire autorisé à reproduire, dans ses propres écrits, sans en rien changer et sans avertir, des passages entiers empruntés aux écrits d'un autre, il n'y avait qu'un pas : le même motif d'édification qui avait inspiré saint Augustin, lorsqu'il approuvait ces emprunts, qui répugnent à nos sentiments de probité littéraire, comme aussi la difficulté de les constater sous le régime des manuscrits, ne tardèrent pas à faire franchir ce pas. L'usage des *deflorationes* était placé sous l'autorité d'un grand nom : on ne se fit pas faute d'y recourir.

De saint Augustin à Hugues de Saint-Victor, la doctrine se précise un peu, mais ne change pas sensiblement. Cassiodore s'inspire beaucoup du grand docteur; il ne donne aucune règle nouvelle d'interprétation; mais il enseigne une utilisation plus complète des travaux des Pères et des docteurs, en vue de l'explication des Écritures. Après la lecture des livres d'introduction, tels que le sien et ceux qu'il signale, il conseille de parcourir les divers commentaires qui ont été faits tant sur l'Ancien que sur le Nouveau Testament, en s'attachant à ceux qui ont le plus d'autorité. Il recommande ensuite, pour la solution de certains problèmes obscurs, de consulter les ouvrages des docteurs catholiques, où ils sont plus directement étudiés, comme aussi de noter les explications de certains textes, que l'on rencontre çà et là dans les livres et les lettres des Pères. Enfin, s'adressant à des moines, il leur dit de recourir aux lumières de ceux d'entre eux qui se recommandent par leur âge et leur instruction; car les personnes âgées peuvent, en quelques instants, communiquer les résultats du travail d'une longue vie [1]. La plupart de ces conseils devaient être mis en pratique par les hommes du moyen âge. C'est pour grouper les diverses explications des Pères sur les textes de l'Écriture que l'on composa les chaînes; c'est pour grouper les solutions qu'ils avaient données aux problèmes de doctrine ou de morale, que l'on compila les *Sententiae*; enfin la *col-*

---

1. Cassiodore, *ouv. cit.*, c. x, *De sex modis intelligentiae*, P. L., LXX, col. 1122.

latio monastique avait, en partie, pour but de permettre aux jeunes moines de s'éclairer auprès de confrères plus âgés.

Raban Maur, ainsi qu'il le déclare lui-même, ne fait, dans la première partie du troisième livre du *De clericorum institutione*, que résumer, en en donnant des extraits, les idées exposées par saint Augustin dans *De Doctrina christiana* [1]. Notons toutefois que, chez lui, la division des sens de l'Écriture en sens historique, allégorique, anagogique et tropologique est très nette [2], ce qui n'est pas, nous l'avons constaté, chez saint Augustin.

II

Comme nous l'avons dit, jusqu'à Hugues de Saint-Victor ces trois ouvrages étaient à la base des études scripturaires. On se contentait d'y joindre, pour le canon des Écritures, le VI⁰ livre des *Etymologies* d'Isidore, et le *Prologus galeatus* de saint Jérôme. Ces traités, néanmoins, présentaient, au point de vue pédagogique, une sérieuse lacune : si l'on y trouvait des règles utiles, ces règles n'étaient pas adaptées à l'enseignement. Cette adaptation est faite dans le *Didascalion* de Hugues de Saint-Victor : là est la cause de la supériorité de ce dernier ouvrage aux yeux des gens du moyen âge, et c'est ce qui constitue pour nous sa véritable originalité.

Sans doute, les idées qui y sont exprimées ne sont pas

1. Raban Maur conclut ainsi son résumé : « Caeterum, qui plenius scire desiderat, in libris sancti Augustini de Doctrina christiana, unde haec excerpsimus, quaerat et inveniet. » *De clericorum institutione*, l. III, c. xv, *P. L.*, CVII, col. 392.

2. Raban Maur écrit au début de ses *Allegoriae in universam sacram Scripturam* : « Quisquis ad sacrae Scripturae notitiam desiderat pervenire, prius diligenter consideret quando historice, quando allegorice, quando anagogice, quando tropologice suam narrationem contexerit. » *P. L.*, CXII, col. 849. Avant lui, saint Grégoire le Grand avait déjà distingué les trois sens : historique, typique et moral (*Homiliarum in Ezechielem*, l. I, Homilia VII, *P. L.*, LXXVI, col. 845), et Isidore de Séville avait aussi écrit : « Lex divina triplici sentienda est modo. Primo, ut historice; secundo, ut tropologice; tertio, ut mystice intelligatur. » *Sententiarum*, l. I, c. xviii, *P. L.*, LXXXIII, col. 579.

personnelles à l'auteur. L'abbé Mignon l'a dit très justement, c'est l'œuvre d'un compilateur plus que d'un docteur [1]. Sur les écrivains sacrés, les livres canoniques, les versions des Livres Saints, Hugues de Saint-Victor transcrit, mot pour mot, ce que dit Isidore de Séville sur le même sujet, au VIᵉ livre de ses *Etymologies,* quitte à ajouter de longs passages du *Prologus galeatus* de saint Jérôme, lorsque l'opinion de ce dernier lui paraît préférable. Il emprunte encore aux *Sentences* d'Isidore l'exposé des règles d'interprétation de Tichonius. Il insère dans son livre une partie du décret du pape Gélase sur les livres authentiques et apocryphes; il emprunte aussi beaucoup, pour la méthode à suivre dans la lecture des Écritures, au *De Doctrina christiana,* sans rien en dire, suivant son habitude [2]. Mais à qui eût songé à lui reprocher ces emprunts, il aurait sans doute déclaré que c'était un mérite de son livre que de répéter ainsi la doctrine des Pères; il aurait pu dire aussi, comme plus tard Pascal : « Qu'on ne dise pas que je n'ai rien dit de nouveau : la disposition des matières est nouvelle ». Elle l'est en effet, car Hugues de Saint-Victor, tout en reprenant les idées de ses devanciers, y joint des réflexions personnelles, et présente le tout en vue d'un but précis : l'enseignement de l'Écriture, tel qu'il se donnait de son temps.

Au livre IV, qui est le premier où il traite des Écritures, il parle du canon et des versions. A la manière dont il expose ce qu'il entend par *sacra Scriptura,* on reconnaît qu'il donne au mot une extension plus large que celle qu'il a maintenant. Pour lui, les Écritures ne comprennent pas seulement les livres reçus dans le canon, mais aussi « nombre d'autres ouvrages écrits par des hommes pieux et savants, à diverses époques, et qui, sans être adoptés par l'autorité de l'Église universelle, n'en contiennent pas moins d'utiles enseignements [3] ». C'est ainsi qu'il divise les livres du Nou-

1. Mignon, *Les origines de la scolastique et Hugues de Saint-Victor,* t. I, p. 211.

2. Sur tous ces emprunts, voir Mignon, *ouv. cit., ibid.*

3. « Sunt praeterea alia quam plurima opuscula a religiosis viris et sapientibus diversis temporibus conscripta, quae licet auctoritate uni-

veau Testament en trois ordres : le premier, formé par les Évangiles ; le second, par les Épîtres, les Actes et l'Apocalypse, et le troisième, par les décrétales, les canons des conciles et les ouvrages des Pères et des docteurs [1]. Ce sens donné au mot *sacra Scriptura* n'est d'ailleurs pas particulier, à cette époque, à Hugues de Saint-Victor [2]; il prouve qu'on ne distingue pas encore nettement, au XIIe siècle, les Écritures des ouvrages des Pères, et il explique aussi qu'on ait commenté alors dans les livres, et peut-être même aux cours, certains de ces ouvrages [3].

Au livre V, Hugues distingue, suivant l'habitude, générale à son époque, trois sens de l'Écriture : le sens littéral ou historique, le sens allégorique et le sens moral ou tropologique, l'*historia*, l'*allegoria* et la *tropologia* [4]. Ces trois sens ne sont pas seulement trois manières d'expliquer les Écritures; ils constituent trois disciplines distinctes [5], qui s'enseignent et s'étudient séparément, et avec des méthodes particulières, comme les diverses disciplines des arts libéraux. Les deux premières de ces disciplines, l'*historia* et l'*allegoria*, sont enseignées dans les écoles, à l'usage de ceux qui cherchent la science dans les Écritures,

versalis Ecclesiae probata non sint, tamen quia a fide catholica non discrepant, et nonnulla etiam utilia docent, inter divina computantur eloquia. » *Didascalion*, l. IV, c. I, col. 778.

1. « Primus ordo Novi Testamenti quatuor habet Evangeliorum volumina... Secundus similiter quatuor : Epistolas... Apocalypsim et Actus Apostolorum. In tertio ordine primum habent locum Decretalia, quos canones, id est regulas appellamus, deinde sanctorum Patrum, et doctorum scripta, Hieronymi, Gregorii, etc. » *Ibid.*, l. I, c. II, col. 779.

2. Cf. H. Denifle, *Abaelards Sentenzen und die Bearbeitungen seiner Theologia*, dans *Archiv für Literatur und Kirchengeschichte des Mittelalters*, t. I, p. 603, n. I.

3. Hugues de Saint-Victor lui-même a écrit un commentaire de la Hiérarchie céleste du pseudo Denys l'Aréopagite, *P. L.*, CLXXV, col. 233 et suiv.

4. *Didascalion*, l. V, c. II, col. 789.

5. Hugues de Saint-Victor le dit formellement, en indiquant dans quel ordre on doit exposer ces trois sens : « Ordinem legendi... quadrifarium esse commemoravi ; alium in disciplinis, alium in libris, alium in narratione atque alium in expositione... Primum ergo ordinem, qui quaeritur in disciplinis, inter historiam, allegoriam, tropologiam, divinorum lectorem considerare oportet, quae harum aliam ordine legendi praecedat » *Ibid.*, l. VI, c. I et II, col. 799.

tandis que la troisième, la *tropologia*, constitue la matière des sermons et est enseignée du haut de la chaire. Hugues de Saint-Victor, qui appartient à l'école mystique, préfère, naturellement, l'explication morale, mais sans blâmer ceux qui cherchent la science dans les Écritures. Qu'on y cherche la science des choses divines ou qu'on y cherche la vertu, ce sont deux buts louables à ses yeux; il reconnaît la nécessité de l'un et de l'autre [1], et expose les règles qui concernent chacune des trois disciplines.

La première, qui est à la base des autres, c'est l'*historia*. Ce mot a un double sens. Il signifie tout d'abord le récit des choses passées; mais, dit Hugues de Saint-Victor après Isidore de Séville, il n'y a aucun inconvénient à ce que l'on entende aussi par *historia*, le sens que présente à première vue un texte, c'est-à-dire le sens propre ou le sens littéral [2]. C'est l'*historia*, entendue dans son sens ordinaire, que Hugues de Saint-Victor regarde comme le fondement sur lequel doit reposer tout l'édifice de l'explication des Écritures. Il insiste pour qu'on l'étudie sérieusement. A son avis, on ne saurait acquérir une grande habileté dans l'explication allégorique, qu'à condition de bien connaître tout d'abord l'*historia*, et il traite d'ânes ceux de ses contemporains qui disaient vouloir laisser les fables aux pseudo-apôtres, et philosopher immédiatement, c'est-à-dire en venir immédiatement à l'explication allégorique, comme d'autres étudiaient immédiatement la dialectique [3].

---

1. « Sane quamvis expediat magis justum esse quam sapientem, scio tamen plures in studio sacri eloquii scientiam quaerere quam virtutem. Ego autem quoniam neutrum improbatum, sed utrumque necessarium et laudabile esse censeo. Quid cujusque intentioni competat paucis absolvam. » *Didascalion*, l. V, c. vi, col. 794.

2. « Si tamen hujus vocabuli significatione largius utimur, nullum est inconveniens ut scilicet « historiam » esse dicemus non tantum rerum gestarum narrationem, sed illam primam significationem cujuslibet narrationis, quae secundum proprietatem verborum exprimitur. » *Ibid.*, l. VI, c. iii, col. 801.

3. « Neque ego te perfecte subtilem posse fieri puto in allegoria, nisi prius fundatus fueris in historia... Scio quosdam esse qui statim philosophari volunt, fabulas pseudoapostolis relinquendas aiunt. Quorum scientia formae asini similis est. Noli hujusmodi imitari. » *Ibid.*, l. VI, c. iii, col. 799.

Pour acquérir la connaissance de l'histoire, il faut lire
ceux des livres de l'Ancien et du Nouveau Testament qui
la racontent, c'est-à-dire la Genèse, l'Exode, Josué, les
livres des Juges et des Rois, et les Paralipomènes dans
l'Ancien Testament, les quatre Évangiles et les Actes dans
le Nouveau [1]. Naturellement, il importe de les lire dans
l'ordre indiqué, car, dans l'étude de l'histoire, il faut suivre
l'ordre des temps [2]. Comme l'ensemble de ces livres ne pouvait pas constituer un manuel méthodique, tel qu'il est utile
d'en avoir dans l'enseignement, les maîtres en composaient
de spéciaux à l'usage des étudiants. Les *Excerptiones
priores* de Hugues de Saint-Victor [3] sont précisément un de
ces manuels destinés à faciliter aux clercs l'étude de l'histoire de la religion chrétienne. Ils sont divisés en dix livres :
les deux premiers traitent, sommairement, de l'origine et de
la division des arts, et de leurs rapports avec l'Écriture ; le
troisième contient la description de la terre, c'est-à-dire
l'indication des pays, des montagnes, des fleuves, des îles
et des villes dont la connaissance est nécessaire à l'étude
de l'histoire chrétienne, parce qu'on les trouve cités dans
les Livres Saints ; les sept autres livres présentent le résumé
de toute l'histoire de l'humanité, d'Adam à Jésus-Christ, et
de Jésus-Christ au XIIe siècle. C'est déjà, en son genre, une
somme [4], et il n'est pas douteux, comme en fait foi le prologue du *De Sacramentis*, que ces *Excerptiones* n'aient été
composés en vue de faciliter l'étude de l'*historia* [5]. C'est

1. Ces livres sont indiqués par Hugues de Saint-Victor comme devant être lus pour l'étude de l'*historia*. *Didascalion*, l. VI, c. III,
col. 801.

2. « Historia ordinem temporis sequitur, ad allegoriam magis
pertinet ordo cognitionis. » *Ibid.*, l. VI, c. VI, col. 805.

3. On les trouve, parmi les *opera dubia* de Hugues de Saint-Victor, dans la Patrologie latine, t. CLXXVII, mais les *Excerptiones
priores* et les *Excerptiones posteriores* sont bien l'œuvre de Hugues et
ne forment entre eux qu'un seul ouvrage. Ce point a été mis en lumière
par B. Hauréau, *Les œuvres de Hugues de Saint-Victor*, p. 33 à 54 et
p. 184 à 191.

4. On lit, dans le sous-titre des *Excerptiones priores*, ces mots :
« Pars prima continens originem et discretionem artium, situm terrarum
et *summam historiarum*. » *Excerptiones priores*, t. CXXVII, col. 194.

5. « Cum igitur de prima eruditione sacri eloquii quae in Historica
constat lectione, compendiosum volumen, prius dictassem, hoc nunc

dans le même but que plus tard, vers 1173, Pierre le Mangeur composa son *Historia scolastica*, qui devint au moyen âge le livre classique d'histoire chrétienne. Il déclare expressément, dans le prologue, l'avoir écrite, à la demande de ses amis, en vue de remédier aux inconvénients que présentait, sous le rapport pédagogique, la lecture des livres historiques de la Bible[1].

Hugues de Saint-Victor, comparant l'enseignement des Écritures à la construction d'un édifice, dit que l'*historia* en est le fondement, l'*allegoria* en représente les murs, l'ensemble de la construction, la *tropologia* le couronnement et l'ornementation. Par *allegoria*, il entend donc la partie de l'édifice que l'on élève après avoir posé les fondements de l'*historia*, le gros-œuvre. Mais il n'arrive pas à en donner une définition précise et claire. « Par *allegoria*, écrit-il, il faut entendre les événements passés, présents ou futurs signifiés par les choses mêmes qui sont racontées dans les Écritures[2]. » C'est le sens spirituel où, non plus seulement les mots, mais les choses et les faits sont des signes. Cette définition n'explique pas clairement quel est l'objet direct de l'allégorie, considérée comme distincte de la tropologie. Mais on reconnaît vite, à lire Hugues de Saint-Victor et les auteurs qui parlent du sens allégorique, qu'ils entendent par là le contenu doctrinal des Écritures[3].

---

ad secundam eruditionem, quae in Allegoria est, introducendis praeparavi. » HUGUES DE SAINT-VICTOR, *De Sacramentis*, I, Prologus, *P. L.*, CLXXVI, col. 183. Ce « compendiosum volumen » sur l'histoire chrétienne, ce sont les *Excerptiones priores*.

1. « Causa suscepti laboris fuit instans petitio sociorum. Qui cum historiam Sacrae Scripturae in serie, et glosis diffusam lectitarent, *brevem nimis et inexpositam*, opus aggredi me compulerunt ad quod pro veritate historiae consequenda recurrerent. » PIERRE LE MANGEUR, *Historia scolastica*, Prologus epistolarius, *P. L.*, CXCVIII, col. 1053.

2. « Allegoria est cum id quod ex littera significatum proponitur, aliud sive in praesenti, sive in futuro factum significatur. » HUGUES DE SAINT-VICTOR, *De Scripturis et scriptoribus ecclesiasticis*, c. III, *P. L.*, CLXXV, col. 12. Il ne donne pas de définition de l'*allegoria* dans le *Didascalion*, mais l'appelle « spiritualis intelligentia », « spirituale aedificium ». *Didascalion*, l. VI, c. IV, col. 802 et 803.

3. Raban Maur, pour distinguer l'*allegoria* de la *tropologia*, dit : « Tropologia quoque et ipsa, sicut allegoria, in figuratis, sive dictis, sive factis constat; sed in hoc ab allegoria distat quod allegoria quidem

Hugues de Saint-Victor insiste beaucoup sur la difficulté que présente l'interprétation allégorique : elle n'est pas à la portée des esprits lents et faibles; elle exige de la subtilité et de la prudence, une connaissance précise et claire des vérités chrétiennes, car elle doit toujours être conforme à la doctrine, à la vérité de la foi[1]. Les livres qu'il conseille de lire pour cette interprétation sont : les premiers chapitres de la Genèse sur l'œuvre des six jours, les trois derniers livres du Pentateuque, le commencement et la fin d'Ezéchiel, Job, les Psaumes, le Cantique des Cantiques, dans l'Ancien Testament; et dans le Nouveau, surtout les Évangiles de saint Matthieu et de saint Jean et les épîtres de saint Paul[2]. Mais, fait-il remarquer, ici l'ordre de la lecture ne saurait être le même que pour l'*historia*. Pour l'*historia*, on commence par les livres de l'Ancien Testament parce qu'on y suit l'ordre des temps. Mais l'interprétation allégorique ayant pour objet la doctrine, l'ordre qui lui convient, c'est l'ordre de connaissance : *ordo cognitionis*. Or, dans l'ordre de la connaissance, on passe du clair à l'obscur, on commence par ce qui est plus connu. C'est pourquoi le Nouveau Testament, où les vérités de la foi sont plus clairement exposées, doit précéder, dans l'interprétation allégorique, l'Ancien Testament où elles ne sont annoncées que d'une manière obscure, dans l'ombre des figures[3].

L'explication morale ou *tropologia* était, nous l'avons dit,

fidem, tropologia vero aedificat moralitatem. » *Allegoriae in universam sacram Scripturam, P. L.*, CXII, col. 849.

1. Hugues de Saint-Victor, sans être si précis, donne les divers mystères de la foi comme les bases sur lesquelles repose l'édifice de l'*allegoria*. *Didascalion*, l. VI, c. iv, col. 803. Il dit, dans le *De Sacramentis*, que l'*allegoria* « rectam fidem informat ». *De Sacramentis*, Prologus, c. vi, *ibid.*, col. 185.

2. *Didascalion*, l. VI, c. iv, col. 805.

3. « Non idem ordo librorum in historica et allegorica lectione servandus est. Historia ordinem temporis sequitur, ad allegoriam magis pertinet ordo cognitionis; quia, sicut supra dictum est, doctrina semper non ab obscuris, sed apertis et ab iis quae magis nota sunt exordium sumere debet. Unde consequens est ut Novum Testamentum, in quo manifesta praedicatur veritas, in hac lectione Veteri praeponatur, ubi eadem veritas figuris adumbrata occulte praenuntiatur. » *Ibid.*, l. VI, c. vi, col. 805.

plutôt l'objet des sermons et des homélies que de l'enseignement proprement dit de l'Écriture, du moins dans les écoles épiscopales[1]. Dans les monastères, il semble qu'on recherchait ce genre d'explication de préférence à l'enseignement doctrinal. Les commentaires des moines, comme Guibert de Nogent ou Rupert de Tuy, sont presque exclusivement des commentaires moraux[2]; et nous savons, par Guibert de Nogent, qui déclare tenir de saint Anselme sa méthode d'exégèse[3], que ce dernier préférait, lui aussi, ces sortes de commentaires. Le grand maître dans la matière était saint Grégoire le Grand. C'est de lui qu'on s'inspirait le plus. Hugues de Saint-Victor le déclare expressément[4]; Guibert de Nogent dit également qu'il se nourrit de ses écrits, parce qu'on y trouve, plus que dans tous les autres, la clef de cette science[5]. De fait, on a composé, au moyen âge, plus d'une compilation des écrits de saint Grégoire. Il y avait eu, avant le XIIe siècle, celles de Paterius, de Taïon et de Brunon, évêque de Toul, plus tard pape sous le nom de Léon IX. A l'époque qui nous occupe, Alulfe, moine de Saint-Martin de Tournay, mort en 1144, en composa une autre[6]; et au dire des auteurs de l'*Histoire littéraire*, on compte encore depuis Alulfe, seize compilateurs des sentences de ce grand pape[7].

1. Hugues de Saint-Victor, pour faire la part de la *tropologia* dans ses *Excerptiones*, se proposait d'ajouter aux livres traitant de l'*historia* et de l'*allegoria*, un livre contenant divers sermons : « Decimus (liber) sermones diversos de materia sua editos », écrit-il dans le prologue général des *Excerptiones. P. L.*, CLXXVII, col. 191.—Au reste, dans les sermons ou les homélies, on suivait souvent l'ordre du texte de tel ou tel des Livres Saints. C'est le cas pour les *Sermones in Cantica Canticorum* de saint Bernard, et pour les *Homiliae in Ecclesiastem* de Hugues de Saint-Victor. C'est pour fournir matière à des homélies que Guibert de Nogent écrivit ses *Moralia in Genesim*. Cf. GUIBERT DE NOGENT, *De vita sua, P. L.*, CLVI, col. 875.

2. Guibert de Nogent le déclare lui-même, *De vita sua, P. L., ibid.*, col. 876, et d'ailleurs les titres mêmes de ses commentaires le font assez entendre : *Moralia in Genesim, Tropologiae in Osee et Amos*.

3. GUIBERT DE NOGENT, *De vita sua, P. L., ibid.* col. 876.

4. *Didascalion*, l. V, c. VII, col. 794.

5. GUIBERT DE NOGENT, *De vita sua, P. L., ibid.*, col. 874.

6. On en trouve une partie dans *P. L.*, LXXIX, col. 1137 suiv.

7. *Histoire littéraire*, t. XII, p. 244.

III

Quelle que fût la lecture de la Bible, quel que fût le genre d'interprétation que faisait le maître, il procédait de la même manière que pour la lecture d'un auteur du *trivium* ou du *quadrivium*. Il donnait d'abord la *littera*, puis le *sensus*, puis la *sententia*[1]. La *littera* et le *sensus*, c'étaient la construction grammaticale et le sens premier ou le sens littéral. Ils correspondaient à l'*historia*, entendue dans son sens large, tandis que la *sententia* exprimait le sens profond, le contenu doctrinal, et correspondait à l'*allegoria*. De même qu'il avait fait remarquer qu'il ne fallait pas toujours chercher, pour chaque texte, la triple explication historique, allégorique et tropologique[2], de même Hugues de Saint-Victor note qu'on ne peut songer à trouver partout les trois éléments : *historia, sensus, sententia*[3]. Tantôt, dit-il, le texte ne comporte que l'*historia* et le *sensus* : c'est lorsque la pensée exprimée est si claire qu'elle ne laisse rien à sous-entendre. Tantôt le texte ne comporte que la *littera* et la *sententia* : c'est le cas lorsque, une fois faite la construction grammaticale, le lecteur n'arrive à comprendre et à trouver un sens, qu'en recourant à l'explication allégorique; néanmoins, il faut bien veiller à ne pas croire trop vite à l'absence du sens premier, car, par suite d'un idiotisme, d'une allusion qui nous échappe, nous pouvons ne pas le saisir, alors qu'il existe en réalité, et qu'il était dans la pensée de l'auteur[4]. Tantôt enfin, le texte comporte à la fois l'*historia*, le *sensus* et la *sententia*, lors-

1. « Expositio tria continet : litteram, sensum, sententiam. » *Didascalion*, l. VI, c. viii, col. 806.

2. *Didascalion*, l. V, c. ii, col. 789.

3. « In omni narratione littera est, sed sensus et sententia non in omni narratione simul inveniuntur. Quaedam habet litteram et sensum tantum. Quaedam habet litteram et sententiam tantum. Quaedam omnia haec tria simul continet. Omnis autem narratio ad minimum duo habere debet ». *Didascalion*, l. VI, c. viii, col. 806.

4. *Didascalion*, l. VI, c. x, col. 807-808.

que le sens premier, tout en étant assez clair, laisse encore quelque sous-entendu qu'on ne saisit pas immédiatement.

Mais, dans les trois cas, dit Hugues de Saint-Victor, il y a toujours la *littera*. Elle est parfois difficile à saisir; certaines constructions grammaticales, propres aux Écritures, peuvent la rendre obscure, mais elle existe toujours[1]. Hugues de Saint-Victor insiste sur ce point, dans le *De Scripturis et scriptoribus sacris*, afin de combattre un défaut curieux de l'enseignement de son temps. « Puisque l'intelligence du sens mystique a pour base ce que la lettre nous présente tout d'abord, écrit-il, je m'étonne de l'audace de certains maîtres qui se vantent d'enseigner le sens allégorique, alors qu'ils ignorent la signification première de la lettre. — Nous, disent-ils, nous lisons l'Écriture, mais nous ne lisons pas la lettre; nous ne nous en préoccupons pas; c'est l'allégorie que nous enseignons. — Comment pouvez-vous lire l'Écriture sans lire la lettre? leur répond Hugues de Saint-Victor. Si, en effet, on enlève la lettre, que reste-t-il de l'Écriture? — Nous, répliquent-ils, nous lisons la lettre, mais nous ne lisons pas selon la lettre; car nous lisons l'allégorie; et la lettre, nous ne l'exposons pas *secundum litteram*, mais *secundum allegoriam*. — Mais qu'est-ce donc qu'exposer la lettre, réplique encore Hugues de Saint-Victor, si ce n'est montrer quel est le sens de la lettre? — La lettre, répondent les partisans de l'allégorie, a deux sens, l'un *secundum litteram*, l'autre *secundum allegoriam*. Par exemple, le mot *leo* signifie un animal *secundum historiam*, et signifie le Christ *secundum allegoriam*. Donc le mot *leo* signifie le Christ. » A quoi Hugues de Saint-Victor réplique que ce n'est pas le mot *leo* qui désigne le Christ, mais l'animal signifié par ce mot, et la discussion continue encore assez longtemps[2]. On voit qu'elle roule sur une équivoque; elle est néanmoins significative, car elle est l'indice d'une tendance dangereuse, consistant à tenir de moins en moins compte du sens propre du texte de

---

1. *Didascalion*, l. VI, c. VIII et IX, col. 806-807.
2. *De Scripturis et scriptoribus sacris*, P. L. CLXXV, col. 14-15.

l'Écriture, pour laisser plus libre champ aux libertés d'une explication allégorique, où on ne distinguait pas le sens accommodatice du sens allégorique, autorisé par la tradition ou par le magistère.

Il ne serait pas exact cependant de penser, avec F. Picavet[1], que l'usage de l'explication allégorique laissait toute liberté aux écrivains et aux commentateurs. Cet usage était, en effet, soumis à certaines règles et à certaines méthodes qui limitaient les fantaisies du commentateur. Tout d'abord, il y avait les règles d'interprétation catholique données par saint Augustin, et qui gardaient toujours leur valeur. Hugues de Saint-Victor les répète après lui dans son *Didascalion*, en les empruntant, mot pour mot, non pas au *De Doctrina christiana*, mais au *De Genesi ad litteram*[2] du même docteur. Ces règles, il les donne, il est vrai, à propos de la *sententia*, mais nous avons vu que la *sententia* correspondait à l'*allegoria*. Ainsi la *sententia* ne saurait, en aucune manière, être fausse ou absurde. Il peut arriver que le sens premier, le *sensus* soit incroyable, absurde, impossible, faux; la *sententia* n'admet aucune contradiction, et doit toujours être conforme à la foi catholique. Dès lors, entre plusieurs *sententiae* qui se rapportent à un même texte, il faut choisir celle qui est conforme à la foi. Si, pour un même texte, plusieurs *sententiae* satisfont à cette exigence, il convient de choisir celle qui est conforme à la pensée de l'écrivain, ou qui du moins n'y contredit pas. Si enfin, après cela, il reste encore plusieurs explications orthodoxes, on peut choisir celle que l'on veut, en s'attachant, toutefois, de préférence aux explications données par les Pères.

Cette dernière règle contribuait beaucoup à limiter les libertés de l'allégorie. Conforme toujours à la règle de foi, conforme aussi, autant que possible, à la pensée de l'auteur, elle devait être encore conforme à la tradition. C'est pour ce motif, en même temps que pour se faciliter l'explication

<hr>

1. F. Picavet, *Esquisse...*, p. 52.
2. Comparer *Didascalion*, l. VI, c. xi, col. 808 et *De Genesi ad litteram*, l. I, c. xxi, *P. L.*, XXXIV, col. 262.

qu'ils devaient donner du texte de la Bible, que les maîtres se servaient, au cours, de gloses ou de commentaires qui n'étaient pas leur œuvre propre. On pratiquait déjà cette méthode du temps de Raban Maur. Ce bon moine, en effet, dans la seconde préface de ses *Enarrationes in Epistolas sancti Pauli*, fait des recommandations à ceux qui liront devant d'autres ses commentaires; il les prie d'indiquer, comme il l'a fait lui-même, pour chaque fragment de commentaire, quel en est l'auteur, afin que les auditeurs, en présence de commentaires discordants, restituent à chacun ce qui lui appartient[1]. Au XIIe siècle, c'était devenu une habitude de se servir ainsi, au cours, d'une glose ou des commentaires des Pères. Nous en avons un témoignage dans le curieux récit fait par Abélard de ses premières leçons sur l'Écriture. « Mes condisciples m'ayant demandé, raconte-t-il, ce que je pensais de l'enseignement des Écritures, je leur répondis : « Je suis très étonné que les écrits ou les gloses des Pères « ne suffisent pas pour comprendre leurs expositions, et qu'il « faille encore recourir à un autre enseignement (celui d'un « maître) ». La plupart de ceux qui étaient là, ricanèrent et me demandèrent si j'étais capable de pareille chose, et si j'en aurais la hardiesse. Je répondis que, s'ils le voulaient, j'étais prêt à le faire. Alors tous de s'écrier, en ricanant plus fort : « Certes, nous le voulons bien aussi. Qu'on vous « cherche et qu'on vous donne un expositeur d'un passage « peu connu de l'Écriture, et que votre promesse soit mise à « l'épreuve ». Ils s'accordèrent tous sur une obscure prophétie d'Ezéchiel. L'expositeur ayant donc été pris, je les invitai aussitôt, pour le lendemain, à la leçon. » Et Abélard, continuant son récit, raconte avec vanité le succès qu'il obtint[2].

1. « Illum autem qui lectione nostra uti elegit, admoneo ut ubicumque conspexerit nomina, quorum dicta ex suis libris excerpsi, forinsecus in pagina singulis litteris, aut binis, seu etiam ternis praenotata, non pigeat *in legendo coram aliis* illa praenuntiare, ne forte auditorem confundat cum nescierit quis hoc vel illud ediderit, et alterius scripta arbitretur quam se veritas habet. » RABAN MAUR, *Enarrationum in Epistolas sancti Pauli*, Altera praefatio, *P. L.*, t. CXI, col. 1275.

2. *Hist. cal.*, *P. L.*, col. 124 (I, p. 7). Voici le texte des parties

Ce passage de l'*Historia calamitatum* prouve qu'au cours, le maître qui enseignait l'Écriture avait à son aide un *expositor*. Que faut-il entendre par là? De Rémusat, en citant le passage, prétend que l'*expositor* était un clerc qui lisait le texte à commenter, et exposait l'état de la question[1]. Nous ne le pensons pas. Nous n'avons trouvé nulle part, en effet, ce mot employé dans le sens indiqué par de Rémusat. Par contre, Cassiodore emploie le terme d'*expositores* pour désigner les commentateurs des Écritures[2], et, dans le français de l'époque, le mot semble bien désigner également l'auteur et non le lecteur d'un commentaire[3]. Enfin l'expression employée par Abélard : *expositor alicujus inusitatae scripturae*, expositeur d'un passage peu usité des Écritures, peut s'entendre d'un livre, mais n'a pas de sens si l'on veut voir dans *expositor* un homme.

Il ressort donc de ce récit qu'au cours du XIIe siècle, on se servait de gloses dans l'explication orale des Écritures. On ne saurait d'ailleurs déterminer exactement quelles étaient ces gloses. Les deux gloses qui, dans la suite, devaient être le plus utilisées, la glose de Walafrid Strabon et la glose d'Anselme de Laon, étaient déjà composées. La première, faite surtout de citations des Pères, et imitée des chaînes de

---

récit qui prêtent à discussion : « me vehementer mirari, quod his qui litterati sunt, ad expositiones sanctorum intelligendas, ipsa eorum scripta vel glosae non sufficiant, ut alio scilicet non egeant magisterio. Quaeratur itaque et tradatur vobis expositor alicujus inusitatae scripturae, et probemus quod vos promittitis... Assumpto itaque expositore, statim in crastino eos ad lectionem invitavi ».

1. De Rémusat, *Abélard*, t. I, p. 37.

2. « Si ab introductoribus fortasse aliqua praetermissa sunt, tunc librorum expositores sedulo requiramus. » Cassiodore, *ouv. cit.*, c. x, *P. L.*, LXX, col. 1122.

3. Cf. les exemples cités dans le *Dictionnaire de l'ancienne langue française*, par F. Godefroy, à l'article *expositeur*. Tous les exemples cités ont le sens de *commentateur* : « Selon plusieurs *expositeurs*. — Le texte est obscur et les *expositeurs* ne sont pas d'accord (Oresme, *Politiq.*) etc. ». A l'article *exposeor* la traduction du passage par Jean de Meung, est citée : « Or vous soit quit et baillé *exposierres* d'aucune escripture ». La traduction ne permet pas de reconnaître quel est le vrai sens du mot; mais un exemple cité après ne permet pas d'hésiter : « Ce fu li secons *exposierres* de la loi Moysi ». Il s'agit bien ici d'un commentaire, ou d'un auteur de commentaire.

Raban Maur, était marginale[1]. La seconde, à la fois marginale et interlinéaire, était plus pratique, plus à la portée des étudiants par ses notes interlinéaires, claires et courtes, d'ordinaire littérales, expliquant les mots, marquant la suite des idées, tout en contenant également des citations des Pères[2]. Lanfranc en avait aussi composé une sur les Épîtres de saint Paul. Elle était *interjecta*, c'est-à-dire que le texte de la glose était intercalé dans le texte même des Épîtres[3]. Le procédé n'était pas très heureux, car il ne permettait pas la lecture courante du texte de l'Écriture. Aussi ne voyons-nous pas qu'il ait été imité. Les gloses marginales et interlinéaires étaient, au contraire, très usitées, tant pour l'enseignement des arts libéraux et du droit, que pour celui de la théologie. On mettait de préférence entre les lignes les gloses proprement dites, c'est-à-dire l'explication d'un mot isolé, d'un mot par un de ses synonymes, et l'on réservait pour la marge les remarques où le sens du texte était plus approfondi[4].

Toutefois ces gloses, soit celles de Strabon et d'Anselme de Laon, soit celle de Lanfranc, ne paraissent pas avoir été très employées avant le milieu du xiie siècle. C'est Pierre Lombard qui fit le succès de la glose de Strabon, au point qu'on l'appela, après lui, *glossa ordinaria*. Mais Abélard ne paraît pas l'avoir utilisée[5]. Dans son commentaire sur l'Épître aux Romains, on constate qu'il a sous la main, lorsqu'il l'écrit, la traduction latine du commentaire d'Origène, le commentaire de saint Ambroise et celui d'Haymon d'Al-

---

1. On la trouve dans la Patrologie latine, aux tomes CXIV et CXV.

2. Elle n'est pas dans la Patrologie latine, mais elle est jointe, dans plusieurs éditions, à la glose de Strabon et aux notes de Nicolas de Lyre. Celle de Douai (1614 in-folio) est la meilleure.

3. On la trouve avec le commentaire de Lanfranc *P. L.*, CXLIX.

4. Pour les gloses des traités de grammaire, de rhétorique et de dialectique voir plus haut, p. 54. Pour les gloses de droit canon, voir ce qu'en dit de Savigny, *ouv. cit.*, t. IV, p. 13.

5. Constatons qu'un disciple d'Abélard, Roland, en fait déjà un assez fréquent emploi. Le P. Gietl, qui a édité ses *Sentences*, a noté une vingtaine de textes qui semblent lui être empruntés. Gietl, *Die Sentenzen Rolands*, p. 38, 42, 58, 77, 91, 109, 115, 129, 148, 150, 164, 191, 203, 220, 275.

berstadt sur la même Épître[1]. De même Lanfranc utilise sans cesse, dans son commentaire des Épîtres de saint Paul, les commentaires attribués à saint Ambroise, que peut-être il avait rapportés d'Italie[2]. Il est probable que, pendant assez longtemps, chaque maître utilisa, pour ses leçons, les commentaires ou les gloses qu'il était parvenu à se procurer, et que ce n'est qu'assez tard, lorsque les manuscrits de la glose ordinaire de Strabon et de la glose extraordinaire d'Anselme de Laon se furent plus répandus, à cause de leur valeur pédagogique, que ces gloses devinrent d'un usage courant dans l'explication publique des Écritures.

Le principe de la supériorité de la théologie sur toutes les autres branches d'étude, sur les arts libéraux qui devaient lui prêter leur concours, apportait aussi, dans une certaine limite, par la manière dont on le mettait en pratique, une réglementation à l'abus de l'interprétation allégorique. En déclarant, en effet, que la théologie était la reine des sciences et que l'étude des arts libéraux devait préparer à celle de la théologie, les hommes du moyen âge n'entendaient pas seulement par là que, pour se livrer utilement à la lecture des Écritures, il fallait avoir un esprit formé et ouvert par la connaissance des arts libéraux, être *litteratus*. C'avait été un moment, on l'a vu, l'opinion du présomptueux Abélard qui, à l'école d'Anselme de Laon, soutenait que, pour comprendre les ouvrages des Pères, il suffisait d'être instruit *in philosophicis*[3]. Mais les circonstances, en particulier les attaques dirigées contre l'insuffisance de son instruction théologique, et sa première condamnation à Soissons, le

---

1. On peut le constater surtout vers la fin du commentaire où ces trois auteurs sont régulièrement cités pour l'étymologie des noms propres de personnes, assez nombreux à la fin de l'épître. Cf. *In Epistolam ad Romanos*, P. L. col. 971-978 (II, p. 348-354).

2. Cf. Lanfranc, *Commentaires sur les Épîtres de saint Paul*, P. L., CXLIX.

3. Voir le récit de l'*Historia calamitatum* cité plus haut, p. 112. — Mes condisciples demandèrent, dit-il, « quid mihi de divinorum lectione librorum videretur, qui nondum nisi in philosophicis studueram ». Les éditions portent *in physicis* au lieu de *in philosophicis*, mais cette dernière leçon est celle des manuscrits. Cf. II. Denifle, *Die Universitäten*, t. I, p. 765, n. 3.

firent bien changer d'avis. Hugues de Saint-Victor pensait tout autrement. Il jugeait sévèrement la présomption d'Abélard[1] ; et plusieurs fois il exposa dans ses écrits comment on devait utiliser chacun des arts du *trivium* et du *quadrivium* dans l'explication des Écritures[2].

Puisque les Écritures comportent une triple explication, historique, allégorique et tropologique, et que, pour l'explication historique, les signes sont les mots, tandis que, dans l'explication allégorique ou tropologique, les choses signifiées par les mots sont elles-mêmes des signes, les sciences du *trivium* : grammaire, dialectique et rhétorique, qui ont pour objet les mots « *voces* », serviront à établir l'interprétation historique, et les sciences du *quadrivium* : arithmétique, musique, géométrie et astronomie, ainsi que la physique, qui ont pour objet les choses « *res* », serviront à l'explication allégorique et à l'explication tropologique[3]. S'agit-il, par exemple, de l'allégorie, puisqu'elle est tirée des choses, il faut connaître ces choses. Dans une chose on distingue la nature et la forme. La nature, ce sont les qualités internes, celles que nous percevons par les sens autres que la vue : elles nous sont connues par la physique. La forme, c'est la disposition extérieure ; or la disposition extérieure consiste ou dans le nombre, objet de l'arithmétique, ou dans la proportion, objet de la musique, ou dans la dimension, objet de la géométrie, ou dans le mouvement, objet de l'astronomie[4].

---

1. Voir plus haut, p. 30 et n. 5.

2. Voir *Excerptiones priores*, l. II, c. iii-v, *P. L.*, CLXXVII, col. 205 ; — *De Sacramentis*, Prologus. c. v-vi, *P. L.*, col. 185 — et surtout *De Scripturis et scriptoribus sacris*, c. xiii-xvi, *P. L.*, CLXXV, col. 21-24.

3. « Constat quod omnes artes naturales divinae scientiae famulantur ; et inferior sapientia recte ordinata ad superiorem conducit. Sub eo igitur sensu qui est in significatione vocum ad res, continetur historia ; cui famulantur tres scientiae, sicut dictum est, id est grammatica, dialectica, rhetorica. Sub eo autem sensu, qui est in significatione rerum ad facienda mystica, continetur allegoria. Et sub eo sensu qui est in significatione rerum ad facta mystica, continetur tropologia ; et his duobus famulantur arithmetica, musica, geometria, astronomia et physica. » *De Sacramentis*, Prologus, c. vi, *P. L.*, col. 185.

4. « Cognitio rerum circa duo versatur, id est formam et naturam. Forma est in exteriori dispositione ; natura in interiori qualitate. Forma rerum aut in numero consideratur, ad quem pertinet arithmetica ; aut in proportione ad quem pertinet musica ; aut in dimensione ad quem

Ainsi les sciences du *quadrivium* et la physique font connaître au commentateur la forme et la nature des choses, leurs qualités externes et internes, et c'est sur ces données que le commentateur doit construire l'interprétation allégorique ou tropologique. Ailleurs encore, Hugues de Saint-Victor dit que par le mot *res* il faut entendre, outre les choses proprement dites, les personnes, les nombres, les lieux, les actions, et il montre d'une façon détaillée comment ces diverses catégories servent à établir le sens allégorique[1].

De fait, les auteurs du moyen âge utilisaient les divers arts libéraux dans leurs écrits théologiques ou leurs commentaires scripturaires. On a déjà vu que la dialectique était employée à la réfutation des hérétiques et des païens, et Abélard, comme nous aurons à le montrer, la fit servir à constituer la théologie en un ensemble systématique. D'après Jean de Salisbury, Gilbert de la Porrée possédait les diverses disciplines, et, connaissant leur connexité, il les faisait servir à la théologie. Il savait expliquer les propriétés des termes et les figures des Écritures par des exemples empruntés aux philosophes, aux orateurs et aux poètes[2]. On recourait également beaucoup à la physique. Ainsi Gerbert combat par la physique l'hérésie des stercoraires sur l'Eucharistie[3]. Au dire d'Abélard, lorsque les Pères cherchent dans la nature des animaux ou des autres êtres les mystères de l'allégorie, pour attribuer aux êtres telle ou telle qualité, ils s'appuient sur les renseignements fournis par les auteurs qui ont écrit sur la physique[4]. Lui-même

pertinet geometria; aut in motu ad quem pertinet astronomia. Ad interiorem vero rerum naturam physica spectat. » *Ibid.*, c. v, col. 185. Il est curieux de noter que ce texte est cité presque mot pour mot par Conrad de Hirschau (*Dialogus*, p. 65) qui le donne comme venant de « cujusdam probatissimi grammatici ».

1. HUGUES DE SAINT-VICTOR, *De scripturis et scriptoribus sacris*, c. xiv-xvi, *P. L.*, CLXXV, col. 21-24.

2. « Habebat enim connexas disciplinas, easque theologie servire faciebat... Proprietates figurasque sermonum et in theologia tam philosophorum et oratorum quam poetarum declarabat exemplis. » *Historia pontificalis*, M. G. H., XX, p. 526.

3. GERBERT, *De Corpore et Sanguine Domini*, IX, *P. L.*, CXXXIX, col. 187.

4. « Cum sancti doctores allegoriarum mysteria in ipsis animalium

recourt au même procédé : on peut le voir appliqué, par exemple, dans son sermon si curieux sur saint Jean-Baptiste, où il arrive, en partant des habitudes et des mœurs de l'onagre, dont il est parlé dans l'Écriture, à faire tout un traité des vertus monastiques[1]. Ailleurs, dans une lettre adressée à Héloïse, il commente le *Nigra sum sed formosa* du Cantique des Cantiques, et montre, par l'allégorie, comment l'épouse au teint d'ébène est la figure des religieuses qui vivent dans le cloître[2].

Autant que la physique, les nombres prêtaient à l'allégorie. Isidore de Séville avait fait un petit traité sur les vertus des nombres, et Abélard et Hugues de Saint-Victor, qui croyaient eux aussi à leur signification mystérieuse, ne manquent pas d'y avoir recours[3].

Enfin, pour les noms, et en particulier les noms propres de personnes et de lieux, on faisait sans cesse appel à l'étymologie, et on partait de là pour construire l'allégorie. Le *Liber de nominibus hebraïcis* et le *Liber de situ et nominibus locorum hebraïcorum* de saint Jérôme, comme aussi les Étymologies, les Différences et les Synonymes d'Isidore de Séville, étaient sans cesse mis à contribution. On pratiquait d'autant plus volontiers cette méthode, qu'on croyait communément alors que, si l'imposition des noms est d'origine humaine, elle n'est pas arbitraire, mais a sa norme dans la nature des choses[4], et que, par suite, on peut arriver,

vel quarumlibet naturis rerum investigent, juxta ipsorum philosophorum dicta, has assignant, dicentes quidem hanc hujus vel illius naturam esse rei, sicut Physicae scriptores tradiderunt. » ABÉLARD, *Introductio ad theologiam*, P. L., col. 1046 (II, p. 73).

1. ID., *Sermo de sancto Joanne Baptista*, P. L., col. 582 (I, p. 566 et suiv.).

2. ID., *Epistola V*, P. L., col. 200 et suiv. (I, p. 93 et suiv.).

3. Voir les considérations d'Abélard sur les nombres binaires et trinaires, *Problemata*, P. L., col. 700 (I, p. 262). Cf. encore *Theologia christiana*, P. L., col. 1147 et 1206 (I, p. 381-82, 440). Pour Hugues de Saint-Victor, cf. *De Scripturis et scriptoribus sacris*, c. xiv, P. L., CLXXV, col. 21-22.

4. « Vocabula homines instituerunt ad creaturas designandas, quas intelligere potuerunt, quum videlicet per illa vocabula suos intellectus manifestare vellent. » ABÉLARD, *Theologia christiana*, P. L., col. 1246 (II, p. 483). — « Neque enim vox aliqua naturaliter rei significatae

par l'étymologie des mots, à découvrir la nature des choses qu'ils signifient.

En dehors de ces règles sur l'interprétation des Écritures, les maîtres étaient libres dans leurs explications. Celles-ci, dès lors, variaient suivant leurs connaissances et leurs goûts personnels, ainsi que suivant le niveau intellectuel de leurs auditeurs. Le commentaire de Lanfranc sur les Épîtres de saint Paul est très simple. Parfois historique, le plus souvent littéral, il a les qualités de précision, de simplicité et de clarté qui sont les qualités du genre. Dans la glose, lorsque la pensée de saint Paul n'apparaît pas nettement, lorsqu'un raisonnement n'est pas clair, Lanfranc les explique brièvement, en abusant un peu cependant de l'appareil logique de l'école. On rencontre souvent dans sa glose des expressions comme celles-ci : *a simili, a minori, a causa, exaggeratio, affectus, responsio, assumptio, inductio, a contrario, conclusio a simili.* C'est, sans doute, ce qui a fait dire à Sigebert de Gembloux que Lanfranc a expliqué saint Paul en dialecticien [1], car, pour le reste, son commentaire ne présente rien de bien original; on n'y rencontre pas, entre autres, de digressions théologiques, quoique le sujet s'y prêtât. Aussi M. de Crozals, l'historien de Lanfranc, a-t-il bien jugé l'ouvrage en écrivant : « C'est

inest, sed secundum hominum impositionem, vocis enim impositionem summus artifex nobis commisit, rerum autem naturam propriae suae dispositioni reservavit, unde vocem secundum impositionis suae originem et significata posteriorem liquet esse. » *Dialectica, Ouv. inéd.,* p. 487. Mais l'imposition des noms doit être fondée sur la nature des choses : « Constat juxta Boethium ac Platonem, cognatos de quibus loquuntur rebus oportere esse sermones ». *Introductio ad theologiam, P. L.,* col. 1245 (II, 201). C'est pour cette raison que Hugues de Saint-Victor estimait ne pouvoir connaître la nature des choses qu'en sachant leurs noms : « perpendens libere rerum naturam illum non posse prosequi, qui eorumdem nomina adhuc ignoraret ». *Didascalion,* l. VI, c. III, col. 800 -- cf. Jean de Salisbury, *Metalogicus,* l. I, c. XIV, col. 84. « Ipsa quoque nominum impositio aliorumque dictionum, etsi arbitrio humano processerit, naturae quodammodo obnoxia est, quam pro modulo suo probabiliter imitatur. »

1. « Lanfrancus dialecticus et Cantuariensis episcopus Paulum apostolum exposuit et ubicumque opportunitas locorum occurrit, secundum leges dialecticae proponit, assumit, concludit. » Sigebert de Gembloux, *De scriptoribus ecclesiasticis,* c. CLV, *P. L.,* CLX, col. 582.

un manuel d'écoliers ou d'étudiants... Quand nous voyons à quelle naïveté d'explications l'auteur est parfois forcé de descendre, nous pouvons juger de l'état de ces esprits, encore incapables de supporter un enseignement plus sérieux [1]. »

Si nous parlons des commentaires de Lanfranc, quoiqu'ils appartiennent au x1e siècle, c'est afin de donner une idée des commentaires du début de la renaissance qui commença vers cette époque. Nous ne pouvons nous figurer ce qu'étaient les explications de saint Anselme, dont il ne reste aucun commentaire sur l'Écriture. Il est également difficile de se représenter la nature et la valeur de l'enseignement d'Anselme de Laon, car, des trois ou quatre commentaires qui lui sont attribués, il n'y a probablement d'authentique que le commentaire sur l'Apocalypse [2] : il consiste en une explication du texte, assez semblable à la *glossa interlinearis*. D'Anselme de Laon à Hugues de Saint-Victor on remarque un progrès sensible. Celui-ci nous a laissé deux sortes de commentaires, les uns très courts, simples *adnotiunculae*, pures explications littérales du texte, les autres, tels que les commentaires sur Joël, Abdias et Jérémie, plus longs, où l'auteur, appliquant les principes exposés dans le *Didascalion*, donne successivement, presque pour chaque paragraphe, une explication littérale, une explication allégorique et une explication morale.

Les Commentaires sur l'Épître aux Romains et sur l'*Hexameron*, d'Abélard, marquent un progrès plus grand encore. Abélard, comme ses prédécesseurs, suit de près le texte, compare parfois les versions entre elles, fait des remarques de construction ; mais, ce qui fait son originalité, c'est que, lorsque l'occasion s'en présente, il traite des questions théologiques. Ainsi, en expliquant le passage de l'Épître aux Romains où saint Paul parle de la connaissance que les païens ont pu avoir de Dieu, il reprend les idées exposées dans l'*Introductio* sur Dieu, sur la Trinité, sur le salut des

---

1. De Crozals, *Lanfranc*, p. 58.
2. Cf. B. Hauréau, Compte rendu du livre de G. Lefèvre, *De Anselmo Laudunensi scholastico, Journal des savants*, 1895, p. 449.

philosophes [1]. Il agite également le problème de la Rédemption ; il l'introduit même par le titre *Quaestio* [2] et annonce la solution par un autre titre : *Solutio* [3]. Au cours de son commentaire, il aborde de même les questions de la nécessité du baptême, du péché originel et de la circoncision, de l'amour de Dieu et du prochain, du mariage, etc. On rencontre ainsi une trentaine de questions théologiques soulevées ou traitées *ex professo* dans l'ensemble de l'ouvrage. Il y en a également plusieurs dans l'exposition de l'*Hexameron*.

Ces deux ouvrages sont, à notre connaissance, les premiers où l'on remarque ce procédé. Il pourrait donc bien avoir été introduit par Abélard, sans que du reste nous puissions l'affirmer avec certitude, n'en ayant pas d'autre preuve ; en tout cas, ce devient une coutume après lui. Ainsi Pierre Lombard traite de même un certain nombre de questions théologiques dans ses Commentaires sur les Épîtres de saint Paul [4], et on reconnaît, à la manière dont il introduit certaines d'entre elles, que le procédé est devenu d'un usage courant [5]. Guillaume de Saint-Thierry ne le fait pas dans son *Expositio in Epistolam ad Romanos*, mais il s'en excuse dans la préface [6]. Thierry de Chartres, dans un passage de son *De sex dierum operibus*, constate à son tour cette habitude [7].

1. ABÉLARD, *In epistolam ad Romanos*, P. L., col. 802-807 (II, p. 171-176).

2. ID., *In epistolam ad Romanos*, P. L., col. 833 (II, p. 204).

3. ID., *ibid.*, P. L., col. 836 (II, p. 207).

4. On peut le constater en parcourant ses commentaires. Cf. P. L., CXCI, col. 1309, 1311, 1312, 1324, 1340, 1348, 1363, 1383, etc.

5. On lit dans le Commentaire sur l'Épître aux Romains, P. L., CXCI, col. 1312 : « Quaeri etiam *solet...* » ; col. 1346 : « *Solet* hic quaeri... » ; dans le commentaire sur la Ire Épître aux Corinthiens, col. 1559 : « Hic quaeri *solet...* ».

6. Guillaume de Saint-Thierry déclare écrire son commentaire « suppressis, quae in ea (epistola) sunt, quaestionum molestiis ». *Expositio in Epistolam ad Romanos*, P. L., CLXXX, col. 547.

7. « Sed in hoc loco *juxta modum expositionis de divinitate*, pauca dicenda sunt, ut appareat quid sit dicere rei... » THIERRY DE CHARTRES, *De sex dierum operibus*, ap. B. HAURÉAU ; *Notices et extraits de quelques mss.*, t. I, p. 62.

De pareils exposés, faits au cours d'une lecture de l'Écriture, condensaient la doctrine théologique sur tel ou tel point. Mais la brièveté nécessaire des commentaires, et le manque de liaison entre ces exposés, ne permettaient pas de traiter à fond les questions : on y remédia en composant des sommes de théologie.

CHAPITRE VI

I. *Difficultés et inconvénients de la méthode suivie jusqu'au xii* siècle dans l'étude des Ecritures :* difficultés matérielles, inconvénients au point de vue doctrinal et au point de vue pédagogique. — II. *Les Extraits :* ils sont composés pour mettre les textes à la portée d'un plus grand nombre; trois sortes d'extraits : extraits non ordonnés, extraits groupés d'après l'ordre de la Bible, extraits groupés dans un ordre logique; *sententiae* et *summae.* — III. *Les traités enseignés au cours :* besoin qui se fait sentir d'un enseignement plus rationnel; les traités de saint Anselme sont écrits pour répondre à ce besoin, mais ne sont pas enseignés. Abélard lit au cours son *De Unitate et Trinitate divina* et sa *Theologia;* pour des motifs d'orthodoxie, Hugues de Saint-Victor écrit, peu après, le *De Sacramentis;* rapprochements entre le chapitre iv du vi^e livre du *Didascalion* et le prologue et le plan du *De Sacramentis;* origine de l'enseignement théologique tel qu'il se donnera au xiiie siècle à la Faculté de théologie de Paris.

I

L'enseignement des Écritures, tel que nous venons de l'exposer, consistant dans l'explication historique, allégorique et morale du texte sacré, que l'on appuyait sur l'autorité des Pères, présentait des difficultés et des inconvénients.

Tout d'abord, il fallait consulter un grand nombre de manuscrits, et c'était là une difficulté matérielle considérable. A mesure que l'on avançait, la tradition de l'Église était consignée dans des ouvrages de plus en plus nombreux. Il devenait donc de plus en plus difficile de les avoir à sa disposition, surtout sous le régime si dispendieux des manuscrits : un maître ne pouvait pas en posséder beaucoup, à plus forte raison un étudiant. En outre, même pour qui possédait un certain nombre d'ouvrages des Pères, il n'était pas facile de se reconnaître au milieu de ces écrits auxquels avaient donné naissance des circonstances fort diverses, et d'y trouver les éléments de la tradition, à propos d'un verset de l'Écriture ou d'une question de doctrine.

A ces difficultés matérielles venaient s'ajouter de graves inconvénients doctrinaux et pédagogiques. L'importance exagérée attachée à l'explication allégorique, la liberté avec laquelle on était exposé à la faire, pouvaient nuire à l'intégrité de la foi. Sans doute, l'explication allégorique devait être conforme à la règle de la foi ; mais, en dehors des différents symboles, résumés très succincts de la doctrine chrétienne, il n'existait pas, à la connaissance des clercs de la première moitié du xiie siècle, d'ouvrage présentant une exposition complète, ordonnée et raisonnée, de la religion chrétienne. Il ne faut pas oublier, en effet, que le grand traité dogmatique de saint Jean Damascène, *la Source de la science,* que l'on donne parfois comme ayant servi de modèle aux auteurs des *Sommes,* ne fut traduit en latin qu'en 1151 [1]. Par conséquent, il était inutilisable pour les maîtres de ce temps qui ignoraient le grec, et la *Theologia* d'Abélard, ainsi que le *De Sacramentis* de Hugues de Saint-Victor, les deux premiers résumés systématiques de la doctrine chrétienne, ont été composés en dehors de son influence.

Le défaut de systématisation constituait aussi un sérieux obstacle au bon enseignement de la doctrine. C'était, en effet, un procédé inférieur pédagogiquement que celui qui consistait à ne traiter tel ou tel point de doctrine que lorsque l'explication d'un texte de l'Écriture en offrait l'occasion. Ainsi ne ressortait pas le lien qui unit entre eux les divers dogmes de la religion catholique ; on ne pouvait profiter des avantages que présente un exposé systématique,

1. Voir plus haut, p. 71, n. 3.

logiquement conçu, où les vérités déjà exposées projettent
leur lumière sur celles qui suivent. Ainsi encore, par suite
des hasards du texte, un maître pouvait être amené à répéter souvent l'exposition de telle doctrine, et à passer sous
silence un certain nombre d'autres doctrines, tout aussi importantes.

Enfin, les intelligences du début du xiie siècle, élevées
dans les combats de la dialectique, et éprises d'explications
rationnelles, ne trouvaient pas satisfaction dans des leçons
où l'on faisait presque uniquement appel à l'autorité.

Pour remédier à ces difficultés et à ces inconvénients, on
recourut à divers moyens. A la difficulté d'avoir à sa disposition les nombreux ouvrages des Pères et des docteurs,
et au manque d'ordre et de systématisation, on remédia en
faisant des extraits, et en les groupant dans un certain ordre, dans des recueils tels que les *Chaînes*, les *Sentences* et
les *Collections canoniques*. Pour répondre aux exigences
des intelligences avides d'explications rationnelles, Abélard
créa sa méthode, et pour sauvegarder la foi, Hugues de
Saint-Victor composa son *De Sacramentis*.

II

Le premier besoin, le plus urgent, était celui de mettre
les richesses contenues dans les écrits des Pères et des docteurs à la portée d'un plus grand nombre, en en composant des résumés, des extraits. Dans la plupart des ouvrages
de ce genre, c'est le motif que les auteurs allèguent, dans
leurs préfaces, pour justifier leur compilation. Taïon, au début de ses *Sentences*, déclare les avoir composées pour être
utile à ceux qui ne peuvent pas lire beaucoup de livres [1].
Ives de Chartres au début de sa *Panormia*, un disciple de
Pierre Damien dans le prologue d'une compilation des sentences de ce dernier, Honoré d'Autun dans son *Sacramen-*

---

1. « Certe quisque studiosus, qui fortasse legere mavult, et habere
multorum voluminum copiam minime potest, hujus operulae nostrae
parvipendere non dignetur. » TAÏON, *Sententiarum*, praefatio, *P. L.*,
LXXX, col. 730.

tarium, l'auteur anonyme d'un recueil de Sentences du
xiie siècle, Pierre Lombard, l'auteur du *Liber de vera philosophia* répètent à leur tour la même déclaration [1]. C'est, en
effet, le plus grand avantage qu'aux yeux des lecteurs comme
aux yeux des compilateurs, présentaient de semblables recueils [2]. Cet avantage, toutefois, n'était pas le seul. Il pouvait s'en ajouter d'autres dépendant du degré d'intelligence
avec lequel étaient groupés les extraits.

Ceux qui nous ont été conservés peuvent se diviser en trois
groupes. Il en est où aucun ordre n'est observé. Tel est par
exemple le *Sancti Prosperi liber sententiarum ex Augustino
delibatarum* [3], compilation de près de quatre cents extraits
assez courts, empruntés presque tous à saint Augustin, et
réunis sans aucun ordre. En parcourant cette compilation,

1. Ives de Chartres, dans la célèbre préface de sa *Panormia*, dit l'a·
voir composée « ut qui scripta illa, ex quibus ista excerpta sunt, ad
manum habere non poterit, hinc saltem accipiat quod ad commodum
causae suae valere perspexerit ». *P. L.*, CLXI, col. 47. — Dans le *Liber
testimoniorum Veteris ac Novi Testamenti quae de speculis reverendi
Petri Damiani, quidam suus discipulus excerpere studiose curavit*,
l'auteur déclare avoir composé son livre pour épargner le temps de
ceux « quibus plura legere non conceditur ». *P. L.*, CXLV, col. 989.
— « Hunc libellum *de Sacramentis* collegi ex sanctorum scriptis, ut
quibus deest librorum copia per hoc compendium illorum sublevatur
inopia. » Honoré d'Autun, *De Sacramentis*, prologus, *P. L.*, CLXXII,
col. 737. — L'auteur anonyme d'un livre de Sentences dit les avoir
écrites « ad instructionem minorum quibus non vacat opusculorum
variorum prolixitatem perscrutari ». Ap. B. HAURÉAU, *Les œuvres
de Hugues de Saint-Victor*, p. 75. —Pierre Lombard expose ainsi dans
le prologue de ses Sentences le but de l'ouvrage : « brevi volumine
complicans Patrum sententias, appositis eorum testimoniis : ut non sit
necesse quaerenti librorum numerositatem evolvere, cui brevitas quod
quaeritur offertur sine labore ». *P. L.*, CXCII, col. 522. — L'auteur du
Liber de vera philosophia écrit : « quia copia librorum ex quibus prae·
dicte auctoritates sumptae sunt, non facile potest legi vel etiam haberi,
ne vim alicui auctoritati videaris fecisse, compendiosam collectionem
aliquarum auctoritatum concordando rogamus ».Ap. P. FOURNIER, *Un
adversaire inconnu de saint Bernard et de Pierre Lombard*, p. 9.

2. Dans le prologue de son *Liber floridus*, composé vers 1120, c'est-à-
dire à l'époque dont nous nous occupons, et qui, par la variété des
renseignements qu'il contient, est une petite encyclopédie, Lambert,
chanoine de Saint-Omer, indique cet avantage comme le motif qui l'a
poussé à faire sa compilation. Cf. LÉOPOLD DELISLE, *Notice sur les
manuscrits du « Liber floridus » de Lambert, chanoine de Saint-Omer.
Notices et extraits*, XXXVIII, p. 747.

3. *P. L.*, LI, col. 425-496.

on reconnaît bien vite comment elle a été composée : l'auteur prend un traité de saint Augustin, en extrait, dans l'ordre du texte, un certain nombre de pensées, de *sententiae*, les transcrit telles quelles, sans se préoccuper d'un ordre logique quelconque, puis passe à un autre traité. On rencontre dans les manuscrits du moyen âge un grand nombre d'extraits de ce genre. Ils sont d'ordinaire empruntés aux Pères et aux docteurs les plus lus au moyen âge, Origène (traduction de Rufin), Eusèbe, saint Ambroise, saint Jérôme, saint Augustin, saint Grégoire, Isidore de Séville, Bède le Vénérable ; mais certains écrivains ecclésiastiques plus récents ne sont pas non plus oubliés : à côté des noms précédents on trouve ceux de Haymon d'Alberstadt, de saint Bernard, de Hugues de Saint-Victor. Dans une lettre adressée à Pierre de Celles, Jean de Salisbury demande à son correspondant de lui envoyer, avec les lettres de saint Bernard, « *flores aliquorum verborum ejus, et vestrorum, et cantoris trecensis*[1] ». Hauréau a signalé, dans ses *Notices et Extraits de quelques manuscrits de la Bibliothèque Nationale*, un certain nombre de ces recueils d'extraits, auxquels on donnait le nom de *Flores* ou de *Sententiae*[2]. Le plus célèbre est le *Liber pancrisis*, qui date du xiie siècle, et qui contient, outre des *sententiae sive quaestiones* des différents Pères, d'autres extraits de maîtres contemporains : Guillaume de Champeaux, Ives de Chartres, Anselme de Laon et son frère Raoul[3]. C'est de là que sont tirées les *Sententiae* d'Anselme de Laon et de Guillaume de Champeaux, regardées par certains comme des ébauches des œuvres postérieures d'Abélard et de Hugues de Saint-Victor, mais qui, si elles ont bien, en

---

1. JEAN DE SALISBURY, *Epistola* 97, *P. L.*, col. 89.

2. Cf. B. HAURÉAU, *Notices et extraits*, t. II, p. 48, 180, 185, 188, 194, 208; t. III, p. 229; t. V, p. 148, 252, 262, 266; t. VI, p. 23, 65, 89, 131.

3. « Liber pancrisis, id est totus aureus, quia hic aureae continentur sententiae vel quaestiones patrum augustini, iheronimi, ambrosii, gregorii, ysodori, bede et modernorum magistrorum Willelmi Catalaunensis episcopi, ivonensis carnotensis episcopi, anselmi et fratris ejus radulfi. » Cf. H. DENIFLE, *art. cit.*, *Archiv.*, I, p. 587. Il croit que Pierre le Mangeur est le collecteur du *Liber pancrisis*.

réalité, Guillaume de Champeaux et Anselme de Laon pour
auteurs, n'ont pas été groupées par eux comme elles le
sont dans le *Liber pancrisis* [1].

Il y avait, en second lieu, des extraits groupés d'après
l'ordre des Écritures. Ils étaient empruntés tantôt à un seul
docteur et tantôt à plusieurs. La première compilation de
ce genre est celle de Patérius, secrétaire de saint Grégoire,
qui groupa ainsi les explications des textes de l'Écriture,
disséminées dans les ouvrages du saint [2]. Le livre de Patérius eut bien vite un grand succès. Bède le Vénérable re-
grettait de ne pas l'avoir entre les mains pour composer
ses commentaires, car il lui aurait été d'une grande utilité [3].
Raban Maur s'en servit [4]. Après Patérius, on fit encore beaucoup d'autres extraits semblables empruntés à saint Grégoire [5]. Au XIIe siècle, un disciple de Pierre Damien fit un
travail analogue sur les œuvres du saint [6]. Mais, d'ordinaire,
les compilateurs réunissaient ensemble les commentaires
de plusieurs Pères sur le même texte, en y ajoutant çà et
là des notes personnelles. Ainsi firent Bède le Vénérable,
Raban Maur, Walafrid Strabon : ce sont les commentaires
du moyen âge bien connus sous le nom de *chaires* [7]. Il

---

1. Les sentences ont été publiées par G. Lefèvre, *Les variations
de Guillaume de Champeaux et la question des Universaux. Etude suivie de documents originaux,* — et *Anselmi Laudunensis et Radulfi fratris
ejus sententias excerptas nunc primum in lucem* edidit G. Lefèvre. —
B. HAURÉAU, *Journal des Savants,* 1895, *art. cit.,* p.451, et L. SALTET,
Les réordinations, p. 286 et n. 1, 2, 3, ont prouvé que Guillaume de
Champeaux et Anselme de Laon n'étaient pas les auteurs de ces recueils.

2. Le livre est publié, *P. L.,* LXXIX, col. 685 et suiv.

3. « Audivi quod Paterius ejusdem beati Papae Gregorii discipulus,
de tota sancta scriptura, quaeque ille per partes in suis operibus expla-
navit, collecta ex ordine in unum volumen coegerit ; quod opus si ha-
berem ad manus, facilius multo ac perfectius studium meae voluntatis
implerem ; verum quia necdum illud merui videre, ipse per me hoc,
ut potui, imitari Domino adjuvante curavi. » *In Cantica Canticorum
allegorica expositio,* l. VII, *P. L.,* XCI, col. 1223.

4. Cf. J. B. HABLITZEL, *Hrabanus Maurus,* p. 7 n. 5.

5. Voir plus haut, p. 108.

6. C'est l'ouvrage cité plus haut, p. 126 et n. 1.

7. J. B. HABLITZEL, *ouv. cit.,* a indiqué, pour quelques commentaires
de Raban Maur, les sources avec lesquelles il les avait composés.

arrivait aussi que, dans un but pratique, on groupait dans un ordre différent les chaînes de commentaires, comme le fit, dans la seconde moitié du xiie siècle, Werner, abbé de Saint-Blaise, qui composa, à l'usage des prédicateurs, un recueil d'extraits des Pères et de quelques maîtres contemporains, en les groupant suivant l'ordre des évangiles de l'année[1].

Les extraits, groupés suivant l'ordre des Livres Saints, facilitaient les explications de l'Écriture données dans les écoles, et permettaient de trouver plus aisément le sens d'un passage obscur. Ils étaient moins commodes pour qui désirait être éclairé sur un point précis de doctrine. Afin de répondre à ce dernier besoin, on essaya de grouper les sentences des Pères dans un ordre plus rationnel. Parfois, ce furent les nécessités de la polémique qui y amenèrent. Ainsi Raban Maur, en vue de combattre les erreurs de Gottschalk sur la prédestination, conseillait la composition d'un recueil de sentences empruntées aux Écritures et aux Pères[2]. Loup de Ferrières, vers la même époque, pour se justifier de défendre la double prédestination, adressait à Charles le Chauve un recueil de sentences des Pères favorables à son opinion[3]. On composa, de la sorte, un certain nombre de sentences ne portant que sur un seul point en litige[4]. Mais on fit aussi d'autres compilations où les extraits des Pères étaient groupés dans un ordre plus ou moins logique, et portaient sur les diverses parties de l'enseignement dogmatique ou moral. Isidore de Séville est l'auteur

---

1. C'est le *Deflorationum sive Excerptionum libri ex melliflua diversorum Patrum doctrina super Evangelia de tempore per anni circulum.*, *P. L.*, CLVII, col. 121 et suiv. — J. Keller a démontré que Werner de Saint-Blaise en est l'auteur. *Ueber Honorius Augustodunensis in d. Elucidarium sive dialogus de summa totius christianae theologiae*, p. 8.

2. « E divinis Scripturis et de orthodoxorum Patrum sententiis aliquod opusculum conficere ad convincendum errorem. » RABAN MAUR, *Epistola ad Eberhardum*, *P. L.*, CXII, col. 1530.

3. C'est le « Collectaneum de tribus quaestionibus, » *P. L.*, CXIX, col. 647 et suiv.

4. On en trouve un certain nombre cités par l'abbé G. BRUNHES, *La foi chrétienne et la philosophie au temps de la renaissance carolingienne*, p. 22, n. 1.

du premier recueil de ce genre. Il l'intitula : *Sententiarum libri tres*. On le cite encore sous le titre : *De summo bono*[1]. Ce recueil marque un grand progrès sur celui de saint Prosper. Isidore, sur une même question, ne cite plus seulement l'opinion d'un seul Père, mais celle de plusieurs qu'il réunit sous un même titre. En outre, le recueil est divisé en trois livres, et est ordonné suivant un plan. Le premier livre est consacré plus particulièrement aux questions dogmatiques. Il y est traité de Dieu, des anges, de Jésus-Christ, de l'Écriture, du baptême, de l'Eucharistie, des miracles, de la Résurrection, du jugement, du ciel et de l'enfer. Le deuxième et le troisième livre ont pour objet la morale : le deuxième porte sur les vertus théologales, la grâce, la conversion (contrition et confession), le péché, les vices et les vertus ; le troisième, après quelques sentences sur la punition du péché et les remèdes au péché, contient des préceptes particuliers à diverses catégories de personnes : moines, clercs, chefs, sujets, princes, juges. Ainsi il y a un plan d'ensemble, quoique à l'intérieur de chaque livre on ne distingue pas un ordre précis. Les cinq livres de Sentences de Taïon, évêque de Saragosse, sont un recueil analogue. L'auteur déclare expressément avoir voulu grouper ses extraits dans un certain ordre[2]. Cet ordre est à peu près celui d'Isidore de Séville. Taïon emprunte ses sentences à saint Grégoire, à saint Augustin, à Patérius et à Isidore de Séville. A ce dernier il emprunte aussi des titres et des groupements. Pas plus d'ailleurs qu'Isidore de Séville, il n'enchaîne les titres sous lesquels sont réunies plusieurs sentences.

Les deux recueils d'Isidore de Séville et de Taïon servirent de modèles à ceux que l'on composa dans la suite, du VIIIe au XIIe siècle[3], et qui furent assez nombreux, tant dans

---

1. Ces sentences sont publiées, *P. L.*, LXXXIII, col. 537-738.

2. « A me ordinatim collecta fore noscuntur », dit Taïon en parlant de ses extraits. *Sententiarum libri quinque*, *P. L.*, LXXX, col. 726.

3. Cf. H. Denifle, *art. cit.*, *Archiv.* I, p. 586. — J. Simler, *Des Sommes de théologie*, p. 32. — J. Endres, *Ueber den Ursprung und die Entwicklung der scholastischen Lehrmethode*. Philos. Iahrbuch, t. II, p. 53.

le domaine de la théologie dogmatique ou morale, que dans celui du droit canonique[1].

Ces recueils d'extraits où l'on observait un ordre plus ou moins rationnel, étaient désignés sous le nom de *Sententiae*. Dans ses *Etymologies*, Isidore de Séville distingue la *sententia* de la *chria*. La *sententia*, dit-il, est une phrase impersonnelle, telle que celle-ci : « La politesse fait des amis, et la vérité engendre la haine ». Si on y mêle une personne, elle devient une *chria ;* telle cette phrase : « Achille offensa Agamemnon en lui disant la vérité ; Metrophane s'attira les bonnes grâces de Mithridate par ses politesses[2] ». Cela revient à dire que la *sententia* est une pensée générale. Mais les *sententiae* dont se composaient les recueils n'étaient pas des pensées générales quelconques. Elles avaient toutes un contenu doctrinal et se rapportaient au dogme, à la morale ou à la discipline ecclésiastique. C'est ainsi que, dans l'explication des Écritures, on appelait du nom de *sententia* la pensée profonde, le contenu doctrinal du texte[3]. Les *Sententiae* étaient donc des collections de sentences doctrinales, empruntées aux conciles, aux décrétales, aux Pères, aux docteurs de l'Église. Ces sentences, primitivement, étaient assez courtes, dans saint Prosper, Isidore ou Taïon. On conserva le même nom lorsque l'on réunit de plus longs extraits, de véritables petites thèses, de petits traités ; telles les *Sententiae* d'Anselme de Laon et de Guillaume de Champeaux. Plus tard encore, lorsque, à la suite d'Abélard, les *collectores* ajoutèrent aux sentences empruntées à la tradition, des dissertations personnelles qui, dans leurs ou-

---

1. On sait que ces deux branches de la théologie n'étaient pas encore séparées au début du XIIᵉ siècle ; cependant certains recueils étaient plutôt proprement théologiques, d'autres plutôt canoniques, d'autres enfin étaient l'un et l'autre. Voir sur ce sujet la remarquable étude de P. Fournier, *Les collections canoniques attribuées à Yves de Chartres, Extrait de la Bibliothèque de l'Ecole des Chartes*, p. 124 et suiv.

2. « *Sententia* est dictum impersonale, ut : Obsequium amicos, veritas odium parit. Huic, si persona fuerit adjecta, *chria* erit, ita : Offendit Achilles Agamemnon, vera dicendo, Metrophanes promeruit gratiam Mithridatis obsequendo. » Isidore de Séville, *Etymolog.*, l. II, c. 11, *P. L.*, LXXXII, col. 131.

3. Voir plus haut, p. 109.

vrages, tenaient la plus grande place, on continua à donner
à ces ouvrages le nom de *sententiae* parce que des sentences des Pères s'y trouvaient encore recueillies. H. Denifle fait remarquer que Gerhoch appelle encore Pierre
Lombard du nom de « collector sententiarum [1] », et, de fait,
nous voyons que cette désignation de *sententiae* est con-
servée non pas seulement aux *Sententiae* d'Abélard, qui
étaient bien, en réalité, des sentences extraites de ses œuvres
par un de ses disciples, mais aussi aux ouvrages de Roland,
d'Omnebene, de Robert Pullus, de Robert de Melun, de
Pierre Lombard, de Bandinus. L'auteur du *Liber de vera
philosophia*, qui a écrit son livre après 1180, donne encore
à ces ouvrages le nom de *Sententiae* [2].

Le mot, toutefois, ne correspondait plus au caractère
principal de ces ouvrages, caractère que Robert de Melun
exprime en ces termes : « *parcitas verborum aperta, sententiarum compendiosa fecunditas* [3] ». A partir d'Abélard, en
effet, les nouveaux ouvrages auxquels on conservait le nom
de *sententiae*, étaient des *compendium* contenant l'exposé
bref, systématique, complet et raisonné des principales vérités de la doctrine chrétienne. Pour exprimer ce caractère,
on se servit du mot *summa*. Au XIIe siècle, on le trouve
déjà employé, quoique rarement, pour désigner un livre.
Honoré d'Autun, composant un *compendium* d'histoire ecclésiastique, lui donne le nom de *summa*. C'est la *Summa de
omnimoda historia*, dont il justifie ainsi le titre : « *de tota
scriptura hoc collegi compendium... Et ideo Summam totius
placuit vocitari, cum in ea series totius scripturae videatur
summatim notari* [4] ». Déjà auparavant, il avait donné ce sous-
titre à l'*Elucidarium* : « *Dialogus de summa totius theologiae* [5] ».

<hr>

1. « Item sicut in sententiis magistralibus a Petro Longobardo collectis legitur. » GERHOCH, *De gloria et honore filii hominis*, P. L.,
CXCIV, col. 1141. — Cf. H. DENIFLE, *art. cit.*, *Arch.*, I, p. 586.
2. « Errorem enim suum nomine Sententie palliant », écrit-il en
parlant des Unitaristes. P. FOURNIER, *Un adversaire inconnu*, p. 11.
3. Cité par H. DENIFLE, *art. cit.*, *Arch.*, I, p. 586.
4. HONORÉ D'AUTUN, *Summa totius*, praefatio, P. L., CLXXII, col. 189.
5. J. A. ENDRES, *Honorius Augustodunensis und sein Elucidarium*, *Hist.
polit. Blätter*, B. 130, 1902, p. 169, pense que ce sous-titre n'est pas

Abélard, après lui[1], emploie souvent le mot dans le même sens, sans cependant en faire le titre d'un ouvrage. Ainsi, il dit du Symbole des Apôtres qu'il contient l'essentiel des vérités de la foi, *summam fidei*[2]. Après avoir indiqué les sept ouvrages des anciens qui servaient de son temps à l'enseignement de la dialectique, il ajoute que le livre qu'il compose, renfermera le résumé, l'essentiel de ces ouvrages : « *quorum omnium summam nostrae dialecticae textus plenissime concludet*[3] ». Dans l'*Introductio ad theologiam*, il divise son sujet d'après les trois choses qui lui paraissent constituer l'essentiel du salut : « *Tria sunt, ut arbitror, in quibus humanae salutis summa consistit, Fides videlicet, Caritas et Sacramentum*[4]. » Ailleurs encore, il emploie le mot *summa* dans le même sens[5]. De ce sens à celui de livre contenant le résumé de la doctrine chrétienne, il n'y a pas loin. Abélard emploie déjà le mot dans ce dernier sens dans le prologue de l'*Introductio* : « *Aliquam sacrae eruditionis Summam, quasi divinae Scripturae Introductionem conscripsimus*[6] ». Hugues de Saint-Victor dit de même dans le prologue du premier livre du *De Sacramentis* : « *Hanc enim quasi brevem quamdam summam omnium in unam seriem compegi*[7] ». Cette expression plus exacte

d'Honoré d'Autun, mais le titre de la *Summa totius*, qui est bien de lui, permet de le lui attribuer.

1. L'*Elucidarium* est en effet antérieur à l'*Introductio* d'Abélard, ainsi que l'a prouvé J. A. ENDRES, *Honorius Augustodunensis*, 1906, in-8, p. 25. Nous ne nous occupons pas, dans cette étude sur les premières sommes de théologie, de l'*Elucidarium*. Cet ouvrage, en effet, s'il est une somme, est moins une somme théologique qu'une somme catéchétique. Il appartient à l'histoire du catéchisme. Cf. E. MANGENOT, art. Catéchisme, *Dict. de théol. cath.*, I, col. 1899.

2. « Ecclesia... brevissimum fidei symbolum composuit, quod et summam fidei comprehenderet, et verborum multitudine non gravaret... Ob hanc itaque similitudinem symbolum dicuntur, *diversorum sententiae in unum congregatae, summam fidei continentes*. » ABÉLARD, *Expositio Symboli Apostolorum*, *P. L.*, col. 619.

3. ID., *Dialectica*, pars II, ap. *Ouv. inéd.*, p. 229.

4. ID., *Introductio*, *P. L.*, col. 981 (II, p. 5).

5. ID., *Epistola* VII, *P. L.*, col. 247 (I, p. 143). — *De Unitate*, édit. Stölzle, prol., p. 1. — *Theologia christiana*, prologus, *P. L.*, col. 1123 (II, 358) et aussi *P. L.*, col. 1144 (II, 378) etc.

6. *Introductio*, prol., *P. L.*, col. 979 (II, p. 2).

7. HUGUES DE SAINT-VICTOR, *De Sacramentis*, l. I, prol., *P. L.*,

devait, au XIII° siècle, remplacer celle de *Sententiae*, et les livres contenant l'essentiel, le résumé systématique de la théologie chrétienne, devaient, dès lors, être appelés Sommes de théologie.

III

Dans le dernier passage de l'*Introductio* que nous avons cité, Abélard fait de cet ouvrage comme une introduction à l'étude des Écritures, « *quasi divinae Scripturae Introductionem conscripsimus* », et un résumé de l'enseignement théologique, « *aliquam sacrae eruditionis summam*[1] ». Hugues de Saint-Victor dit, de même, avoir composé son *De Sacramentis* pour l'instruction de ceux qui vont commencer l'interprétation allégorique[2], c'est-à-dire commencer à lire la Bible au point de vue doctrinal. Beaucoup plus tard, saint Thomas, vers 1265, déclare qu'il écrit sa *Somme théologique* pour l'instruction des commençants[3]. Tous trois ont donc composé leur ouvrage pour l'enseignement. Comment les livres de *Sententiae* qui, primitivement, n'étaient pas destinés à cet usage, y ont été, avec le temps, appropriés, c'est ce que nous allons maintenant essayer d'établir.

Nous avons vu que l'explication des Écritures était fondée sur l'autorité des Pères, et que leur contenu doctrinal était communiqué, par les maîtres aux élèves, dans l'explication allégorique. L'usage de la méthode d'autorité occupait à bon droit la première place dans l'exposition d'une doc-

col. 183. — Nous ne parlons pas ici du titre du second ouvrage attribué à Hugues de Saint-Victor, la *Summa Sententiarum*, car il n'est pas donné sous ce titre dans les manuscrits. Cf. B. HAURÉAU, *Les œuvres de Hugues de Saint-Victor*, p. 67.

1. Il importe de noter que toujours, à cette époque, *eruditio* a le sens d'instruction, d'enseignement.

2. « Hoc nunc ad secundam eruditionem (quae in allegoria est) introducendis praeparavi. » HUGUES DE SAINT-VICTOR, *De Sacramentis, libri prioris prologus, P. L.,* col. 183.

3. « Propositum nostrae intentionis in hoc opere est, ea quae ad christianam religionem pertinent eo modo tradere, secundum quod congruit ad eruditionem incipientium. » SAINT THOMAS, *Summa theogica,* prologus.

trine fondée sur les Écritures et sur la tradition. Toutefois, sans vouloir enlever à l'autorité sa place légitime, on pouvait concevoir un enseignement qui fît une plus large part à l'exercice de la raison : on sait quelle place elle occupe dans les écrits théologiques de saint Thomas, où l'autorité occupe néanmoins le premier rang. Cette idée devait faire son chemin, du jour où les esprits commenceraient à s'intéresser de nouveau aux spéculations rationnelles.

Avant le milieu du xi° siècle, sauf l'exception de Jean Scot Erigène, qui était restée individuelle, il n'y avait pas eu de mouvement général en ce sens. Il s'en dessina un, pendant la deuxième moitié du xi° siècle, avec Bérenger de Tours et avec l'école de l'abbaye du Bec groupée autour de saint Anselme. On connaît le génie spéculatif de ce dernier, et la formule qui caractérise sa méthode : « *fides quaerens intellectum* », la foi, à laquelle l'âme se tient immuablement attachée, servant de point de départ aux spéculations de la raison, qui cherche à entrevoir quelque chose du mystère révélé. Cette spéculation, aux yeux d'Anselme, a un double but : réfuter les assertions des infidèles et des hérétiques, et aussi nourrir l'esprit de ceux qui, le cœur déjà purifié par la foi, aiment à raisonner celle-ci [1]. Depuis longtemps, les Pères avaient reconnu l'utilité de la discussion raisonnée pour combattre les hérétiques; la plupart des traités dogmatiques avaient été précisément composés dans le but de combattre l'erreur. Mais c'était une nouveauté que de vouloir mettre la raison au service de la foi, pour nourrir et fortifier celle-ci, même en dehors de toute attaque. A cette nouveauté, qui est un grand progrès, Anselme tient beaucoup; il se fait dire par son disciple Boson, que c'est de la négligence que de ne pas chercher à comprendre les enseignements de la foi [2]; ses disciples n'y

1. « Ad confutendam insipientiam et frangendam duritiam infidelium, et ad pascendum eos qui, jam corde fide mundato, ejusdem fidei ratione delectantur. » Saint Anselme, *De fide Trinitatis, Praefatio, P. L.,* CLVIII, col. 259.

2. « Negligentia mihi videtur, si, postquam confirmati sumus in fide, non studemus quod credimus, intelligere. » Id., *Cur Deus homo,* l. I, c. II, *ibid.,* col. 362.

tiennent pas moins : c'est sur leur demande qu'il écrit les
deux ouvrages où sa méthode apparaît d'une manière
caractéristique, le *Proslogium* et le *Cur Deus homo?* et plusieurs fois, dans ses dialogues, son interlocuteur l'inter-
rompt pour lui dire qu'il désire comprendre ce qu'il croit[1].

Du moment que la spéculation rationnelle doit nourrir
et fortifier la foi, elle a sa place dans l'enseignement de la
théologie; et, de fait, sauf le *De fide Trinitatis* et le *De
processione Spiritus Sancti,* qui sont des traités de polémique, les autres ouvrages théologiques d'Anselme ont
pour but l'enseignement. Il déclare, dans le prologue du
Dialogus de Veritate, que ce traité, avec le traité *De libero
arbitrio* et le traité *De casu diaboli,* se rapporte à l'étude de
l'Écriture[2], et on a fait remarquer avec justesse qu'en
groupant, dans un certain ordre, les traités de saint Anselme, — ce qui n'est assurément pas contre sa pensée,
puisque, dans le prologue du *De Veritate,* il recommande de
lire les trois traités que nous venons de citer dans l'ordre
où nous les avons mentionnés[3], — on constate qu'il a traité,
dans des monographies, les principales questions étudiées
dans les sommes[4]. Toutefois, il faut le reconnaître, saint
Anselme n'a pas eu l'idée de composer une somme de
théologie en vue de l'enseignement; il n'est même pas
probable que ses traités soient le résumé de ses leçons à
l'école du Bec. L'un des historiens de saint Anselme l'a,
il est vrai, affirmé. « On sent, en lisant ces dialogues, dit

1. *Cur Deus homo?* c. 1, *P. L.,* CLVIII, col. 361. — *Monologium,* Præ-
fatio, *ibid.,* col. 143. — *De casu diaboli,* c. v, col. 334; c. xv, col.
349. — *De libero arbitrio,* c. iii, col. 492.

2. Il dit des trois traités qu'ils sont « pertinentes ad studium sacrae
Scripturae ». *De Veritate,* prologus, *P. L.,* CLVIII, col. 467.

3. *Ibid.,* col. 468.

4. SIMLER, *ouv. cit.,* p. 39 et n. 1, groupe, à cet effet, ses ouvrages
dans l'ordre suivant : 1. *Monologium.* — 2. *Proslogium.* — 3. *Liber de
fide Trinitatis et de Incarnatione Verbi.* — 4. *De Processione Spiritus
sancti contra Graecos.* — 5. *De voluntate Dei.* — 6. *De Veritate.* —
7. *De Voluntate.* — 8. *Liber de libero arbitrio.* — 9. *Cur Deus homo?*
— 10. *De conceptu virginali et de originali peccato.* — 11. *De Sacramentorum diversitate.* — 12. *De Azimo et Fermentato.* — 13. *De nup-
tiis consanguineorum.* — 14. *De Concordantia praescientiae et praedes-
tinationis.* — 15. *Homiliae, Meditationes, Orationes.*

le P. Ragey, que ce maître et ces élèves, ces questions et ces réponses, ne sont pas une fiction, que tout cela a été dit ainsi, expliqué sous cette forme, discuté de cette manière. Tout cela a été réel et le redevient. On oublie qu'on lit un livre; on est au milieu de jeunes étudiants, et l'on entend un professeur . » Mais cette impression de vie que donne la lecture des dialogues de saint Anselme n'est pas une raison suffisante pour affirmer que nous avons là comme l'image de son enseignement : à ce compte, on devrait affirmer que les dialogues de Platon ont été réellement prononcés. Ces dialogues si vivants prouvent qu'en saint Anselme, il y avait un artiste en même temps qu'un théologien; c'est beaucoup, mais c'est tout. Anselme ne déclare-t-il pas lui-même, aux premières lignes du *Cur Deus homo?* que la forme du dialogue est un artifice littéraire qu'il a adopté pour se mettre à la portée d'un plus grand nombre?? Il faut d'ailleurs, ces réserves faites, reconnaître que si les dialogues d'Anselme ne représentent pas son enseignement, certains de ses traités ont une attache avec la réalité; ainsi le *Monologium* est l'écho des entretiens que saint Anselme avait eus avec ses confrères du Bec, sans doute à la *collatio* monastique [3].

La méthode inaugurée par saint Anselme ne paraît pas avoir été suivie par les maîtres de la génération suivante. Elle n'était pas, en tout cas, pratiquée par Anselme de Laon, qui revint à la méthode d'autorité, comme semblent bien en témoigner ses ouvrages [4] et l'appréciation portée sur son enseignement par Abélard [5].

1. P. Ragey, *Saint Anselme professeur, Annales de philosophie chrétienne,* nov.-déc. 1889, t. XXI, p. 115.

2. Saint Anselme dit avoir choisi la forme du dialogue. « quoniam ea quae per interrogationem et responsionem investigantur, multis et maxime tardioribus ingeniis magis patent, et ideo plus placent ». *Cur Deus homo?* l. I, c. 1, *P. L.*, CLVIII, col. 362.

3. Saint Anselme écrit dans la préface du *Monologium :* « Quidam fratres saepe me studioseque precati, ut quaedam quae illis de meditanda Divinitatis essentia, et quibusdam aliis huic meditationi cohaerentibus, usitato sermone *colloquendo* protuleram, sub quodam eis exemplo meditationis describerem. » *P. L., ibid.*, col. 143. Ne faut-il pas voir dans ce *colloquendo* une allusion à la *collatio* monastique?

4. Cf. B. Hauréau, *Journal des Savants*, 1895, *art. cit.*, p. 451.

5. « ... hunc senem cui magis longaevus usus, quam ingenium vel

Celui-ci, lorsqu'il commença à enseigner la théologie à
l'école de Laon, ne fit que gloser les Écritures; il en fut
de même pendant son enseignement à l'école de Notre-
Dame. Mais il changea de méthode lorsqu'il reprit son
enseignement au prieuré de Maisoncelle, après son entrée à
Saint-Denis. « Il arriva alors, raconte-t-il dans son *Historia calamitatum,* que je m'appliquai à disserter sur les
fondements de notre foi, à l'aide de comparaisons fournies
par la raison humaine, et que je composai, sur l'Unité et la
Trinité divine, un traité de théologie à l'usage de mes disciples. Ceux-ci réclamaient des raisons humaines et philosophiques, et il leur fallait des explications compréhensibles
plutôt que des affirmations. Ils disaient qu'il est inutile de
parler pour n'être pas compris, qu'on ne peut croire ce que
l'on n'a pas compris auparavant, et qu'il est ridicule de voir
un homme prêcher aux autres ce que ni lui-même, ni ceux
qu'il veut instruire, ne peuvent comprendre... Beaucoup
virent ce traité et le lurent; tout le monde en fut très con-
tent[1]. » Ce passage de l'*Historia calamitatum,* très important pour l'intelligence des idées théologiques d'Abélard,
ne l'est pas moins pour l'histoire de l'enseignement théologique. Il nous montre la jeunesse des écoles de la première moitié du xiie siècle, élevée au milieu des disputes
de la dialectique, désireuse de trouver dans l'enseignement même de la théologie une satisfaction pour sa rai-

memoria nomen comparaverat. Ad quem si quis de aliqua quaestione
pulsandum accederet incertus, redibat incertior. Verborum usum
habebat mirabilem, sed *sensu contemptibilem, ratione vacuum.* » *Hist.
cal., P. L.,* col. 123 (I, p. 7).

1. « Accidit autem mihi ut ad ipsum fidei nostrae fundamentum
humanae rationis similitudinibus disserendum primo me applicarem,
et quemdam theologiae tractatum *de Unitate et Trinitate divina*
scholaribus nostris componerem, qui humanas et philosophicas rationes requirebant, et plus quae intelligi quam quae dici possent,
efflagitabant : dicentes quidem verborum superfluam esse prolationem,
quam intelligentia non sequeretur, nec credi posse aliquid nisi pri-
mitus intellectum, et ridiculosum esse aliquem aliis praedicare, quod
nec ipse, nec illi quos doceret intellectu capere possent. Quem quidem quum vidissent et legissent plurimi, coepit in commune omnibus
plurimum placere, quod in eo pariter omnibus satisfieri super hoc
quaestionibus videbatur. » *Ibid., P. L.,* col. 140 (I, p. 18).

son. Ces disciples raisonneurs étaient accourus pour entendre le maître, à cause de sa renommée de professeur de dialectique. Lui, moine bénédictin, devant plutôt, de par sa profession, s'adonner à la lecture des Écritures, avait tout d'abord enseigné, concurremment, les Écritures et les sciences profanes, se servant de celles-ci comme d'un hameçon pour attirer ses disciples vers celle-là [1]. Mais bientôt cette habileté ne suffit plus; il est obligé — sans regrets d'ailleurs — pour satisfaire ses élèves, d'unir, dans un traité, les raisons humaines à l'enseignement des vérités de la foi; et il compose le *De Unitate et Trinitate divina* qui doit servir à l'étude de la théologie. Tout d'abord, si on en croit le récit d'Abélard, il fit circuler son traité, on le lut avec empressement, mais il ne l'aurait pas lu lui-même en public. Il ne tarda pas cependant à le faire, car il raconte qu'au concile de Soissons, pour le faire condamner, ses adversaires alléguaient cette raison : qu'il avait eu l'audace de lire publiquement un livre qui n'était approuvé ni par l'autorité du Pontife romain, ni par celle de l'Église [2]. Ainsi, dès 1120, Abélard lisait en public, devant ses disciples, un livre autre que les Écritures. C'était une innovation, et une innovation qui contribua sans doute à sa première condamnation à Soissons. Cinq ans plus tard, en 1125 [3], ce livre n'était plus un simple traité, mais toute une somme de

1. « Ubi, quod professioni meae convenientius erat, sacrae plurimum lectioni studium intendens, saecularium artium disciplinam, quibus amplius assuetus fueram, et quas a me plurimum requirebant, non penitus abjeci, sed de his quasi hamum quemdam fabricavi, quo illos philosophico sapore inescatos ad verae philosophiae lectionem attraherem. » *Hist. cal., P. L.,* col. 138 (I, p. 17).

2. « Dicebant enim ad damnationem libelli satis hoc esse debere, quod nec romani pontificis, nec Ecclesiae auctoritate commendatum legere praesumpseram... et hoc perutile futurum fidei christianae, si exemplo mei multorum similis praesumptio praeveniretur. » *Hist. cal., P. L.,* col. 149 (I, p. 21).

3. À notre avis, en effet, c'est cette date et non celle de 1133 qu'il faut assigner aux deux premiers livres de l'Introduction. Nous nous appliquons à le prouver en appendice, pour ne pas arrêter ici, par une discussion de date assez compliquée, la marche de notre travail. Voir plus bas Appendice I, p. 196 et suiv.

théologie, au moins en projet, puisque c'est à cette date qu'il convient de faire remonter l'*Introductio ad theologiam*, qui est une somme de l'enseignement théologique : « *aliqua sacrae eruditionis summa* ».

Par une rencontre curieuse, peu après qu'Abélard, pour répondre aux exigences de ses élèves, composait la première somme de théologie, Hugues de Saint-Victor, pour un motif tout différent, pour une raison d'orthodoxie, conseillait la même innovation dans le *Didascalion*, et la réalisait par la composition du *De Sacramentis*.

Nous avons vu avec quelle insistance Hugues de Saint-Victor, dans le *Didascalion*, déclare qu'il est nécessaire de baser l'interprétation allégorique sur l'explication littérale, et de la conformer toujours à la règle de la foi. Mais nous avons omis, à dessein, de parler du moyen principal qu'il préconise pour y réussir. C'est maintenant le moment de le faire connaître, en exposant les idées contenues dans le chapitre IV du livre VI, et en les rapprochant du prologue du livre I du *De Sacramentis* et du plan général de ce dernier ouvrage.

Reprenant la comparaison, empruntée à Raban Maur, entre l'enseignement des Ecritures et la construction d'un édifice, Hugues de Saint-Victor remarque qu'une maison a, pour ainsi dire, un double fondement, l'un qui est sous terre, et qui n'est pas nécessairement construit en pierres polies, l'autre formé par les premières assises de pierres qui dépassent le niveau du sol, et qui sont polies et alignées au cordeau. Tout le reste de l'édifice est non seulement construit sur ces pierres, mais est proportionné, coordonné avec elles. Elles constituent comme un autre fondement et forment la base de l'édifice. Ce second fondement, en même temps qu'il porte la partie de l'édifice placée au-dessus de lui, est lui-même supporté par le premier fondement. Celui-ci porte l'édifice et est sous l'édifice ; celui-là porte aussi l'édifice, mais en même temps en fait partie. Or l'édifice, c'est l'*allegoria*, construite à la fois sur le premier fondement de l'*historia* qui n'en fait pas partie, et aussi sur un second fondement qui en est, au contraire, un élément, une base [1]. L'édifice de l'allégorie comprend, en effet, divers ordres de vérités, de mystères. Ce sont la Trinité, la création, le péché avec son origine et sa punition, les sacrements institués sous la loi naturelle pour la régénération de l'humanité, la loi mosaïque, le sacrement de l'Incarnation, les sacrements du Nouveau Testament et celui de la Résurrection. Ces mystères, ces sacrements, sont comme les divers ordres dont se compose l'édifice spirituel des Écritures. Les bases de ces ordres, ce sont les principes des sacrements. Pour construire l'édifice, une fois posé le fondement de l'histoire, il faut établir ces bases, les aligner à l'aide d'un cordeau, d'une règle qui est la règle de la foi [2]. Mais ici, le lecteur doit être prudent. Avant de parcourir les nombreux volumes des Livres Saints, il faut qu'il soit si bien instruit sur chaque vérité qui se rapporte à son sujet et à la vraie foi, qu'il puisse, sur cette base, construire, en toute sécurité, ce qu'il trouvera après. Or, continue Hugues de Saint-Victor, dans ce déluge de livres et ces multiples replis de sentences diverses, qui confondent l'esprit du lecteur par leur nombre et leur obscurité, comment celui-ci pourra-t-il recueillir une doctrine qui soit une, s'il n'a reconnu tout d'abord, sommairement, dans chaque genre pour ainsi dire, un principe fixe et déterminé, appuyé sur une foi solide, auquel tout puisse se

1. « Quod sub terra est fundamentum figurare diximus historiam, fabricam quae superaedificatur allegoriam insinuare. Unde et ipsa basis fabricae hujus ad allegoriam pertinere debet. » *Didascalion*, l. VI, c. IV, col. 8o3.

2. « Multis ordinibus consurgit fabrica, et quisquis suam basim habet; et multa sacramenta in divina pagina continentur, quae singula sua habent principia. Vis scire qui sunt ordines isti? Primus ordo est sacramentum Trinitatis... Ipsius denique resurrectionis : ecce octavus ordo. Haec est tota divinitas, haec est illa spiritualis fabrica, quae quot continet sacramenta, tot quasi ordinibus constructa in altum extollitur. Vis et ipsas bases agnoscere. Bases ordinum sunt principia sacramentorum. Ecce ad lectionem venisti, spirituale fabricaturus aedificium. Jam historiae fundamenta in te locata sunt, restat nunc tibi ipsius fabricae bases fundare. Linum tendis, ponis examussim, quadros in ordinem collocas, et circum gyrum quaedam futurorum murorum vestigia figis. Linea protensa rectae fidei trames est, ipsae spiritualis operis bases quaedam fidei sacramenta sunt, quibus initiaris. » *Didascalion, ibid.*

rapporter[1]? Et prenant comme exemple le mystère de la Trinité, Hugues s'adresse à son lecteur, c'est-à-dire à l'étudiant auquel il expose les règles de l'enseignement de l'Écriture, et lui dit : « Sur ce sujet, on a déjà écrit bien des livres, émis beaucoup d'opinions difficiles à comprendre et à expliquer. Il vous serait trop long et trop fatigant de les rechercher toutes ; vous y trouveriez, sans doute, bien des choses qui vous causeraient plus de trouble que d'édification. Ne vous obstinez pas à ce travail, vous n'arriveriez jamais à bout. Mais commencez, tout d'abord, par apprendre, d'une manière brève et claire, ce qu'il faut croire sur la Trinité, ce que vous pouvez affirmer sagement et croire en toute vérité. Après cela, lisez les livres ; vous y trouverez, avec des pensées claires, bien des obscurités et bien des ambiguïtés. Ce qui est clair, rattachez-le à votre base, si c'est possible. Ce qui est d'un sens douteux, efforcez-vous de le faire concorder avec elle ; ce qui est obscur, expliquez-le ou laissez-le[2]. »

Cette méthode, Hugues la conseille pour chacun des sacrements énumérés plus haut. A son avis, si l'on voit beaucoup de ceux qui lisent les Écritures, changer pour ainsi dire d'interprétation à chaque lecture, c'est qu'ils ne s'ap-

1. « Debet siquidem prudens lector curare, ut antequam spatiosa librorum volumina prosequatur, sic de singulis quae magis ad propositum suum et professionem verae fidei pertinent, instructus sit, ut quaecumque postmodum invenerit, tuto superaedificare possit. Vix enim in tanto librorum pelago, et multiplicibus sententiarum anfractibus, quae numero et obscuritate animum legentis confundunt, aliquid unum colligere poterit, qui prius summatim in unoquoque, ut ita dicam, genere, aliquod principium firma fide subnixum, ad quod cuncta referantur, non agnovit. » *Didascalion*, l. VI, c. iv, col. 803.

2. « Est sacramentum Trinitatis ; multi jam de illo libri facti sunt, multae datae sententiae difficiles ad intelligendum, et perplexae ad solvendum. Longum tibi et onerosum est adhuc omnes prosequi, cum multa fortassis invenias, in quibus magis turberis quam aedificeris. Noli instare ; sic nunquam ad finem venies. Disce prius, breviter et dilucide, quid tenendum sit de fide Trinitatis ; quid sane profiteri et veraciter credere debeas. Cum autem postea legere coeperis libros, et multa obscure, et multa aperte, et multa ambigue scripta inveneris, adjunge basi suae (tuae), quae aperta sunt, si forte conveniant ; quae ambigua sunt, ita interpretare, ut non discordent. Quae vero sunt obscura, resera, si potes. Quod si ad intellectum eorum penetrare non vales, transi... » *Ibid.*

puient pas sur ce fondement nécessaire de vérité ; et, au contraire, on en voit d'autres qui, solides sur cette base, savent donner de n'importe quel texte une interprétation convenable, et juger ce qui concorde avec la foi orthodoxe ou ce qui s'en écarte[1]. Et il termine enfin par ce dernier conseil : « Ainsi donc, pour pouvoir apprécier la lettre avec sécurité, il ne faut pas vous fier à votre sens propre, mais d'abord étudier et établir, comme fondement sur lequel reposera tout l'édifice, une base dont la vérité soit inébranlable. Pour cela, ne songez pas à vous instruire vous-même, de peur de vous tromper en voulant être à vous-même votre introducteur. Cette introduction, il faut la chercher auprès de docteurs, de savants qui puissent, par l'autorité des témoignages des Pères et des Écritures, vous ouvrir le chemin. Alors, une fois introduit, confirmez par les témoignages que vous fournira la lecture de l'Écriture, ce qu'ils vous auront enseigné. Telle est du moins ma conception. Si quelqu'un croit devoir m'imiter en cela, j'en serai heureux ; s'il croit qu'il ne faut pas procéder ainsi, libre à lui, je ne discuterai pas. Je sais, en effet, que beaucoup, lorsqu'ils étudient, n'emploient pas cette méthode ; mais, ce que je sais également, ce sont les progrès faits par ceux qui l'ont mise en pratique[2]. »

1. « Sic de sacramento altaris, sic de ... omnibus quae tibi enumerata sunt supra, facere debes. Vides multos Scripturas legentes, quia fundamentum veritatis non habent, in errores varios labi, et toties fere mutare sententias, quot legerint lectiones. Rursum alios vides, qui secundum illam veritatis agnitionem, qua intus firmati sunt, quaslibet Scripturas ad congruas interpretationes flectere noverunt, et quid a sana fide discordet, aut quid conveniat judicare. » *Didascalion*, l. VI, c. iv, col. 804.

2. « Ut ergo secure possis judicare litteram, non de tuo sensu praesumere, sed erudiri prius et informari oportet, et quasi quan.dam inconcussae veritatis basim, cui tota fabrica innitatur fundare. Neque a teipso erudiri praesumas, ne forte dum te introducere putas, magis seducas ; a doctoribus et sapientibus haec introductio quaerenda est qui (quae) et auctoritatibus sanctorum Patrum, et testimoniis Scripturarum, eam tibi, prout opus est, et facere, et aperire possint. Cumque jam introductus fueris, testimoniis Scripturarum legendo singula quae docuerint confirmare. Sic mihi videtur ; qui mihi in hoc imitari placuerit, libens accipio ; cui visum fuerit non ita oportere fieri, faciat quod placuerit, non contendam. Scio enim plures hunc

Par ce passage du *Didascalion*, que nous avons tenu à citer presque tout au long à cause de son importance, on voit que, pour Hugues de Saint-Victor, le meilleur moyen de ne pas s'égarer dans l'interprétation doctrinale des Écritures, était de faire précéder la lecture allégorique de l'étude de l'ensemble des vérités révélées, et que cette étude, il conseillait de la faire à l'école d'un maître expérimenté. On voit également que si Hugues et d'autres aussi pratiquaient cette méthode, elle n'était pas acceptée par tous; c'était une innovation qui n'était pas encore entrée dans les habitudes. Rapprochons maintenant du *Didascalion* le prologue du livre I du *De Sacramentis*. Hugues de Saint-Victor l'intitule : « *Quare lectionem mutaverit* », et il y dit : « Ayant donc écrit un premier volume, sorte de *compendium* composé pour la première partie des études scripturaires, qui consiste dans la lecture de l'*historia*, j'ai préparé maintenant celui-ci pour ceux qui vont commencer la deuxième partie de ces études, c'est-à-dire l'allégorie. Ici il faut qu'ils établissent solidement leur esprit sur le fondement de la connaissance de la foi, afin que tout ce qu'ils pourront élever sur ce fondement, soit en lisant, soit en écoutant, puisse demeurer inébranlable. Dans ce livre, qui est comme une courte somme des vérités révélées, j'ai groupé celles-ci en une seule série, afin que l'esprit ait quelque chose de solide à quoi il puisse se fixer et se conformer, pour ne pas être entraîné, sans ordre et sans direction, à travers les divers volumes des Écritures et la diversité des leçons[1] ».

On peut immédiatement constater que les idées expri-

morem in discendo non servare. Sed quomodo quidam proficiant rursus non ignoro. » *Didascalion*, l. VI, c. IV, col. 804-805.

1. « *Quare lectionem mutaverit*... Cum igitur de prima eruditione sacri eloquii quae in Historica constat lectione, compendiosum volumen prius dictassem, hoc nunc ad secundam eruditionem (quae in allegoria est) introducendis praeparavi ; in quo si fundamento quodam cognitionis fidei animum stabiliant, ut caetera quae vel legendo vel audiendo superaedificare potuerint, inconcussa permaneant. Hanc enim quasi brevem quamdam summam omnium in unam seriem compegi ut animus aliquid certum haberet, cui intentionem affigere et confirmare valeret, ne per varia Scripturarum volumina et lectionum divortia sine ordine et directione raperetur. » *De Sacramentis*, l. I, prologus, *P. L.*, col. 183.

mées dans ce prologue concordent avec celles émises dans le *Didascalion*, et que nous avons exposées : même division de l'explication des Écritures en explication historique et en explication allégorique, mêmes difficultés reconnues, provenant de la variété des Écritures et de la diversité des opinions, même affirmation de la nécessité d'établir solidement le fondement des vérités révélées, avant de passer à 'explication allégorique de la Bible. C'est pour établir ce fondement que Hugues de Saint-Victor compose le *De Sacramentis*, c'est-à-dire une somme des vérités révélées. Dans cette somme, Hugues de Saint-Victor observe le plan qu'il avait tracé dans le *Didascalion*, comme le prouve le tableau ci-joint.

Didascalion, l., VI, c. iv *P.L.*, CLXXVI, col. 8o3.	*Plan du De Sacramentis.*
Primus ordo est sacramentum Trinitatis.	L. I. Pars 1. Hexameron in opera creationis. Pars 2-3-4. De Trinitate.
Hic de nihilo omnem fecit creaturam, visibilem scilicet et invisibilem : *ecce secundus ordo.*	Pars 5. De creatione angelorum et natura et confirmatione et lapsu, et caeteris quae ad ipsos pertinent.
Rationali creaturæ dedit liberum arbitrium, et gratiam præparavit; deinde sponte labentes punivit, et persistentes ut amplius labi non possint, confirmavit. Quæ origo peccati, et quid sit peccatum, et quid sit pœna peccati : *ecce tertius ordo.*	Pars 6. De creatione hominis et statu ejus ante peccatum. Pars. 7. De lapsu primi hominis. Pars 8. De reparatione hominis. Pars 9. De institutione sacramentorum. Pars 10. De fide. Pars 11. De naturali lege.
Quæ sacramenta primum sub naturali lege ad reparationem humani generis instituerit : *ecce quartus ordo.*	
Quæ scripta sub lege : *ecce quintus ordo.*	Pars 12. De lege scripta.
Sacramentum incarnationis : *ecce sextus ordo.*	L. II. Pars 1-5. De Incarnatione Verbi. De unitate Ecclesiae etc.
Sacramenta Novi Testamenti : *ecce septimus ordo.*	Pars 6-15. De sacramento baptismi, etc.
Ipsius denique resurrectionis : *ecce octavus ordo.*	Pars 16-fin. De fine hominis. De fine saeculi. De statu futuri saeculi.
Hæc est tota divinitas.	

Ainsi Hugues de Saint-Victor a observé dans le *De Sacramentis* le plan tracé dans le *Didascalion*. Il y a seulement ajouté un livre, le premier, sur la création ou l'œuvre des six jours; mais ce n'est que comme introduction, car lui-même fait observer que ce livre est en dehors du plan général du traité[1]. C'est là une nouvelle preuve que le chapitre IV du livre VI du *Didascalion* et le *De Sacramentis* sont en corrélation étroite[2]. Il est, dès lors, facile d'expliquer le titre des premières lignes du prologue : « *quare lectionem mutaverit (mutaverim?)* », pourquoi l'ordre des leçons a été changé : Hugues de Saint-Victor veut indiquer pour quelle raison il intercale le *De Sacramentis* entre les *Excerptiones priores*, qui forment le « *compendiosum volumen de prima eruditione sacris eloquii quae in Historica constat lectione* », et les *Excerptiones posteriores*, qui se rapportent à la seconde partie de l'étude des Écritures, « *ad secundam eruditionem quae in allegoria est* ».

Ainsi, les *Excerptiones* unis au *De Sacramentis* représentent comme la somme de tout l'enseignement scripturaire, tel que le pratiquait Hugues de Saint-Victor : l'enseignement de l'*historia*, l'enseignement des vérités de la foi et l'enseignement de l'allégorie[2].

Il ne faut pas voir, en effet, dans ces ouvrages, dans ces sommes de simples traités, semblables aux dialogues de saint Anselme, écrits dans le but de faciliter aux étudiants leurs

1. « Sed nos quasi extra materiam nostram cursim ista perstrinximus, ut ad eamdem materiam tractandam quasi ex praecedenti accessum convenientiorem haberemus. Nos siquidem propositum habemus de sacramento redemptionis humanae (quod a principio in operibus restaurationis formatum est) quantum Dominus dederit in hoc opere tractare. Sed quia opera conditionis tempore priora fuerunt, ab his exordium sermonis sumpsimus. » *De Sacramentis*, l. I, p. 1, c. xxviii, *P. L.*, col. 203.

2. Notons ici que, dans la *Summa Sententiarum*, l'ordre n'est pas le même. Elle commence par la foi, l'espérance et la charité, et le traité de l'Incarnation suit celui de la Trinité : c'est une imitation de l'*Introductio* d'Abélard.

3. Le terme employé par Hugues, *Excerptiones*, renferme l'idée de somme. Isidore le définit ainsi : « Excerpta quae graece scholiam nuncupantur; in quibus ea quae videntur obscura vel difficilia, *summatim* breviter perstringuntur. » *Etymol.*, l. VI, c. viii, *P. L.*, LXXXIII, col. 137.

études personnelles. Ils correspondent à une partie spéciale qui est professée au cours. Ainsi nous avons vu qu'Abélard avait lu le *De Unitate et Trinitate divina* devant ses disciples ; il est probable qu'il lut également devant eux, quoique en secret, l'*Introductio* ou *Theologia*. Si le *De Sacramentis* n'a pas été lu, semble-t-il, au cours, dans sa forme actuelle, — le prologue général s'y oppose, — le chapitre iv du livre VI du *Didascalion* montre bien que Hugues de Saint-Victor faisait précéder l'explication allégorique de l'enseignement systématique de la doctrine chrétienne. On rencontre, d'ailleurs, dans le *De Sacramentis* certaines expressions qui supposent un entretien avec un interlocuteur. Telles celles-ci : « *Arduum opus et laboriosum crebra vestra precatione flexus aggredior*[1]. — *De natura angelorum... quaestionem proponitis, quando creati sunt angeli...*[2] ». Enfin, comme l'a remarqué Denifle, les Sentences de Roland ont été aussi prononcées, puisqu'on y lit ces mots par lesquels Roland s'adresse à ses auditeurs : « *Vobis autem asserentibus Deum plura posse facere quam faciat*[3] ». Par conséquent, dès le second quart du xiie siècle, — les premiers livres de l'*Introductio* datant de 1125, — l'enseignement de la théologie comprend trois leçons : explication historique de l'Écriture, exposé de l'ensemble de la doctrine chrétienne, explication allégorique.

Or, on sait, depuis la publication d'un intéressant article de H. Denifle[4], qu'à la Faculté de Théologie de l'Université de Paris, il y avait, au xiiie siècle, trois sortes de cours : ceux des *bachalarii biblici* ou *cursores*, qui lisaient la Bible *biblice*, c'est-à-dire *textualiter*, qui, en d'autres termes, lisaient l'*historia*[5] ; ceux des *bachalarii, sententiarii* qui lisaient les

---

1. *De Sacramentis*, l. I, pars I, *P. L.*, col. 187.
2. *Ibid.*, l. I, p. V, c. i, col. 245.
3. H. Denifle, *art. cit.*, *Archiv.*, t. I, p. 455.
4. H. Denifle, O. P., *Quel livre servait de base à l'enseignement des maîtres en théologie dans l'Université de Paris. Revue thomiste*, 1894, p. 149-161.
5. Toutefois le mot *historia* a ici plus d'extension ; il est pris, non dans le sens strict d'*histoire biblique*, mais dans le sens large de *lecture littérale*.

Sentences de Pierre Lombard, et ceux des docteurs, qui commentaient tel ou tel livre de la Bible, spécialement au point de vue doctrinal[1]. Voilà bien les leçons conseillées dans le *Didascalion* et le prologue du *De Sacramentis*. C'est donc à Abélard et à Hugues de Saint-Victor qu'il convient de faire · monter la méthode suivie à l'Université de Paris dans l'enseignement de la théologie[2].

A qui attribuer la priorité de cette innovation si féconde? Sans nul doute, à Abélard. Dès 1120, il lit un traité de théologie devant ses disciples; dès 1125, il a écrit les deux premiers livres de sa somme. A ces dates, Hugues de Saint-Victor ne pouvait songer à pareil travail[3]. Il faut néanmoins reconnaître, avec Harnack et le P. Portalié, qu'à Hugues de Saint-Victor revient, sinon l'initiative, du moins le succès de cette réforme[4]. Comme l'a montré le P. Portalié, c'est grâce à la modération de Hugues qu'elle finit par être acceptée ; l'analyse que nous avons faite du chapitre du *Didascalion* ci-dessus mentionné, et du prologue du *De Sacramentis*, où Hugues justifie cette innovation par un motif d'orthodoxie, est une confirmation de l'opinion de Harnack et du P. Portalié.

C'est donc à ces deux grands maîtres du xiie siècle qu'il faut attribuer la gloire d'avoir introduit les sommes de théologie dans l'enseignement. A Abélard, et à lui seul cette fois, revient encore un autre mérite : celui d'avoir, par la méthode qu'il adopta dans sa *Theologia*, et préconisa dans le *Sic et Non*, à la fois créé la méthode de la théologie scolastique, et apporté une nouvelle innovation dans l'enseignement théologique, en y acclimatant l'exercice de la *disputatio*. Montrer comment il y est arrivé, sera l'objet du chapitre suivant.

1. Le *Commentaire sur l'Épitre aux Romains* d'Abélard représente assez bien un commentaire de ce genre.
2. C'est ce qu'avait déjà entrevu l'abbé Mignon, *ouv. cit.*, t. I, p. 174, n. 1.
3. Voir sur ce point Appendice II, p. 213.
4. Harnack, *Précis de l'histoire des Dogmes*, trad. Choisy, p. 330 et Portalié, art. *Abélard, Dictionnaire de théologie catholique*, I, col. 54-55.

CHAPITRE VII

I

On ne saurait expliquer l'influence étonnante exercée par
Abélard sur ses contemporains et sur la direction des études
à son époque, par la seule valeur intrinsèque de ses traités
de dialectique ou de théologie; il faut encore invoquer
une autre cause à laquelle nous avons déjà plusieurs fois
fait allusion : les maîtres au moyen âge, par suite des conditions imposées à la transmission de la science, exerçaient
sur celle-ci la plus grande influence, et Abélard fut en

même temps qu'un grand esprit, le plus célèbre et le meilleur professeur de son temps. En réunissant les renseignements que nous donnent ses contemporains sur ses qualités professorales et ceux que l'on peut tirer de ses œuvres, nous arrivons à nous le représenter à peu près ainsi :

Il avait une merveilleuse facilité d'esprit, unie à une rare subtilité. Ces qualités, lui-même se les attribue, mais elles sont également attestées par ses contemporains, par Othon de Frisingue et Fulcon de Deuil[1]. Elles étaient servies, au moins depuis son entrée à Saint-Denis, par un travail incessant, comme on peut le constater par ses ouvrages et par le témoignage d'Othon de Frisingue et de Pierre le Vénérable, et ce travail fit de lui un des hommes les plus instruits de son temps[2]. A ces qualités de l'esprit, il joignait une humeur indépendante, une fierté, une arrogance telles qu'il osait se dire le seul philosophe du monde[3]. Ces défauts le rendirent insupportable à ses confrères de l'abbaye de Saint-Denis, et lui attirèrent des inimitiés dont il eut beaucoup à souffrir[4] ; mais, par contre, ils eurent aussi pour effet

---

1. « Sicut natura terrae meae vel generis animo levis, ita et ingenio extiti ad litteratoriam disciplinam facilis » ABÉLARD, *Hist. cal.*, *P. L.*, col. 114 (I, p. 3). « Plurimum in inventionum subtilitate », dit de lui Othon de Frisingue, *De Gestis Friderici Imp.*, I, 47, ap. *Recueil des Historiens des Gaules*, XIV, p. 654. Fulcon de Deuil lui écrit que les étudiants accourent à lui « scientiae subtilitate permoti », ap. *Epistola Fulconis de Diogillo*, *P. L.*, CLXXVIII, col. 372 (I, p. 704).

2. « Is... litterarum studiis ab ineunte aetate deditus fuit. » OTHON DE FRISINGUE, *ouv. cit.*, l. c. — « Ibi, juxta quod incommoditas permittebat, antiqua sua revocans studia, libris semper incumbebat; nec ... momentum aliquod praeterire sinebat, quin semper aut oraret, aut legeret, aut scriberet, aut dictaret. » *Epist. Petr. Ven. ad Heloissam*, ap. *P. L.*, CLXXXIX, col. 351 (I, p. 714).— Sur les connaissances d'Abélard, cf. P. DEUTSCH, *Peter Abelard*, p. 55-77.

3. « Tam arrogans, suoque tantum ingenio confidens, ut vix ad audiendos magistros ab altitudine mentis suae humiliatus descenderet. » OTHON DE FRISINGUE, ibid.— « Quum jam me solum in mundo superesse philosophum aestimarem. » *Hist. cal.*, *P. L.*, col. 126 (I, p. 9).

4. « Sicut manus ejus contra omnes, sic omnia contra eum armabantur. Dicebat quod nullus ante eum praesumpserat... suas quaerens statuere sententias, erat aliarum probatarum improbator. » *Vita Goswini*, *P. L.*, CLXXVIII, col. 120, n. 18 (I, p. 43). « Omnes fere alios, etiam sanctos, qui ante te sapientiae operam dederant,... inferiores te existimabas. » *Epistola Fulconis*, *P. L.*, CLXXVIII, col. 372 (I, p. 704).

de lui faire abandonner les sentiers battus. Sans cesse, ses contemporains lui reprochent de ne pouvoir admettre une opinion qui ait été professée avant lui, de combattre les opinions de ses rivaux, et d'être opiniâtre dans ses idées ; c'était là l'exagération d'une qualité précieuse : le sens du progrès.

Au reste, même ainsi exagérées, cette recherche de la nouveauté, cette confiance en lui-même, cette opiniâtreté n'étaient pas pour faire tort au professeur. La jeunesse aime la nouveauté, et elle admire facilement qui impose ses idées d'autorité. Et puis, Abélard avait des qualités de meilleur aloi. Nous l'avons déjà dit, il était d'une remarquable clarté[1]. En outre, il savait égayer ses leçons, il savait plaire[2] ; il avait une éloquence de professeur, c'est-à-dire une grande facilité d'élocution, sans ces mouvements oratoires qui échauffent plus qu'ils n'éclairent[3]. Il avait également ce qu'on pourrait appeler le physique de l'emploi : d'une noble prestance, le regard fier, la tête haute, il faisait l'admiration de tous, lorsqu'il allait à ses leçons ou en revenait[4]. Enfin il excellait dans les deux choses que ses contemporains aimaient le plus : la dialectique[5] et la *dispu-*

---

1. Voir plus haut, p. 62. Cf. encore *Epistola Fulconis* où on attribue ses succès à sa clarté : « quasi ad limpidissimum philosophiae fontem iter accelerabant » y est-il dit. *P. L.*, CLXXVIII, col. 372 (I, p. 704). Cf. aussi cette épitaphe trouvée par Rawlinson, où il est dit d'Abélard :

> Hic quid res essent, quid voces significarent,
> Lucidius reliquis patefecit in arte peritis.
> . . . .
> Quantum difficiles aliis sunt omnibus artes.
> Tam Petro faciles, Petro referente patentes.,

P. L., CLXXVIII, col. 401 (I, p. 717).

2. Lui-même a écrit dans son *Carmen ad Astralabium*, p. 332 :

> Quilibet ergo labor nihil est si gratia desit
> Et nihil defuerit dummodo praesto sit haec.

3. Il brillait, dit Fulcon, « suavitate eloquii et linguae absolutioris facilitate », *Ep. Fulconis, P. L.*, CLXXVIII, col. 372 (I, p. 704), et lui-même déclare rechercher plus la clarté que l'éloquence. Cf. supra, p. 62, n. 3.

4. « Quis te, rogo, in publicum procedentem conspicere non festinabat, ac discedentem collo erecto, oculis directis, non insectabatur. » *Epist.* II *Heloissae, P. L.*, col. 185 (I, p. 76). « Juventute et formae gratia praeeminebam », dit-il lui-même, *P. L.*, col. 127 (I, p. 10).

5. « Soror mea Heloissa... odiosum me mundo reddidit logica. Aiunt

tatio[1]. Plus tard, une aventure romanesque vint encore ajouter l'attrait du mystérieux à tous ces dons capables d'attirer à lui la jeunesse. Après cela, il pouvait avoir d'autres défauts, outre ceux que nous avons signalés, « une disposition maladive à se croire persécuté par tous[2] », une certaine sécheresse de cœur, un manque d'énergie qui lui faisait courber la tête sous l'orage qu'il avait lui-même déchaîné, et lui enlevait le courage de ses opinions : ces défauts ne nuisirent pas au professeur, qui vit les étudiants de tous les pays se presser autour de sa chaire, et exerça ainsi une influence énorme. Peut-être n'y eut-il pas autour de lui les trois mille étudiants dont parle la renommée, mais il en vint, pour ainsi dire, de tous les points de la chrétienté, d'Italie, d'Allemagne, d'Angleterre, d'Espagne et des diverses parties de la France[3]. On peut juger, par là, de l'expansion que prirent les idées du professeur et la méthode qu'il appliqua aux études scripturaires.

enim... me in logica praestantissimum esse, sed in Paulo non mediocriter claudicare. » *Epistola et confessio fidei ad Heloissam, P. L.*, col. 375 (I, p. 680).

1. Othon de Frisingue dit qu'Abélard fut condamné au concile « nulla sibi respondendi facultate, eo quod disceptandi in eo peritia ab omnibus suspecta haberetur, concessa ». OTHON DE FRISINGUE, *De Gestis Friderici* I, 47, *ouv. cit.*, p. 654; cf. *Hist. cal., P. L.*, col. 150 (I, p. 22).

2. A. LUCHAIRE, *ouv. cit.*, p. 378.

3. « Roma suos sibi docendos transmittebat alumnos ; et quae olim omnium artium scientiam solebat infundere, sapientiorem te se sapiente transmissis scolaribus monstrabat. Nulla terrarum spatia, nulla montium cacumina, nulla concava vallium, nulla via difficili licet obsita periculo, et latrone, quominus ad te properarent, retinebat. Anglorum turbam juvenum mare interjacens et undarum procella terribilis, non terrebat; sed omni periculo contempto, audito tuo nomine, ad te confluebat. Remota Britannia sua animalia erudienda destinabat. Andegavenses eorum edomita feritate tibi famulabantur in suis. Pictavi, Vuasiones et Hiberi, Normania, Flandria, Theutonicus et Suevius tuum colere ingenium, laudare et praedicare assidue studebat. Praeterea cunctos Parisiorum civitatem habitantes, et intra Galliarum proximas et remotissimas partes qui sic a te doceri sitiebant, ac si nihil disciplinae non apud te inveniri potuissent. » *Epist. Fulconis, P. L.*, CLXXVIII, col. 371 (I, p. 703). — Pierre le Vénérable dit d'Ablard : « singularié scientiae magisterio toti pene orbi terrarum notus et ubique famosus erat », *Epist. ad Heloissam P. L.* CLXXXIX, col. 351 (I, p. 714).

II

Abélard s'était d'abord donné tout entier à l'étude de la dialectique, et bien vite, il y avait montré cette tendance qui le portait, au dire de ses contemporains, à n'être de l'avis de personne, sinon du sien. Mais les circonstances lui firent jouer un rôle tout différent de celui auquel on aurait pu s'attendre de sa part. Au moment où il entre en scène, nominalistes et réalistes sont aux prises sur le terrain philosophique, tandis que partisans de l'autorité et partisans de la méthode rationnelle ne peuvent s'accorder en théologie. Esprit perspicace, il saisit rapidement ce qui fait la faiblesse de chaque parti ; tempérament indépendant et disputeur, il les combat tous ; aussi est-il honni des uns et des autres. Mais les partis en présence étant des partis extrêmes, il prend inévitablement, pour lutter contre eux, une position intermédiaire, et ainsi, par l'ironie des choses, cet indépendant, volontairement batailleur, devient, en fait, un conciliateur.

Cela est très visible, tout d'abord, en philosophie. M. Ch. Huit, dans ses belles études sur le platonisme au xiiᵉ siècle, après avoir rappelé le mot de Hauréau : « Abélard avait un grand fond d'instruction sans aucun esprit de secte », ajoute : « Ce qui frappe surtout chez lui, c'est un éclectisme porté à atténuer, sinon à supprimer les divergences d'écoles. Ainsi il écrit en parlant des stoïciens et des épicuriens : « *Nulla aut parva quantum ad sententiae summam est eorum distantia* [1] ». Il y a, à notre avis, dans ces lignes, une appréciation inexacte du caractère d'Abélard, mais le fait constaté est vrai, et d'autres faits le confirment. Ainsi notre philosophe voudrait de même réconcilier Platon et Aristote. A propos des définitions du relatif données par ces deux philosophes, il met en doute l'exactitude de l'in-

---

1. Ch. Huit, *Le platonisme au XIIᵉ siècle. Ann. de ph. chr.*, t. XXI, 18 nov. 1889, p. 166, n. 2.

terprétation aristotélicienne de la définition de Platon, et regrettant que l'envie ait poussé Aristote à dénigrer son maître, il estime que leurs définitions ne s'excluent pas[1]. Enfin, en composant sa Dialectique, qui est déjà une somme[2], il se propose « de corriger les erreurs de quelques-uns, de concilier les dissidences schismatiques des contemporains, de résoudre les difficultés des modernes[3] ».

Abélard, d'ailleurs, reste bien dans son rôle de dialecticien, en conciliant ainsi les opinions opposées, car la dialectique est aussi bien un instrument de paix qu'une arme de combat. Comment, en effet, supprimer les discordances sinon par l'usage de la dialectique, qui sert à distinguer le vrai du faux, à connaître la vérité[4], sinon par la raison qui discute et juge les autorités? Aussi Abélard, il ne faut pas s'y tromper, met-il la raison au-dessus de l'autorité. M. F. Picavet, il est vrai le conteste. « Ni en philosophie, ni en théologie, écrit-il, Abélard n'a été rationaliste; jamais il n'a donné à la raison la place qu'elle occupe chez Gerbert et surtout chez Jean Scot. Au contraire, c'est lui qui, le pre-

---

1. Novimus etiam Aristotelem..., ex fomite fortassis invidiae... quibusdam et sophisticis argumentationibus adversus ejus sententias dimicasse... Unum tamen confiteri possumus : si attentius Platonicae diffinitionis verba pensentur, eam ab Aristotelica non discrepare sententia. » *Dialectica*, pars I, *Ouv. inéd.*, p. 205-206. La remarque est de Ueberwegs-Heinze, *Grundriss der Geschichte der Philosophie*, t. II, 9ᵉ éd., p. 202.

2. Après avoir énuméré les sept ouvrages de dialectique des anciens qui sont connus de son temps, Abélard dit de son livre : « quorum omnium summam nostrae dialecticae textus plenissime concludet et in lucem usumque legentium ponet ». *Dialectica*, pars II, *Ouv. inéd.*, p. 229.

3. « Labor noster... et quorumdam maledicta corrigat, et schismaticas expositiones contemporaneorum nostrorum uniat, et dissentiones modernorum, si tantum audeam proferre negotium, dissolvat. » *Ibid.*, p. 228. Ces textes sont cités par F. Picavet, *Esquisse*, p. 200. Pour la composition de ce chapitre, la partie de l'*Esquisse* qui reprend l'article du même auteur sur Abélard et Alexandre Halès, créateurs de la méthode scolastique, nous a été très utile, quoique nous n'en approuvions pas toutes les idées.

4. « Ejus autem doctrinae praecipue est insistendum, cujus potior veritas cognoscitur. Haec autem est dialectica, cui quidem omnis veritatis seu falsitatis discretio ita subjecta est, ut omnis philosophiae principatum, dux universae doctrinae atque regimen possideat. » *Dialectica*, pars IV, *Ouv. inéd.*, p. 435.

mier, a fait constamment appel à l'autorité. Qu'il s'agisse de littérature, de philosophie ou de théologie, il s'appuie, tout à la fois et également — ce qui explique la réprobation des orthodoxes et les sentences des conciles de Soissons et de Sens — sur les poètes et les écrivains latins, sur les philosophes, sur l'Écriture et les Pères [1]. » Mais ces quelques lignes de M. Picavet contiennent, à notre avis, une double erreur. D'abord, il est inexact qu'Abélard fasse, tout à la fois et également, appel à l'Écriture, aux Pères, aux philosophes et aux poètes. Comme l'a montré l'abbé Kaiser, il établit bien une hiérarchie entre les autorités [2], et, s'il cite toutes sortes d'autorités, c'est parce que, pour lui, comme pour ses contemporains, l'autorité est tout ce qui est écrit, *scripta* [3]. Ensuite, et c'est là la seconde erreur de M. Picavet, Abélard est loin d'accorder à l'autorité le pas sur la raison. *A priori*, cela serait bien étrange de la part d'un homme auquel on reprochait de ne pouvoir se résoudre à être d'accord avec un autre. En fait, on n'a pu l'affirmer qu'en se méprenant sur le caractère de sa méthode et sur le sens des textes allégués. Qu'importe, en effet, qu'Abélard cite beaucoup d'autorités, s'il les fait passer toutes au tribunal de sa raison ? Or, c'est bien son cas. Il proclame nettement la supériorité de la raison dans les choses qui sont de son domaine [4], et lorsqu'il met l'autorité avant la raison, il lui accorde une priorité d'exposition, mais non une priorité de valeur. C'est ainsi, en effet, qu'il convient d'entendre le texte de saint Augustin cité par Abélard, et que Kaiser nous paraît interpréter à contre-sens [5] : « *Naturae quidem ordo ita se habet, ut cum aliquid dicimus, rationem praecedat auctoritas. Nam infirma ratio videri potest, quae, cum red-*

<hr>

1. F. Picavet, *Esquisse*, p. 188.
2. E. Kaiser, *Pierre Abélard critique*, p. 124-127.
3. « Omnis quippe controversia, ut in Rhetoricis suis Tullius meminit, aut *in scriptis* aut in ratione versatur. » Abélard, *Theol. christ.*, P. L., col. 1171 (II, p. 405).
4. « Scimus omnes in his quae ratione discuti possunt, non esse necessarium auctoritatis judicium. » *Theol. christ.*, P. L., col. 1224 (II, p. 460).
5. E. Kaiser, *ouv. cit.*, p. 69, n. 2. Toutefois il faut reconnaître qu'Abélard n'est pas bien clair dans le passage.

dita fuerit, auctoritatem postea, per quam firmetur, assumit [1]. » Ce qui veut dire : l'ordre naturel demande que l'autorité précède le raisonnement, car une raison peut paraître faible, si, une fois donnée, on fait encore appel à l'autorité pour la confirmer. Dans ce texte ainsi traduit, la première place est nettement donnée à la raison, et il ne s'agit, pour l'autorité, que d'une antériorité d'exposition. Le contexte d'ailleurs le prouve, tant chez saint Augustin que chez Abélard. Chez saint Augustin, le texte est précédé de ces mots : « *Unde igitur exordiar? ab auctoritate an ratione?* [2] » et chez Abélard de ceux-ci : « *Nunc..., pluribus de fide sanctae Trinitatis collectis atque expositis testimoniis, superest aperire quibus rationibus defendi possit, quod testimoniis confirmatum est* [3] ». Un autre texte, également cité pour montrer quelle importance Abélard attache à l'autorité[4], prouve, en réalité, qu'il la met au-dessous de la raison : « *Interim dum ratio latet,* écrit Abélard, *satisfaciat auctoritas, et ea notissima atque maxima propositio de vigore auctoritatis in ipso corpore artis a philosophis tradita conservetur : Quod omnibus vel pluribus, vel doctis videtur hominibus, ei contradici non oportere* [5] ». Par cette phrase, qui ne voit qu'Abélard n'accorde tout crédit à l'autorité que *dum ratio latet,* lorsque l'on ne peut trouver la raison d'une chose? Par conséquent, si on peut trouver la raison, elle l'emporte sur l'autorité.

Ainsi, concilier les autorités par le moyen de la dialectique, de la raison qui les discute et les apprécie, donner à la raison le premier rôle, telle apparaît la pensée d'Abélard. On peut donc supposer qu'il va aborder l'étude des Écritures avec le même état d'esprit. Immédiatement, en effet, ce qu'il reproche à l'enseignement d'Anselme de Laon,

---

1. SAINT AUGUSTIN, *De moribus Ecclesiae contra manichaeos,* c. 11, P. L., XXXII, col. 1311. Cousin écrit à tort « non assumit » (II, p. 67) au lieu de « assumit », car, avec la négation, la phrase n'a pas de sens et n'est pas conforme au texte de saint Augustin.

2. SAINT AUGUSTIN, *ibid.*

3. *Introductio,* P. L., col. 1039 (II, p. 66).

4. E. KAISER, *ouv. cit.,* p. 69, n. 2.

5. *Theol. christ.,* P. L., col. 1226 (II, p. 461).

c'est de ne pas satisfaire sa raison : « *Verborum usum habebat mirabilem, sed sensu contemptibilem et ratione vacuum* [1] », et lorsque lui-même se met à expliquer l'Écriture, il a surtout confiance en la force de son esprit. A ceux qui lui conseillent de prendre son temps pour préparer sa leçon, il répond avec indignation qu'il a l'habitude de progresser par la pénétration de l'esprit et non par l'assiduité [2]. Plus tard, enfin, comme on l'a vu au chapitre précédent, il écrit le *De Unitate et Trinitate divina* pour répondre aux désirs de ses disciples qui réclamaient des raisons humaines et philosophiques. Dans ce traité, découvert par Stölzle, on peut constater quelle place il accorde en effet à la raison. Certes, Abélard n'oublie pas les témoignages d'autorité, ceux de l'Écriture, des Pères et des philosophes, mais la plus grande partie du traité est consacrée à exposer et à réfuter les objections des dialecticiens, en opposant raisonnement syllogistique à raisonnement syllogistique, et aussi à essayer d'expliquer, par des comparaisons empruntées à la raison, le mystère de la Trinité.

Mais, bientôt, Abélard va apprendre à ses dépens que l'accord de la raison et de l'autorité n'est pas, en théologie, chose si simple. Accusé, il est convoqué au concile de Soissons. Là, un de ses rivaux, Albéric de Reims, cherchant à le surprendre, lui pose une question sur un passage de son traité. Aussitôt Abélard de répondre : « Sur ce point, si vous le voulez, je vous fournirai une explication rationnelle. » Mais Albéric lui réplique : « Peu nous importent les raisons humaines ou notre sens propre en pareille matière; nous ne nous préoccupons que des paroles de l'autorité ». Par bonheur, à ce que raconte Abélard, il y avait dans son ouvrage un texte de saint Augustin sur la question soulevée, il le servit à son contradicteur, et l'incident tourna au détriment d'Albéric, du moins au dire d'Abélard qui le ridiculise [3]. Mais à qui sait un peu lire, le récit laisse devi-

---

1. *Hist. cal.*, *P. L.*, col. 123 (I, p. 7).
2. « Indignatus autem respondi non esse meae consuetudinis per usum proficere sed per ingenium. » *Ibid.*, *P. L.*, col. 125 (I, p. 8).
3. ABÉLARD, *Hist. cal.*, *P. L.*, col. 147 (I, p. 18).

ner qu'à Soissons se posa, devant Abélard, une double question : celle des droits de l'autorité en théologie, et celle de la légitimité de l'emploi de la dialectique.

III

Depuis le ixe siècle, cette double question ne cessait de hanter l'esprit des théologiens du moyen âge, et, presque dans chaque cas, on l'avait résolue ou bien en faveur de l'autorité des Pères au détriment de la dialectique, ou bien en sens contraire[1]. Après Alcuin, qui avait soutenu, avec saint Augustin, qu'on pouvait utilement faire servir la dialectique à confondre les hérétiques[2], Jean Scot s'était appuyé surtout sur la raison pour défendre le libre arbitre. Mais Prudence, évêque de Troyes, et le diacre Florus, de Lyon, l'accusèrent de reproduire les hérésies de Pélage et d'Origène, de pervertir le sens des Pères catholiques, et de recourir aux subtilités dialectiques[3]. Gerbert, comme on l'a vu[4], soutenait que la dialectique vient de Dieu, mais son élève, Fulbert de Chartres, ne le suivait pas dans cette voie. Il s'attachait à l'argument d'autorité, à l'enseignement des Pères, et professait que l'abord des choses qui ne tombent pas sous les sens, est fermé par des portes closes à la philosophie, et que la raison humaine doit se résigner à ne pas les atteindre[5]. Après Fulbert, Bérenger veut rétablir les droits de la raison. Il rappelle, dans le *De sacra coena*, les éloges

1. Voir sur cette question les pages intéressantes de Mignon, *ouv. cit.*, I, p. 161-168.
2. ALCUIN, *Dialectica*, c. v, *P. L.*, CI, col. 959.
3. PRUDENCE, *De praedestinatione*, *P. L.*, CXXXV, col. 965, et FLORUS, *Liber adversus Scotum* praefatio, *P. L.*, CII, col. 104. — Cf. F. PICAVET, *ouv. cit.*, p. 147-148.
4. Voir plus haut, p. 91, n. 3.
5. Cf. CLERVAL, *ouv. cit.*, p. 131. — HAURÉAU, *Histoire de la philosophie scolastique*, t. I, p. 251. Celui-ci renvoie à une lettre de Fulbert à son élève Hildegaire, *Bibliotheca maxima Patrum*, t. XVIII, p. 23, ep. 79. Elle se trouve *P. L.*, CXLI, col. 231, ep. 63 (79), mais ni dans le texte de la *Bibl. max. Patr.*, ni dans celui de la *P. L.*, nous n'avons pu lire la phrase à laquelle Hauréau fait allusion.

que saint Augustin fait de la dialectique[1], et déclare que l'intelligence est l'honneur de l'homme[2], qu'arriver à connaître la vérité par la raison est incomparablement supérieur à la connaître par l'autorité[3], que chercher un refuge dans la dialectique, c'est chercher un refuge dans la raison, et qu'un homme intelligent doit, en tout, y avoir recours, s'il ne veut pas renoncer à sa dignité d'homme[4]. Par contre, Lanfranc ose à peine user de la dialectique en théologie. Sans doute, il convient que la dialectique n'est pas, pour les esprits sérieux, ennemie de la théologie[5]; mais, dans sa discussion avec Bérenger, il regrette d'être forcé par son adversaire d'y avoir recours; il aurait voulu n'invoquer que l'autorité des Pères[6]. Saint Anselme, à son tour, accorde un rôle important à la dialectique, au raisonnement recouvert d'un beau vêtement littéraire. Mais, bien qu'il prétende ne rien avancer qu'il n'ait lu dans saint Augustin, Lanfranc, auquel il a soumis son *Monologium,* en prend ombrage, et lui con-

---

1. BÉRENGER, *De sacra coena*, éd. Wischer, p. 101.

2. « Interioris hominis decus, intellectualitatis contuitum », *ibid.*, p. 222.

3. Il se justifie, dans le *De sacra coena*, de l'accusation portée contre lui par Lanfranc, d'abandonner les autorités, puis ajoute : « quanquam ratione agere, in perceptione veritatis incomparabiliter superius esse, quia in evidenti res est, sine vecordiae coecitate nullus negaverit », *ibid.*, p. 100. « Nec sequendus in eo es ulli cordato homini, ut malit auctoritatibus circa aliqua cedere, quam ratione, si optio sibi detur, perire », *ibid.*, p. 102.

4. « Maximi plane cordis est, per omnia ad dialecticam confugere, quia confugere ad eam ad rationem est confugere, quo qui non confugit, cum secundum rationem sit factus ad imaginem Dei, suum honorem reliquit, nec potest renovari de die in diem ad imaginem Dei » *ibid.*, p. 101. — Cf. J. EBERSOLT, *Essai sur Bérenger de Tours et la controverse sacramentaire au XIe siècle, Revue de l'histoire des Religions*, t. XLVIII, 1903, p. 172.

5. « Perspicaciter... intuentibus dialectica sacramenta Dei non impugnat, sed cum res exigit, si rectissime teneatur, astruit et confirmat. » LANFRANC, *Commentaire sur les Épitres de saint Paul*, P. L., p. 157, n. 11.

6. S'adressant à Bérenger, il écrit : « Relictis sacris auctoritatibus, ad dialecticam confugium facis. Et quidem de mysterio fidei auditurus ac responsurus quae ad rem debeant pertinere, mallem audire ac respondere sacras auctoritates quam dialecticas rationes. » *Liber de corpore et sanguine Domini*, c. VII, *P. L.*, CL, col. 417. — Tout le passage est à lire.

seille d'en revenir à l'emploi des autorités patristiques[1]. Roscelin, pour défendre ses opinions théologiques, fait aussi usage de la dialectique[2]; mais ses erreurs jettent de nouveau sur elle le discrédit, et nous avons vu qu'au moment où Abélard entre en scène, il existe tout un parti, le parti ascétique, fortement opposé à la tendance, qui pousse les dialecticiens à donner une interprétation scientifique des vérités révélées, en mettant les arts libéraux, et tout particulièrement la dialectique, au service de la foi. Dans ce parti, on critique violemment quiconque est, de quelque manière, en désaccord avec les Pères, aussi bien dans l'expression de la doctrine que dans la doctrine elle-même, et l'un des griefs que l'on retrouve sans cesse dans les écrits du temps, consiste à accuser un maître, un théologien, de *novitates vocum et sensuum* [3].

Quelle position allait prendre Abélard en face de ce parti qui avait combattu ses innovations? Comment allait-il, à son tour, résoudre le problème de l'accord de la raison et de l'autorité en théologie? De retour à Saint-Denis, n'enseignant plus, il se plonge dans l'étude des Pères qu'il n'avait guère pratiquée jusque-là. Il acquiert une con-

1. Nous n'avons pas la lettre de Lanfranc à Anselme, mais une lettre de ce dernier nous en indique le contenu : « De illis quidem, quae in illo opusculo dicta sunt, quae salubri sapientique consilio monetis, in statera mentis solertius appendenda, et cum eruditis in sacris codicibus conferenda; et ubi ratio deficit, divinis auctoritatibus accingenda. » Saint Anselme, *Epistolarum*, l. I, ep. 69, *P. L.*, CLVIII, col. 1139.

2. Cf. F. Picavet, *Roscelin*, p. 7, p. 16, n. 1 et p. 26. — Saint Anselme, répondant à Roscelin, déclare vouloir lui démontrer son erreur par la raison même qui lui sert à se défendre : « ratione qua se defendere nititur, ejus error demonstrandus est ». Saint Anselme, *De fide Trinitatis*, c. III, *P. L.*, CLVIII, col. 266.

3. Abélard, répondant à saint Bernard à propos de la formule « panem nostrum supersubstantialem », qu'il faisait réciter aux religieuses du Paraclet, lui dira : « non enim vocum novitates, sed profanas tantum et fidei contrarias Apostolus interdicit ». *Epistola ad S. Bernardum*, *P. L.*, col. 340 (I, p. 623). Il en parlera encore d'une manière très judicieuse dans la *Theologia christiana*, *P. L.*, col. 1273, 1274 et 1276 (II, p. 509, 510, 513). Néanmoins, après lui encore, la seule accusation de *profanae novitates vocum* suffira à dicter à Guillaume de Conches la rétractation suivante : « Quod dictum est (dans sa *Philosophia*) de potentia quod sit pater, de voluntate quod sit spi-

naissance étendue de la littérature patristique [1]; mais un esprit aussi pénétrant que le sien ne tarde pas à apercevoir des oppositions réelles ou apparentes entre les textes des Pères, et le premier problème se complique ainsi, pour lui, d'un second : celui de l'accord entre les autorités patristiques.

Ce dernier problème préoccupait aussi depuis longtemps les théologiens. Déjà les Pères s'étaient appliqués à mettre en harmonie l'Ancien Testament avec le Nouveau, comme aussi les évangélistes entre eux. Saint Augustin et saint Grégoire le Grand avaient chacun composé sur ce sujet un traité [2]. Plus récemment, saint Anselme avait cherché à concilier les textes des Écritures sur la grâce et le libre arbitre [3]. Le travail que les Pères avaient fait pour les Écritures, s'imposait maintenant pour leurs propres écrits. Les discussions sur la grâce, le libre arbitre, la prédestination, la présence réelle, en amenant les contradicteurs à se couvrir les uns et les autres de l'autorité des Pères, avaient eu pour effet de montrer chez ceux-ci des désaccords. C'est pour s'en être rendu compte que Raban Maur, dans ses commentaires, tenait à indiquer les autorités dont il rapportait les opinions, afin que chacun de ses lecteurs pût ensuite

ritus sanctus, etsi possit quoquo modo defendi, tamen quia nec in Evangelio nec in scripturis sanctorum patrum illud invenimus, propter illud Apostoli damnamus... » *Dragmaticon Philosophiae*, cité par R. L. Poole, *ouv. cit.*, Append. VI, p. 351. — Et Bérenger, le disciple d'Abélard, pour expliquer pourquoi il n'a pas écrit la seconde partie de son *Apologia* en faveur de son maître, alors qu'il l'avait promise, dit des *Capitula errorum Abaelardi* : « etsi sane saperent, non sane sonabant ». *P. L.*, col. 1873 (II, p. 788). C'est pourquoi il n'a pas voulu les prendre sous son patronage.

1. Sur les connaissances patristiques d'Abélard, voir Deutsch, *ouv. cit.*, p. 69-77, et surtout E. Kaiser, *ouv. cit.*, p. 19-36. Il est intéressant de noter qu'Abélard ne cite ni Denys l'Aréopagite, ni Jean Scot, ni saint Jean Damascène.

2. Saint Augustin, *De consensu Evangelistarum*, lib. quator, *P. L.*, t. XXXIV, col. 1041 à 1230. — Cf. Sur ce traité, E. Moirat, *ouv. cit.*, p. 88-94. — Cf. encore Saint Augustin, *De scriptura sacra speculum*, Praefatio, *P. L.*, XXXIV, col. 889. — Saint Grégoire, *Concordia quorumdam testimoniorum S. Scripturae*, *P. L.*, LXXIX, col. 659 et suiv.

3. Saint Anselme, *De concordia gratiae et liberi arbitrii*, q. 3, c. 1, *P. L.*, CLVIII, col. 522.

choisir entre ces autorités, comme il le jugerait bon [1]. Jean Scot, après lui, proposait la même solution pour les cas similaires : la liberté dans le choix entre les autorités [2]. Mais un pareil procédé, appliqué aux questions importantes, pouvait nuire gravement à l'unité de la foi. C'était déjà pour sauvegarder cette unité que l'on condamnait alors si impitoyablement les *novitates vocum et sensuum;* dans le même but, en face des divergences des Pères, et avec « l'idée peut-être exagérée que l'on se faisait alors de la constance de l'enseignement ecclésiastique », la nécessité apparut, absolue et inéluctable, de montrer que les divergences n'étaient qu'apparentes, qu'il y avait, dans le fond, unité de vues et de conduite [3].

Dès le ixe siècle, Hincmar, dans son traité *De praedestinatione,* à propos d'une opinion erronée de Fulgence, constate des désaccords entre saint Cyprien et le pape Étienne, entre saint Augustin et saint Jérôme, entre saint Grégoire et ses prédécesseurs; et il indique des principes d'après lesquels on peut solutionner la difficulté. Ainsi, il établit une distinction entre les écrivains ecclésiastiques inscrits au catalogue de Gélase, et ceux qui, comme Fulgence, n'y sont pas; il admet aussi la possibilité d'une certaine diversité dans les écrits des Pères : une diversité qui ne nuit pas à l'unité de la foi; et enfin il pose cette règle, que malheureusement ignorera Abélard : « Nous croyons ce qu'enseigne la sainte Église catholique, apostolique et

---

1. « Sunt enim eorum sensus in aliquibus concordantes, in aliquibus discrepantes. Unde necessarium reor ut intentus auditor per lectorem primum recitata singulorum auctorum nomina aut scripta sua audiat, quatenus sciat quid in lectione apostolica unusquisque senserit, sicque in mentem suam plurima coacervans, potest de singulis judicare quid sibi utile sit inde sumere. » Raban Maur, *Enarrationum in epistolas Beati Pauli libri* 30, Praefatio altera, *P. L.*, CXI, col. 1276.

2. « Sanctorum autem Patrum solummodo sententias interim inter nos conferimus; qui autem magis sequendi sunt, non est nostrum judicare; unusquisque suo sensu abundet, et quos sequatur, eligat, litigationibus relictis. » Jean Scot, *De divisione naturae,* l. IV, c. xvi, *P. L.*, CXXII, col. 816. — Cf. *ibid.*, col. 548 et 829.

3. Cf. L. Saltet, *ouv. cit.*, p. 290.

romaine [1] ». Après Hincmar, Gerbert voulant concilier, à propos de la présence réelle, des textes des Pères, qui semblent s'opposer, le fait à l'aide d'autres textes empruntés à saint Cyrille et à saint Hilaire, et ajoute qu'avant d'avoir connu ces derniers textes, il s'était proposé de résoudre les contradictions apparentes qu'il avait constatées, en appliquant la règle de logique bien connue : tout ce qui est dit du prédicat, doit aussi se dire du sujet [2]. C'était là un essai intéressant de conciliation, par l'usage de la logique, d'autorités patristiques divergentes.

Néanmoins, les tentatives d'Hincmar et de Gerbert, dans le domaine théologique, restèrent isolées; elles ne s'appliquaient, d'ailleurs, qu'à telle ou telle question particulière. Il n'en fut pas de même sur le terrain du droit canon. Il s'agissait là de questions pratiques, de règles à observer, de décisions que les membres de la hiérarchie ecclésiastique avaient souvent à appliquer, et où il importait de s'en tenir à une ligne de conduite commune. Il était donc urgent de mettre d'accord les décisions des conciles, les décrétales et les opinions émises par les Pères. Ici encore, l'archevêque de Reims, Hincmar, fut le précurseur. Dans son traité *De praedestinatione,* composé vers 860, il disait son intention de montrer, un jour, que les canons publiés aux diverses époques, par les conciles et par les papes, loin de présenter des contradictions, comme pourrait le faire croire un examen superficiel, attestent en réalité une profonde unité [3]. Ce traité promis par Hincmar est-il celui

1. « Scientes Scripturam sacram esse pretiosam margaritam, quae ex omni parte forari potest, et ideo diverso stylo, sed non diversa fide, exponunt pluraliter, ut pluribus non modo salubriter, verum et innotescant delectabiliter. » HINCMAR, *De praedestinatione,* c. III, *P. L.,* CXXV, col. 87. — « Sequimur autem quae catholica et apostolica nos docet sancta Romana Ecclesia, quae nos in fide genuit, catholico lacte aluit. » *Ibid.,* c. IV, col. 88.

2. « Et nos aliquando, antequam tantorum virorum, Cyrilli dico et Hilarii, auctoritatibus instrueremur, hanc supra dictorum sanctorum, quae posterioribus visa est discrepantia, alicujus dialectici argumenti sede absolvere meditabamur. » GERBERT, *ouv. cit.,* c. VII, *P. L.,* CXXXIX, col. 185.

3. « De canonum autem formis, quas quidam non attendentes solertius, ecclesiasticas regulas inter se autumant discordare, quae et

que Bernold de Constance publia sous ce titre : *De excommunicatis vitandis, de reconciliatione lapsorum et de fontibus juris ecclesiastici?* L'abbé L. Saltet, dans son étude sur les Réordinations, voit, dans ce dernier ouvrage, un livre « qui, à la fin du XIe siècle, a été transcrit et démarqué par Bernold de Constance, qui se l'est attribué, et qu'il faut restituer à Hincmar, abstraction faite de quelques courtes interpolations qui appartiennent à Bernold [1] ». Les preuves apportées par l'abbé Saltet à l'appui de sa thèse sont très vraisemblables. En tout cas, quel que soit l'auteur du traité, les règles qu'on y donne en vue de l'interprétation des canons, sont remarquables pour l'époque, qu'elles soient du IXe ou du XIe siècle. L'auteur recommande, en effet, 1° de replacer les canons dans leur contexte pour pouvoir les comprendre ; 2° de les comparer entre eux ; 3° de tenir compte des circonstances de lieux, de temps et de personnes ; 4° de rechercher les causes qui ont amené l'Église à prendre ces décisions ; 5° de distinguer les mesures générales de celles qui n'ont été prises que pour un temps, en vertu du pouvoir de dispense [2]. Dans ces règles, on reconnaît d'abord les conseils donnés par saint Augustin

quot sint, et quas singulae canonum complectantur sententiae, quia sagaces et studiosi non indigent, devotis atque simplicibus, si Dominus spatium et otium dederit, quod gratia sua nobis ostenderit, sicut doctrina magistrorum accepimus, scribere temporis processu disponimus, quibus nihil discors, nihil sibi dissidens in sacris canonibus lector quilibet facillime valebit dignoscere. Sed pro temporum varietate et causarum, atque medicatione morborum, per diversa organa, ut ab unico multiplici prolata spiritu, cuncta consona, cuncta reperiet temporis, necessitatis atque infirmitatis causa convenientia. » HINCMAR, *De praedestinatione*, c. XXXVII, n° 11, *P. L.*, CXXV, col. 413.

1. L. SALTET, *ouv. cit.*, p. 134 et p. 395 à 402.

2. « Non solum autem exceptiones canonicarum institutionum, sed et integras earum descriptiones diligenter considerare et ad invicem conferre non taedeat... Sed diversorum statutorum ad invicem collatio multum nos adjuvat, quia unum saepe aliud elucidat... Consideratio quoque temporum, locorum, sive personarum, saepe nobis competentem subministrat intellectum... Hoc utique lectori multum intelligentiae suppeditabit, si hujusmodi statutorum originales causas singulari diligentia indagare non omittit... quid sancti Patres dispensatorie, quasi ad tempus servandum instituerint, quid etiam generaliter omni tempore tenendum censuerint... » *Ouv. cit.*, *P. L.*, CXLVIII, col. 214. — *M. G. H., Libelli de lite*, II, p. 139.

pour l'interprétation des Écritures : comparer les textes entre eux, replacer une sentence dans son contexte, tenir compte des circonstances de temps, de lieux et de personnes. Mais il en est une qui est personnelle à l'auteur : rechercher les causes qui ont fait porter les décisions, les canons des conciles ; l'appliquer, c'eût été faire une place à la critique historique ; malheureusement, il était matériellement impossible aux auteurs du moyen âge de la mettre en pratique ; elle resta lettre morte.

Si Bernold de Constance, à la fin du xie siècle, démarqua ainsi une concordance de Hincmar, c'est qu'à cette époque on se préoccupait beaucoup de supprimer les divergences remarquées entre les canons, et de poser, pour cela, des principes qui permissent de résoudre les divers cas. Dans la préface de sa collection canonique, qui remonte aux années 1093-1095[1], le cardinal Deusdedit constate des divergences dans les canons, comme chez les Évangélistes, et propose ou bien de faire appel, pour les concilier, à la *discretio*, au pouvoir de dispense, ou bien, lorsque les canons sont en opposition flagrante, de donner la préférence à ceux qui ont la plus grande autorité[2].

Peu après, vers 1096[3], Ives de Chartres exposait, dans la préface de sa *Panormia*, préface qu'on retrouve souvent dans les manuscrits du moyen âge, la distinction entre les lois nécessaires et les lois contingentes, et développait la théorie de la dispense, montrant que tous les canons ont pour but de dispenser les remèdes nécessaires aux chrétiens, mais que, suivant les cas, ils contiennent des préceptes ou de simples conseils, des défenses ou des permissions, en vertu du pouvoir qu'ont les évêques d'user de

---

1. « Porro si qua hic inserta, quod etiam in evangelistis saepe contingit, sibi invicem contraria videbuntur, discretione adhibita facile patebit, quod neque sibi nec extra positis scripturis adversentur. Quod si patenter adversari contigerit, inferior auctoritas potiori cedere debebit. » DEUSDEDIT, *Die Kanonensamlung*, Prologus, I, p. 3 (*P. L.*, CL, col. 1568).

2. Voir, pour cette date, L. SALTET, *ouv. cit.*, p. 244.

3. Pour cette date, voir P. Fournier, *Les Collections canoniques*, p. 108.

rigueur ou de modération, de recourir à la justice ou à la miséricorde, suivant les circonstances [1]. Après Ives de Chartres, et sous sa dépendance, Alger de Liège reprend les mêmes idées dans son *Liber de misericordia et justitia,* et montre que tous les canons ont un but identique : le règne de la charité [2].

IV

Ainsi donc, longtemps avant Abélard, on avait constaté des divergences dans la doctrine des Pères et les décisions disciplinaires de l'Église. Au moment même où il entrait en scène, les canonistes travaillaient activement à trouver des principes de conciliation. Abélard s'y mit aussi, mais à sa manière, c'est-à-dire d'une manière très originale. C'est dans ce but qu'il composa le *Sic et Non.*

Il semble bien que cet ouvrage, au moins par son prologue et son plan général, se rattache aux années d'études patristiques qui suivirent, pour Abélard, le concile de Soissons. Deutsch a montré, en comparant le prologue du *Sic et Non* et la lettre d'Abélard sur Denys l'Aréopagite,

1. « In quo prudentem lectorem praemonere congruum duximus ut, si forte quae legerit, non ad plenum intellexerit, vel sibi invicem adversari existimaverit, non statim reprehendat; sed quid secundum rigorem, quid secundum moderationem, quid secundum judicium, quid secundum misericordiam dicatur, diligenter attendat... Haec attendens diligens lector intelliget unam faciem esse eloquiorum sacrorum, cum distincte considerabit quid sit admonitio, quid sit praeceptum, quid prohibitio, quid remissio; et haec nec se invicem impugnare, nec a seipsis distare, sed omnibus sanitatis remedium pro sua moderatione dispensare. » *Panormia,* Prologus, *P. L.,* CLXI, col. 47-48. Quoique ce prologue soit imprimé en tête du Décret, il appartient à la *Panormia,* cf. P. Fournier, *ouv. cit.,* p. 113.

2. « Quia enim praecepta canonica, alia sunt misericordiae, alia justitiae, adeo discreta variis ordinibus, variis personis et temporibus, ut nunc misericordia omnino remittat justitiam, nunc justitia... dissimulet misericordiam : qui per discretionem nesciunt tam diversa temperare, putant ea per contrarietatem sibi discorditer obviare : non attendentes hunc esse modum ecclesiastici regiminis, seu indulgendo, seu puniendo, eamdem intentionem charitatis, eamdem operationem servare salutis. » Alger, *Liber de misericordia et justitia, P. L.,* CLXXX, col. 857.

qui date certainement de cette époque, que prologue et lettre présentent des analogies de pensées et des analogies verbales frappantes, et que c'est, par conséquent, aux années 1120-1122 qu'il faut faire remonter l'élaboration du *Sic* et *Non* et la composition du prologue[1].

Dans le *Sic et Non*, Abélard profite des remarques de ses prédécesseurs, mais il est, en même temps, beaucoup plus hardi et beaucoup plus complet qu'eux. Tout d'abord, la disposition donnée à l'ouvrage pose, d'elle-même, le problème d'une manière frappante. Ce n'est plus seulement sur tel ou tel point de la doctrine chrétienne, c'est sur l'ensemble de la théologie et du droit canon qu'Abélard constate et fait constater les divergences, apparentes ou réelles. Sur chaque point, il amasse un bon nombre de textes qui s'opposent comme oui et non — d'où le titre de *Sic et Non* — et qui semblent prouver que, sur chaque question, les Pères ont apporté des solutions opposées. Le procédé était audacieux, car, de cette façon, les discordances apparaissaient sous un jour très vif; elles sautaient, pour ainsi dire, aux yeux, et l'on risquait de jeter le discrédit sur l'autorité des Pères. Mais ce n'était pas là l'intention d'Abélard; il voulait uniquement, en montrant nettement comment se posait le problème, rendre plus sensible la nécessité de le résoudre. Aussi bien, il s'y emploie lui-même, et donne, à cet effet, dans le prologue, un certain nombre de règles critiques. Après avoir mis en garde contre les apocryphes, les fausses attributions, les erreurs de copistes, il conseille de vérifier si dans tel ou tel passage, les Pères n'ont pas simplement rapporté une opinion, sans la prendre à leur compte, ou s'ils ne se sont pas rétractés depuis, comme l'a fait, par exemple,

---

1. S. M. Deutsch, *ouv. cit.*, Beilage 3, p. 456-463. — P. Kaiser, *ouv. cit.*, p. 36, n. 1, remarquant qu'un certain nombre d'auteurs ne sont cités que dans le *Sic et Non*, se demande s'il n'y a pas lieu d'en conclure que le *Sic et Non* serait postérieur à l'*Introductio* et à la *Theologia christiana*. Mais Deutsch, *ibid.*, p. 461, a montré que, d'après les mss. du *Sic et Non* que nous possédons, il y a eu deux éditions données par Abélard de ce livre; ainsi la seconde édition peut fort bien être postérieure aux premiers livres de l'*Introductio*, et la première lui être contemporaine ou antérieure.

saint Augustin. Il rappelle aussi les règles données par les canonistes sur le pouvoir de dispense, sur la distinction des temps, des personnes et des lieux, sur les lois générales et contingentes, et, en cela, il dépend sans doute d'Ives de Chartres[1]. Enfin il donne une règle qui, dans sa pensée, est destinée à résoudre la plupart des cas, et qui devait avoir dans la suite une grande importance : « *Facilis autem plerumque controversiarum solutio reperietur, si eadem verba in diversis significationibus a diversis auctoribus posita defendere poterimus.* On trouvera, le plus souvent, la clef de la difficulté, en montrant que les mêmes mots, employés par divers auteurs, ont chez eux des sens différents [2] ».

Cette règle, Abélard l'avait trouvée sans doute chez saint Augustin, dans le *De doctrina christiana*, qu'il cite précisément à ce sujet dans le prologue du *Sic et Non*[3]. Mais il lui donne une tout autre portée, comme on peut s'en convaincre en la rapprochant d'un passage de sa Dialectique. Dans ce passage, après avoir fait remarquer que, dans l'énoncé d'une proposition, d'une conséquence, il faut porter son attention sur la propriété et la justesse des termes employés, plus encore que considérer l'essence des choses[4], il ajoute : « *Si quis vocum impositionem recte pensaverit, enuntiationum quarumlibet veritatem facilius deliberaverit, et rerum consecutionis necessitatem velocius animadverterit. Hoc autem logicae disciplinae relinquetur, ut scilicet vocum impositiones pensando quantum unaquaque proponatur oratione sive dic-*

---

1. *Sic et Non*, Prologus, *P. L.*, col. 1340 à 1344 (*Ouv. inéd.*, p. 5 à 10).

2. *Ibid.*, *P. L.*, col. 1344 (*Ouv. inéd.*, p. 10).

3. *Ibid.*, *P. L.*, col. 1339 (*Ouv. inéd.*, p. 4). Sur l'emploi de cette règle par saint Augustin, voir E. Moirat, *ouv. cit.*, p. 92. Il cite cette phrase de saint Augustin : « Et multa sunt alia verba quae non habent unam significationem, sed diversis locis congruenter posita diverso modo intelliguntur, et aliquando cum expositione dicuntur. » Saint Augustin, *De consensu Evang.*, l. II, c. xxx, n. 72, *P. L.*, XXXIV, col. 1113. Saint Augustin donne aussi cette règle dans le *De doctrina christiana*. Voir plus haut, p. 99 et n. 5.

4. « Est autem illud maxime notandum quam maxime in enuntiatione consequentiarum, vocum proprietas et recta impositio sit attendenda, ac magis quidem quam rerum essentia consideranda. » Abélard, *Dialectica*, p. III (*Ouv. inéd.*, p. 349).

tione discutiat[1]. » Ainsi la grande règle de concordance consiste à reconnaître les sens divers qu'un même mot prend sous la plume de différents auteurs, et c'est là un travail qui revient à la logique ; c'est à elle de discuter, dans chaque cas, quel sens l'auteur a voulu donner aux mots qu'il emploie. Abélard se propose donc, en définitive, de faire passer les textes des Pères au crible de la dialectique. Cela revient à prétendre que, dans l'application de la méthode patristique en théologie, on ne saurait se passer de la méthode dialectique, et qu'il ne faut s'en tenir exclusivement ni à l'une ni à l'autre.

De fait, si, pour le canon des Écritures, il n'admet que des erreurs de copistes ou des erreurs de traduction, il déclare, en ce qui concerne les assertions des Pères, qu'on peut les discuter, que leur autorité vaut ce que valent leurs raisons[3] ; et lui-même donne l'exemple, dans ses écrits, en soutenant, par deux fois, des opinions combattues par tous les Pères, ou par le plus grand nombre d'entre eux[4].

Ainsi Abélard, dans le *Sic et Non,* par l'adoption d'une disposition très habile, fait ressortir les discordances entre les Pères, puis tente de les concilier, d'après un certain nom-

1. *Dialectica,* pars III (*Ouv. inéd.,* p. 351).

2. « Distincta est a posteriorum libris excellentia canonicae auctoritatis veteris et novi testamenti. Ibi si quid veluti absurdum moverit, non licet dicere : auctor hujus libri non tenuit veritatem ; sed aut codex mendosus est, aut interpres erravit, aut tu non intelligis. » *Sic et Non,* Prologus, *P. L.,* col. 1347 (*Ouv. inéd.,* p. 14).

3. « In opusculis autem posteriorum... cuncta hujusmodi nisi vel certa ratione vel canonica auctoritate defendatur... si cui displicuerit, aut credere noluerit, non reprehendetur. » *Ibid., P. L.,* col. 1347 (*Ouv. inéd.,* p. 14). — « Quod genus litterarum non cum credendi necessitate, sed cum judicandi libertate legendum est. » *Ibid., P. L.,* col. 1347 (*Ouv. inéd.,* p. 13). — « Non enim praejudicata doctoris opinio, sed doctrinae ratio ponderanda est. » *Ibid., P. L.,* col. 1348 (*Ouv. inéd.,* p. 16).

4. Il soutient que Dieu ne peut faire plus qu'il n'a fait, « licet haec nostra opinio paucos aut nullos habeat assentatores et plurimum dictis sanctorum, et aliquantulum a ratione dissentire videatur ». *Introductio, P. L.,* col. 1098 (II, p. 128). — Il combat la doctrine des droits du démon, à propos de la Rédemption, malgré l'autorité de tous les Pères : « Sciendum est, quod omnes nostri Doctores, qui post Apostolos fuere, in hoc conveniunt quod Diabolus dominium et potestatem habebat super hominem. » *Capitula errorum P. Abaelardi, P. L.,* CLXXXII, col. 1050 (II, p. 766).

bre de règles, dont la principale, celle qui doit être d'un plus fréquent usage, consiste à recourir à la dialectique. Par là il est original, et se distingue de ses prédécesseurs, tant des partisans de l'autorité patristique que des dialecticiens. Sans doute, comme les partisans de l'autorité patristique, il cite un grand nombre de textes des Pères, mais il montre que ce moyen est impuissant à sauvegarder l'intégrité et l'unité de la foi. Sans doute, comme les dialecticiens, comme Jean Scot, Bérenger, saint Anselme, Roscelin, il applique la dialectique à la théologie, mais sans s'exposer, comme eux, au reproche de négliger les autorités des Pères. S'il cherche, comme Bérenger, un refuge dans la dialectique, c'est après avoir montré — ou cru montrer [1] — que là est l'unique moyen de sortir des difficultés que font naître les désaccords entre les Pères. Au fond, il est avec les dialecticiens, mais il oblige les partisans exclusifs de l'autorité patristique à désarmer, en fusionnant les deux méthodes — le recours à l'autorité patristique et l'usage de la spéculation rationnelle — et en montrant la nécessité inéluctable de cette fusion, dans l'intérêt et pour le perfectionnement de chacune.

V

C'était là, en réalité, créer une nouvelle méthode, qui profitait des avantages des deux autres. Grâce à sa valeur intrinsèque, servie par l'action qu'exerçaient la renommée et les qualités professorales d'Abélard, elle influença rapidement aussi bien la pratique de l'enseignement théologique que la méthode adoptée dans la composition des sommes de théologie; elle contribua même à renouveler le droit canon.

Au point de vue de l'enseignement de la théologie, elle y

---

1. Il y avait bien un autre moyen, et celui-là beaucoup plus sûr, de sortir d'embarras, c'était de recourir à l'histoire; mais, nous l'avons dit, la chose n'était pas possible alors, et les esprits n'y étaient pas portés.

introduisit un exercice qui, jusque-là, était réservé à la logique : la *disputatio*. La disposition même du *Sic et Non* faisait de chacun de ses chapitres comme la matière d'un exercice de ce genre. Et même, ne faut-il pas voir une allusion voilée à l'usage de la *disputatio* théologique dans ces phrases du *Sic et Non* : « *Placet... diversa sanctorum Patrum dicta colligere... aliquam ex dissonantia quam habere videntur, quaestionem contrahentia, quae teneros lectores ad maximum inquirendae veritatis exercitium provocent et acutiores ex inquisitione reddant... Dubitando enim ad inquisitionem venimus; inquirendo veritatem percepimus*[1] » ? Ne convient-il pas d'entendre par ces mots : « *maximum inquirendae veritatis exercitium* », l'exercice le plus propre à rechercher la vérité, la *disputatio?* Il est frappant, en tout cas, que, plus tard, Pierre le Chantre, pour établir l'utilité de cet exercice, emploiera les mêmes termes. Il écrira dans son *Verbum abbreviatum :* « *Post lectionem igitur Sacrae Scripturae, et dubitabilium per disputationem inquisitionem, et non prius, praedicandum.* C'est après la lecture de la Sainte Écriture et la recherche, au moyen de la *disputatio*, de la solution des questions douteuses, mais non auparavant, qu'il faut se livrer à la prédication[2]. » Par contre, nous voyons que, si Hugues de Saint-Victor fait allusion, dans le *Didascalion*, à l'usage des sommes de théologie, il ne dit rien de la *disputatio;* et on lit même, dans le *De Sacramentis*, une phrase qui tend à prouver qu'il n'aimait pas la méthode de ceux qui, sur une même question, citaient toutes sortes d'opinions[3]. De même, un des grands reproches adressés par saint Bernard à Abélard, c'est précisément que lui et ses disciples disputent dans les carrefours des choses divines[4]. Il semble donc bien qu'Abélard,

1. *Sic et Non*, Prologus, *P. L.*, col. 1349 (*Ouv. inéd.*, p. 17).
2. Pierre le Chantre, *Verbum abbreviatum*, c. 1, *P. L.*, CCV, col. 25.
3. « Quaeruntur autem quam plurima de origine animae... nos vero in praesenti abbreviatione tam multiplices opiniones prosequi supervacuum et infructuosum existimamus; et hoc solum nobis sufficere putamus, si ea tantum quae sentienda et asserenda sunt proponimus. » HUGUES DE SAINT-VICTOR, *De Sacramentis*, l. I, p. VI, c. III, *P. L.*, col. 264.
4. « Quaestiones de altissimis rebus temerarie ventilantur,... com-

par sa méthode, introduisit la *disputatio* en théologie.

L'innovation fut d'abord très mal vue : les reproches de saint Bernard le prouvent. Après lui, d'autres se plaindront encore. Jean de Salisbury écrira, en 1159, dans son *Metalogicus*, que la *disputatio* doit être exclue de l'enseignement scripturaire [1]. Étienne de Tournay, abbé de Sainte-Geneviève entre 1177 et 1191, critiquera amèrement, dans une lettre au Souverain Pontife, l'abus de la *disputatio* appliquée à la théologie : « *Disputatur publice*, s'écriera-t-il, *contra sacras constitutiones de incomprehensibili deitate, de incarnatione Verbi verbosa caro et sanguis irreverenter deliligat. Individua trinitas in triviis secatur et discerpitur, ut tot jam sint errores quot doctores, tot scandala quot auditoria, tot blasphemie quot platee* [2]. » Mais la *disputatio* n'en restera pas moins. Déjà Pierre le Chantre, qui mourut en 1197 et enseigna à Paris à partir de 1171, dans le passage du *Verbum abbreviatum* auquel nous avons fait allusion tout à l'heure, donne la *disputatio* comme faisant partie intégrante de l'étude des Écritures : « *In tribus igitur consistit*, écrit-il, *exercitium sacrae Scripturae : circa lectionem, disputationem et praedicationem* [3] ». Nous serions même assez porté à croire que les *Quaestiones* d'Odon d'Ourscamp, publiées par le cardinal Pitra [4], représentent précisément ce qu'était cette *disputatio*. Odon d'Ourscamp (*alias* Eudes de Soissons) était chanoine, chancelier et professeur à Paris en 1164 [5]; il avait entendu les leçons d'Abélard [6]. Ses *quaestiones* sont un mélange de dialectique et de théo-

---

primant sese alii, ponentes tenebras lucem, *disputantes in triviis de divinis.* » SAINT BERNARD, *Epist.* 188., *P. L.*, CLXXXII, col. 353.

1. « Sunt enim plura, quae disputationem non admittunt, sunt quae excedunt humanas rationes et tantum fidei consecrantur. » JEAN DE SALISBURY, *Metalogicus*, l. III, c. x, col. 916.

2. Cité par H. DENIFLE, *Die Universitäten*, I, p. 745, n. 1, et *Chart. Univ. Paris*, I, p. 48, n. 48.

3. PIERRE LE CHANTRE, *ouv. cit.*, c. 1, *P. L.*, CCV, col. 25.

4. *Quaestiones magistri Odonis Suessionensis. Analecta novissima Spicilegii Solesmensis. Altera continuatio*, t. II, p. 1 à 187. Cf. B. HAURÉAU, article du *Journal des Savants* (1888, p. 357 à 366) sur cette publication des *Quaestiones*.

5. B. HAURÉAU, *art. cit.*, p. 358.

6. Cf. *Quaestiones*, p. 113.

logie, de textes scripturaires et de questions proprement dites. « Nous y voyons, écrit le cardinal Pitra, le professeur préparant son cours, copiant les textes qu'il se propose d'interpréter, se demandant ensuite comment il faut les entendre, soit de telle façon, soit de telle autre, sur toutes ces façons, raisonnant, concluant, puis souvent après avoir conclu, discutant des objections qu'il se fait adresser par des interlocuteurs imaginaires, et ne mettant pas fin à ce travail d'esprit, avant d'être pleinement convaincu qu'il tient la vérité[1]. » Cette appréciation du savant cardinal bénédictin nous paraît très juste, sauf sur un point : il croit voir une préparation de cours là où il faut voir, au contraire, un résumé, un compte rendu des mêmes cours. Hauréau a, en effet, montré que si la première partie de ces *quaestiones* est rédigée par le maître — il s'y met en scène par ces mots : *dicimus quod* — la seconde partie est l'œuvre d'un disciple, qui prend la parole et mêle ses réflexions à celles du maître, lesquelles ne sont plus annoncées par les mots : *dicimus quod*, mais par ceux-ci : *dicit magister, dicit magister noster, dicit magister Odo*[2]. Cette constatation exclut l'hypothèse d'une préparation de cours, et confirme celle de résumés de questions discutées entre maître et élèves, quelque chose comme les *quaestiones quodlibetales* du xiiie siècle.

En même temps qu'elle créait la *disputatio* théologique, la méthode du *Sic et Non* s'imposait aux traités, aux sommes de théologie. Abélard lui-même l'applique dans ses écrits théologiques. Si elle n'est pas visible dans les parties de la *Theologia christiana* et de l'*Introductio* qui répondent au *De Unitate et Trinitate divina*, elle apparaît dans les autres parties de l'*Introductio*, c'est-à-dire au début et au chapitre iii. Au début de l'*Introductio*, Abélard cite un certain nombre de textes patristiques où le terme *fides* est employé au sujet de choses visibles, et d'autres textes où il ne se rapporte qu'aux choses invisibles, puis il conclut : « *His itaque testimoniis patet fidei nomen modo proprie, modo*

---

1. Pitra, *ouv. cit.*, préface, p. 11.
2. B. Hauréau, *art. cit.*, p. 362-363.

improprie poni, cum videlicet non solum de occultis, verum etiam de manifestis fides dicatur[1] ». C'est l'application, on le voit, de la règle sur les divers sens que peut avoir un même mot chez différents auteurs. De la même manière, au livre III, les objections contre la liberté, tirées de la doctrine de la prédestination, sont résolues par la distinction entre la nécessité absolue, *necessitas simplex*, et la nécessité conditionnelle, *necessitas conditionis*[2]. Le prologue du commentaire sur l'Épître aux Romains contient, sur la question de savoir par qui les premiers chrétiens de Rome furent convertis, une discussion absolument semblable à celle de la lettre sur Denys l'Aréopagite. Abélard oppose l'autorité d'Eusèbe, de saint Jérôme et de Grégoire de Tours, à celle de Haymon d'Alberstadt, puis introduit la conciliation par ces mots : « *Notandum vero quia, si diligenter attendamus quae dicta sunt, nulla erit superiorum doctorum et Haymonis contrarietas*[3]. » Au livre I du même Commentaire, il résout les objections contre la liberté, de la même manière que dans l'*Introductio*[4]. Au livre II, après avoir cité plusieurs textes de saint Augustin sur la transmission des péchés, il ajoute : « *Haec tamen Beati Augustini dicta, magis ad opinionem aliorum, sicut ipsemet assumit, probabilem quam ad ipsius assertionem referenda videntur*[5]. » Enfin, à propos des défenses faites par les apôtres de manger certaines viandes, il rappelle la règle des canonistes sur la nécessité de tenir compte des circonstances de temps, de lieux et de personnes [6].

L'influence du *Sic et Non* se fait encore sentir, d'une autre façon, dans la *Theologia christiana* et dans l'*Introductio* : c'est par l'augmentation considérable des autorités citées. La *Theologia* et l'*Introductio* contiennent une cen-

---

1. *Introductio ad theologiam*, l. 1, *P. L.*, col. 986 (II, p. 9).
2. *Ibid.*, l. III (II, p. 145). Cette partie de l'*Introductio* ne se trouve pas dans la Patrologie latine.
3. *In Epistolam ad Romanos*, Prologus, *P. L.*, col. 786 (II, p. 155).
4. *Ibid.*, l. I, *P. L.*, col. 823 (II, p. 193). Cf. *ibid.*, l. IV, *P. L.*, col. 907 (I, p. 281).
5. *Ibid.*, l. II, *P. L.*, col. 873 (II, p. 245).
6. *Ibid*, l. V, *P. L.*, col. 961 (II, p. 338).

taine de citations qu'on ne rencontre pas dans le *De Unitate et Trinitate divina*. Maintenant qu'Abélard est en
possession de sa méthode, et que la composition du *Sic et
Non* l'a familiarisé avec les écrits des Pères, il s'y réfère
beaucoup plus, et leur emprunte même des citations d'auteurs profanes. Par là, l'*Introductio* se distingue nettement
des traités de saint Anselme et du *De Sacramentis* de Hugues de Saint-Victor, où, en même temps que la méthode
dialectique est moins visible, les citations patristiques sont
extrêmement rares[1]. Aussi, des deux sommes, celle d'A-
bélard et celle de Hugues de Saint-Victor, est-ce la somme
d'Abélard qui sert de modèle.

Il se forme, en théologie, une école abélardienne, qui
paraît avoir son centre à Bologne. Elle est représentée par
les *Sentences de Roland*, les *Sentences de Omnebene*, et
celles du manuscrit de Saint-Florian. Dans cette école, on
s'attache à la méthode d'Abélard, et aussi, quoique d'une
manière plus ou moins indépendante, à ses idées. On le cite
même, en le désignant par ces mots : *Magister Petrus*[2], ce
qui prouve quelle autorité on lui reconnaissait ; car on sait
que, dans les écrits du moyen âge, on n'a pas l'habitude de
citer les contemporains, sinon ceux qui jouissent d'une
grande autorité[3].

L'existence de cette école, mise en lumière par les belles
études du P. Denifle et aussi par la savante édition qu'a
donnée le P. Gietl des *Sentences de Roland*, prouve l'influence exercée par Abélard. Mais un fait qui nous paraît
démontrer, d'une manière plus frappante encore, cette influence, c'est celui de l'adoption de la méthode abélardienne,

---

1. Hugues de Saint-Victor n'aimait pas citer les autorités patristiques. Témoin ces lignes du *De Sacramentis :* « Multa est malitia hominis. Nemo quando male ager. vult, auctoritatem quaerit, quando autem dicimus hominibus, ut faciant bona, et ut confiteantur mala quae
fecerunt, dicunt nobis : Date auctoritatem. Quae Scriptura hoc praeci-
pit ut confiteamur peccata nostra... Tamen quia auctoritatem quaeritis,
accipite auctoritatem. » *De Sacramentis,* l. II, p. XIV, c. i, *P. L.,* col.
549.

2. Cf. H. Denifle, *art. cit., Archiv,* t. I, p. 455-456, et *Die Sentenzen
Rolands,* p. 63, 65, 66, 68 et 81.

3. Sur ce point, cf. P. Mandonnet, *Siger de Brabant,* p. ix.

par ceux-là mêmes qui étaient les adversaires de ses idées. La *Summa Sententiarum,* attribuée à Hugues de Saint-Victor, que nous ne croyons pas être de lui, mais qui en dépend intimement par la doctrine, emprunte à Abélard sa méthode [1]. Dans la préface, l'auteur annonce son intention d'en appeler à la fois à la raison et à l'autorité dans l'étude des questions difficiles, et au cours de l'ouvrage, presque sur chaque question, il indique les autorités pour et contre, expose les diverses opinions, puis donne sa solution. Les preuves de cette dépendance ont été bien exposées par l'abbé Kaiser [2]. Il a montré également que Robert Pullus, par sa méthode et quelques-unes de ses idées, dépendait du maître [3]. On sait assez que, si Pierre Lombard a beaucoup emprunté pour les idées au *De Sacramentis* et à la *Summa Sententiarum,* il est, pour la méthode, sous l'influence d'Abélard. Plus encore qu'Abélard, il cite sans cesse les autorités des Pères, les opinions pour et contre, puis donne la solution, la *determinatio eorum quae videntur contraria;* et cette méthode, il l'emploie aussi bien dans ses Commentaires sur les Épîtres de saint Paul que dans ses *Sentences* [4]. Robert de Melun pratique à son tour la méthode de concordance. Dans le prologue de ses *Sentences,* dont Denifle a publié quelques extraits, il donne la composition des livres de sentences comme une chose devenue nécessaire [5], et il se propose, lui aussi, de ramener à l'unité les divergences constatées chez ses prédécesseurs [6]. De fait, dans la partie de ses *Sentences* publiée par Du Boulay, au sujet de la science du Christ, il cite les autorités opposées à sa thèse,

---

1. « Si qua igitur obscura nobis occurrerint, sit nostri propositi primum ad auctoritates confugere; deinde quid nostri temporis sapientes de illis sentiant in medium conferre; et cur hos potius quam illos imitari placeat (*et ratione et auctoritate simul concurrentibus*) pro facultate nostra in lucem ponere. » *Summa Sententiarum,* Praefatio, *P. L.,* col. 41.

2. E. Kaiser, *ouc. cit.,* p. 286-308.

3. Id., *ibid.,* p. 315.

4. Cf. les références indiquées plus haut, p. 121 et n. 4 et 5.

5. « Quia necessitate vero consuetudo scribendi libros sententiarum inoleverit. » Cité par H. Denifle, *art. cit.,* *Archiv,* I, p. 618, n. 3.

6. Il se donne pour but de montrer « quae differencia videntur, in unitate quadam convenire ». Cité par H. Denifle, *ibid.*

puis les autorités favorables, absolument comme Abélard[1].

Enfin Abélard, après s'être inspiré, dans les règles de concordance du *Sic et Non*, des principes de canonistes antérieurs, tels que Ives de Chartres et Alger de Liège, a agi, à son tour, sur les canonistes ses contemporains et sur leurs successeurs. Déjà dans les *Sentences* du manuscrit de Sidon, sur lesquelles P. Fournier a attiré l'attention[2], et qui, d'après lui, seraient antérieures à 1139[3], qui sont en tout cas d'une date très rapprochée de celle-là, l'auteur pose une thèse, cite des canons ou des textes patristiques qui lui sont favorables, introduit la thèse opposée par ces mots : *Quod est contra*, suivis de textes en rapport, et donne ensuite la solution : « *Solutio utriusque sententiae praedictae*[4] ».

Mais beaucoup plus remarquable est l'influence exercée par la méthode du *Sic et Non* sur le Décret de Gratien. H. Denifle[5], et, après lui, Kaiser[6], avaient déjà attiré l'attention sur ce point. Depuis, F. Thaner a démontré, d'une manière plus complète, cette influence, dans son discours inaugural : *Abälard und das canonische Recht*, et dans l'appendice qu'il y a joint en le publiant. Voici le résumé de sa thèse. De même que le but d'Abélard, dans le *Sic et Non*, est la *solutio controversiarum*, de même celui du Décret est la *concordantia canonum*[7]. Comme Abélard, Gratien cherche, autant que faire se peut, à sauver toutes les autorités, à en sacrifier le moins possible[8]. En outre, on rencontre, chez les deux auteurs, les mêmes autorités, les mêmes cita-

1. Du Boulay, *Historia Universitatis Par isiensis*, t. II, p. 599 à 603 : « Utrum Christus tantum et totum sciver t humana scientia quod divina. » Nous ne parlons pas de l'influence exercée par Abélard sur Honoré d'Autun, comme l'a fait à tort E. Kaiser (*ouv. cit.*, p. 316-321), car l'*Elucidarium* d'Honoré d'Autun est antérieur, on l'a vu (cf. *supra*, p. 133, n. 1), aux traités d'Abélard. Quant au *De Philosophia mundi*, nous avons déjà dit également qu'il n'est pas d'Honoré, mais de Guillaume de Conches.

2. P. Fournier, *Les Collections canoniques...*, p. 198.

3. Id., *ibid.*, p. 206.

4. Id., *ibid.*, p. 298, n. 3.

5. H. Denifle, *art. cit.*, *Archiv*, I, p. 619-620.

6. E. Kaiser, *ouv. cit.*, p. 323.

7. F. Thaner, *Abälard und das canonische Recht*, p. 7.

8. Id., *ibid.*, p. 21.

tions des Pandectes[1]; et la marche suivie par Gratien, dans la solution de plus d'une question, est précisément celle dont la lettre d'Abélard sur Denys l'Aréopagite fournit l'exemple[2]. Pour les règles d'interprétation et de concordance, Gratien ne se contente pas de celles qui avaient été données par Ives de Chartres ou Alger; elles n'eussent pu permettre, à elles seules, au dire de Thaner, de construire et de codifier le droit canon. La règle qui fut décisive pour l'édification du nouveau droit canon, c'est celle que donne Abélard dans le *Sic et Non* : « *Facilis autem plerumque controversiarum solutio reperietur, si eadem verba in diversis significationibus a diversis auctoribus postea defendere poterimus* ». C'est à cette règle que se rattachent la plupart des solutions de Gratien ou de son école, de même que certaines expressions, souvent employées par Gratien : « *Sed hoc multipliciter intelligitur, distinguitur* », sont en rapport direct avec elle[3]. Aussi, après toutes ces remarques, appuyées sur des références précises, Thaner conclut-il que les points de contact entre le *Sic et Non* et le *Decretum Gratiani* sont si nombreux, qu'on est obligé de reconnaître, dans le Décret, une utilisation immédiate du *Sic et Non*[4].

Que l'on rapproche maintenant deux dates : celle de la mort d'Abélard, 1142, et celle de la composition du Décret de Gratien et des Sentences de Pierre Lombard, tous deux antérieurs à 1152[5], et l'on arrivera à cette conclusion : que, moins de dix ans après la mort d'Abélard, malgré le discrédit jeté sur ses écrits par sa condamnation au concile de Sens, sa méthode s'était imposée aux sommes de théologie, et avait intimement pénétré les deux ouvrages qui, dans l'enseignement de la théologie et du droit canon, devaient devenir classiques : les Sentences de Pierre Lombard et le Décret de Gratien.

1. F. Thaner, *ibid.*, p. 15.
2. Id., *ibid.*, p. 15 et 21.
3. Id., *ouv. cité*, p. 8 et 22.
4. Id., *ibid.*, p. 24.
5. Pour la date de ces deux ouvrages, voir P. Fournier, *La date du Décret de Gratien, Revue d'histoire et de littérature religieuses*, 1898, t. III, p. 253 à p. 280.

CONCLUSION

Nous voici arrivés au terme de notre étude : après avoir, dans la première partie, exposé, d'après les documents contemporains, l'organisation, le fonctionnement et le programme des études pendant la première moitié du xiie siècle, nous avons vu, dans la seconde partie, le développement pris par l'enseignement de la théologie à la même époque. Parmi les faits que nous avons constatés au cours de cette étude, il en est deux que nous voudrions, en concluant, mettre en relief : c'est, d'abord, la mutuelle dépendance, qui ne cesse d'exister alors, entre le mouvement scolaire et le mouvement des idées; ce sont, ensuite, les progrès qui restaient à réaliser, pour porter la méthode scolastique à sa perfection.

I

Dès le début de notre travail, nous avons fait remarquer que si, de tout temps, il a existé des relations assez étroites entre le mouvement des idées et l'instruction donnée dans les écoles, ces relations ont été plus étroites au moyen âge, l'enseignement étant alors le moyen principal et presque unique, par lequel se transmettait la science. Plusieurs faits, pendant la première moitié du xiie siècle, sont de nature à faire ressortir ces relations. Sous l'action de plusieurs courants d'idées différents, grâce à la traduction en latin des principaux livres de l'*Organon* d'Aristote, la renaissance littéraire est étouffée, la logique conquiert une place prépondérante dans les écoles, et l'exercice de la *disputatio* devient l'exercice préféré des maîtres et des élèves. Cette étude passionnée de la logique donne aux esprits une culture rationnelle plus développée que celle qui fut l'apanage des générations précédentes. Il en résulte de grands progrès réalisés dans l'enseignement des Écritures. L'homme, le professeur, chez lequel cette culture rationnelle fut assurément la plus développée, Abélard, systématise l'enseignement de la doctrine chrétienne dans une somme de théologie, en même temps que, dans le *Sic et Non,* il fond, en une méthode unique, la méthode patristique, employée de préférence jusqu'à lui en théologie, et la méthode dialectique, qui domine dans l'enseignement des arts libéraux. De ces progrès de méthode naissent deux nouveaux exercices dans l'enseignement théologique : l'explication de l'ensemble des vérités chrétiennes, par la lecture de sentences ou de sommes, et la *disputatio* théologique.

Très vite, grâce, peut-être, autant à la renommée du maître et à la foule de ses disciples, qu'à la valeur intrinsèque de la méthode abélardienne, celle-ci reçoit une grande diffusion, et consacre la célébrité des deux écoles où elle est pratiquée : Paris et Bologne. Les étudiants y accourent en foule, et bientôt se constituent, dans ces deux villes, les deux premières universités du moyen âge. « Certainement, écrit Denifle, les écoles de Paris de la première moitié du xiie siècle n'étaient en aucune manière l'école supérieure que l'on vit plus tard, et leurs professeurs ne constituaient pas une Université. Toutefois, dès ce moment, un fondement était posé, qui excluait toute stagnation dans les études, et qui fit augmenter peu à peu le nombre des professeurs et des étudiants, jusqu'au jour où, d'eux-mêmes, les maîtres formèrent une corporation : l'Université de Paris, dès lors, était fondée [1]. » M. Ch.-V. Langlois écrit de même : « Abélard et Irnerius, professeurs très goûtés,

1. H. Denifle, *Die Universitäten,* I, p. 46.

firent affluer dans les villes où ils parurent, des foules avides de les entendre. Une fois établi, grâce à eux, le mouvement ne fit que s'accentuer dans le même sens, grâce à leur légende et à leurs disciples; et les conditions nécessaires à la formation de sociétés ou de « guildes », ou de syndicats, soit entre les étudiants, soit entre les maîtres, furent enfin réalisées[1]. » Il y a sans doute une exagération dans ces lignes de Denifle et de Langlois, car autant et plus peut-être que le grand nombre des étudiants, ce qui contribua à la constitution des Universités de Paris et de Bologne, ce furent les privilèges accordés aux maîtres et aux étudiants de ces deux villes, par les autorités ecclésiastique et civile. Il n'en est pas moins vrai que ces privilèges n'eussent pas été accordés aux groupements formés par la population scolaire de ces deux villes, si elle n'y avait été beaucoup plus nombreuse que partout ailleurs. En ce sens, on peut dire qu'Abélard a été, sinon le fondateur, du moins le précurseur de l'Université de Paris : c'est son prestige de professeur, c'est la supériorité de sa méthode, qui consacrèrent la célébrité hors de pair des écoles de Paris, et préparèrent ainsi la formation de l'Université[2].

II

A son tour, l'Université de Paris exerça son influence sur le développement de la théologie, et l'enseignement qui y fut donné, prépara les voies à saint Thomas d'Aquin. Après les progrès réalisés par Abélard, il restait encore beaucoup à faire. Par la nature même de notre travail, nous avons été amené à ne mettre en lumière que ce qui

1. Ch.-V. Langlois, *Questions d'enseignement*, I, p. 18.
2. Cette idée a inspiré à M. G. Compayré le titre et plus d'une page de son livre intitulé : *Abelard and the origins and early history of Universities.* Ce livre, publié dans la collection des *Great Educators,* est une œuvre de vulgarisation, où les meilleurs travaux de première main, comme ceux de Denifle, par exemple, sont mis à contribution. Il serait à souhaiter que l'auteur, membre de l'Université de France, donnât une édition française de son ouvrage. Il n'existe rien de semblable en notre langue.

est à la gloire du célèbre professeur; mais nous ne prétendons nullement que tout soit également à louer dans son œuvre. Il faut reconnaître que c'est lui qui a le plus contribué à forger l'instrument, à constituer la méthode, grâce à laquelle l'exposition rationnelle des vérités révélées s'est remarquablement perfectionnée. Mais malheureusement, professeur émérite plutôt que penseur profond, remarquable talent plutôt que puissant génie, il n'a pas toujours su faire bon usage de l'instrument qu'il s'était mis entre les mains; et il est tombé dans de graves erreurs au sujet des vérités de la foi. Nous sortirions de notre sujet si nous les exposions ici, comme aussi si nous recherchions jusqu'à quel point étaient fondés les griefs de ses accusateurs, Guillaume de Saint-Thierry et saint Bernard, ou si encore nous nous appliquions à doser le degré de sincérité qu'il a mis dans son *Apologia*. Mieux vaut noter les causes de ses erreurs. Deutsch en a signalé une, lorsque, analysant le caractère d'Abélard, il a constaté le manque de profondeur de son sentiment religieux[1]. Quelle différence, par exemple, entre ses théories sur la Rédemption, où il s'attache à montrer ce qu'il y a d'irrationnel dans la doctrine des droits du démon, et l'éloquente réponse de saint Bernard, défendant contre lui le mystère, et lui reprochant, en des accents animés d'un profond sentiment religieux, de supprimer le contenu de la foi!

À cette cause, particulière à Abélard, il faut en ajouter une autre qui lui est commune avec ses contemporains : le défaut de notions précises sur les rapports de la raison et de la foi. Comme on l'a dit avec justesse, un défaut que l'on retrouve chez tous les théologiens d'alors, qui s'inspirent tous de saint Augustin, c'est « l'absence d'une distinction formelle entre le domaine de la philosophie et celui de la théologie, c'est-à-dire entre l'ordre des vérités rationnelles et celui des vérités révélées. Quelquefois les deux ordres sont fusionnés pour constituer une sagesse totale, en partant de ce principe que les vérités possédées par les anciens

---

1. S. M. Deutsch, *ouv. cit.*, p. 52-53.

philosophes sont le résultat d'une illumination divine, et qu'à ce titre elles font partie de la révélation totale. D'autres fois, les domaines de la philosophie et de la théologie sont affirmés comme distincts de droit, mais on n'arrive pas de fait à assigner un principe capable de sauvegarder cette distinction [1] ». Pour Jean Scot, il y a identité entre la vraie philosophie et la vraie religion [2]. Saint Anselme, qui a cependant pris pour maxime : *Fides quaerens intellectum*, et qui se défend de rien avancer qu'on ne retrouve chez saint Augustin [3], prétend expliquer, par des raisons nécessaires, le mystère de la Trinité, et prouver, également par des raisons nécessaires, la nécessité de l'Incarnation [4]. Hugues de Saint-Victor semble parfois affirmer que l'on peut arriver, par la raison, à la connaissance de la Trinité [5]. Jean de Salisbury qui, en théologie, se rattache plus à lui et à saint Bernard qu'à Abélard, reconnaît que les philosophes ont connu la Trinité et déclare l'affirmer sur l'autorité de saint Augustin [6]. Abélard, lui aussi, fait de sérieuses confusions. Il croit que les philosophes ont connu la Trinité et que Jésus-Christ n'a fait que révéler plus clairement ce mystère [7]. Il

----

1. P. Mandonnet, *ouv. cit.*, p. lxiv.

2. « Quid est aliud de philosophia tractare nisi verae religionis, qua summa et principalis omnium rerum causa, Deus, et humiliter colitur, et rationabiliter investigatur, regulas exponere? Conficitur inde, veram esse philosophiam veram religionem, conversimque veram religionem esse veram philosophiam. » Jean Scot, *Liber de praedestinatione*, c. 1, *P. L.*, CXXII, col. 357. — Cf. G. Bruxhes, *ouv. cit.*, p. 59 et suiv. Tout le chapitre est à lire.

3. Saint Anselme, *Monologium*, Praefatio, *P. L.*, CLVIII, col. 143.

4. Dans la préface du *Monologium*, saint Anselme dit que ses disciples lui ont demandé d'écrire un traité de telle nature : « quatenus auctoritate Scripturae penitus nihil in ea persuaderetur; sed quidquid per singulas investigationes finis assereret, id ita esse plano stylo et vulgaribus argumentis, simplicique disputatione et rationis necessitas cogeret, et veritatis claritas patenter ostenderet ». *Ibid.* — Dans la préface du *Cur Deus homo?* il prétend prouver : 1° « rationibus necessariis esse impossibile ullum hominem salvari sine illo »; 2° « ex necessitate, omnia quae de Christo credimus, fieri oportere ». *Cur Deus homo? P. L., ibid.*, col. 361-362.

5. Hugues de Saint-Victor, *De Sacramentis*, l. I, p. IV, c. xxx, col. 231. — Cf. Mignon, *ouv. cit.*, t. I, p. 289-290.

6. Jean de Salisbury, *Polycraticus*, l. VII, c. v, col. 643 et 646.

7. « Hanc divinae Trinitatis distinctionem non a Christo incoep-

met à son tour en pratique le *Credo ut intelligam* de saint Anselme, et pense que l'esprit humain peut arriver, avec l'aide de la grâce, à comprendre les mystères. Lorsqu'il combat ceux qui lui reprochent de faire usage de la dialectique en théologie, il soutient qu'il faut comprendre les mystères pour croire, mais il confond alors l'intelligence des vérités révélées avec l'intelligence des propositions de foi[1]. Il reconnait qu'on peut arriver, forcé par la raison, à une certaine foi, qui d'ailleurs n'est pas méritoire[2]. S'il

tam, sed ab ipso apertius ac diligentius traditam esse ostendamus, quam quidem divina inspiratio et per prophetas Judaeis et per philosophos gentibus dignita est revelare. » ABÉLARD, *De Unitate et Trinitate divina*, p. II. *Theol. christ.*, *P. L.*, col. 1126 (II, p. 361).

1. C'est ce qui nous paraît avoir été bien montré par VACANDARD, *Abélard, sa lutte avec saint Bernard, sa doctrine, sa méthode*, p. 416 à p 419.

2. Sur cette question, fort discutée, de savoir si, d'après Abélard, on peut arriver à la foi par la seule raison, cf. S. M. DEUTSCH, *ouv. cit.*, p. 118 à 123; E. VACANDARD, *ouv. cit.*, p. 388 à 391; E. KAISER, p. 80 à 92, et Th. HEITZ, *La philosophie et la foi dans l'œuvre d'Abélard*, *Revue des sciences philosophiques et théologiques*, 1re année, 1907, p. 710 et p. 711, n. 3. Il nous semble qu'il y a avantage, pour comprendre le texte de l'*Introductio* qu'on allègue sur cette question, à mettre en face le texte correspondant de la *Theologia christiana*.

« Credi itaque salubriter debet quod explicari non valet, praesertim cum nec pro magno habendum sit, quod humana infirmitas disserere sufficit, nec pro fide reputandum, quod de manifestis recipimus, humana compulsi ratione, nec apud Deum meritum habet, in quo non Deo creditur, qui in sanctis loquitur, sed ratiunculis humanis quae frequenter falluntur, et vix deprehendi possunt, quando sint rationes. Unde Gregorius... nec fides habet meritum cui ratio humana praebet experimentum. »

« Qui (Gregorius) nec etiam dixit non esse ratiocinandum de fide nec humana ratione ipsam apud Deum habere meritum, ad quam non tam divinae auctoritatis inducit testimonium quam humanae rationis cogit argumentum. Nec quia id dixerat creditur, sed quia hoc sic esse convincitur, recipitur. Distinguitur itaque fides talis a fide Abrahae qui contra spem in spem credidit; nec naturae possibilitatem, sed promittentis attendit veritatem. Et nunquam, si fidei nostrae primordia statim meritum non habent, ideo ipsa prorsus inutilis est judicanda, quam postmodum charitas subsecuta, obtinet quod illi defuerat. »

Theologia christiana, *P. L.*, col. 1226 (II, p. 462).

Introductio, *P. L.*, col. 1050 (II, p. 78).

De la comparaison de ces deux textes, nous croyons qu'il résulte

déclare formellement que les comparaisons qu'il emploie pour faciliter l'exposition des doctrines trinitaires ne sont pas des raisons, il s'y laisse prendre néanmoins, et pratiquement y voit de véritables preuves[1]. Il donne son opinion sur certaines questions[2], mais ne distingue pas entre les questions libres et celles où un catholique doit simplement croire ce qui a été défini par l'Église. Voilà les confusions faites par un des esprits les plus clairs de son temps.

Il restait donc encore de grands progrès à réaliser en théologie. A cette réalisation contribueront l'usage et le perfectionnement de la méthode abélardienne. On a ramené cette méthode, en des termes qui nous paraissent justes, à trois points essentiels : « l'idée de condenser, dans une somme digne de ce nom, la synthèse de toute la théologie, l'introduction des procédés plus sévères de la dialectique, et la fusion de l'érudition patristique avec la spéculation rationnelle[3] ». La discussion dialectique, déjà employée d'une manière plus rigoureuse, plus serrée, moins littéraire, par Roland que par Abélard, permettra, en se perfectionnant, de mieux saisir les idées adverses, mises en présence les unes des autres dans les exposés contradictoires, et de ne plus laisser en suspens des questions graves, comme le font encore Roland et Pierre Lombard. Grâce à la systématisation des sommes, à l'ordre qu'on y introduira, non plus seulement dans les grandes lignes, mais aussi dans les détails, et qu'on fera de plus en plus rationnel, on apercevra plus nettement le lien qui unit les diverses vérités révélées; la clarté dans les divisions donnera

que, dans la pensée d'Abélard, la raison peut conduire à une foi qui n'est pas la foi surnaturelle (non pro fide reputandum), la vraie foi, celle d'Abraham, la foi méritoire, mais qui ne doit pas être regardée cependant comme inutile, car la charité peut ajouter ce qui lui manque.

1. Cf. sur ce point E. Vacandard, *ouv. cit.*, p. 213 à 217.

2. Sur le péché originel par exemple, *In Epist. ad Romanos*, l. II, *P. L.*, col. 873 (II, p. 246). — Cf. *Expositio in Hexameron*, Praefatio, *P. L.*, col. 732 (I, p. 627).

3. Portalié, art. *Abélard, Dict. de théol. cath.*, I, col. 54.

plus de précision à la doctrine. Enfin, la spéculation rationnelle permettra de mettre encore plus d'unité, lorsque, par la traduction des traités de métaphysique et de morale d'Aristote, les hommes du moyen âge seront en possession d'un système philosophique fortement lié. Abélard avait bien eu l'idée de faire appel aux philosophes dans sa *Theologia*, mais, par suite de ses notions confuses sur les rapports de la raison et de la foi, et aussi de la connaissance fort incomplète qu'il avait des théories platoniciennes et aristotéliciennes, — il ne connaissait aucun ouvrage de métaphysique ou de morale d'Aristote ; de Platon, il n'avait que la traduction du Timée par Chalcidius, et n'entrevoyait le reste de la philosophie ancienne qu'à travers les écrits de Macrobe et des Pères[1], — son entreprise échoua ou, du moins, resta, sur le moment, sans imitateurs : Roland, Robert Pullus, Pierre Lombard, Robert de Melun ne font pas appel aux philosophes. On recommencera, une fois connus les principaux ouvrages d'Aristote. Plus d'un bon ouvrier y travaillera. Mais ce sera saint Thomas d'Aquin qui, joignant à un sens profondément religieux un génie puissant, à la fois clair et synthétique, saura, à l'aide de l'instrument créé par Abélard, qu'il perfectionnera encore, faire un choix habile entre les matériaux, et élèvera ce magnifique monument de la théologie chrétienne : la Somme théologique.

---

1. « Quae enim superius ex philosophis collegi testimonia, non ex eorum scriptis, quorum pauca novi, imo ex libris sanctorum Patrum collegi. » ABÉLARD, *Introductio, P. L.*, col. 1039 (II, p. 66).

APPENDICE I

A. — LES « INTRODUCTIONES ».

Victor Cousin, dans son *Introduction aux ouvrages iné-dits d'Abélard*, a montré qu'il résulte de certains passages de la Dialectique, qu'Abélard avait composé sur la logique un ouvrage élémentaire, ayant pour titre, suivant lui : « Introductiones parvulorum[1] ». Sur la nature de cet ouvrage, nous trouvons quelques renseignements dans le *Metalogicus* de Jean de Salisbury[2]. D'après cet auteur, beaucoup de professeurs composaient des traités de ce genre, auxquels ils donnaient le nom d'*Introductiones*. Ces introductions portaient sur les questions étudiées dans le *Periermeneias*, et sur quelques autres notions élémentaires de logique, sur ce que Jean de Salisbury appelle les *praeparatitia artis*[3]. Jean de Salisbury trouvait ces introductions plus sommaires, plus claires et plus commodes que l'ouvrage même d'Aristote, et il rapporte, en l'approuvant, une parole d'Abélard sur ces sortes de livres : d'après Abélard, les modernes pourraient facilement faire, sur ces questions d'introduction, des traités qui, par les idées comme par la

---

1. V. COUSIN ,*Introduction aux ouv. inéd. d'Abélard,* p. xxxviii et suiv.

2. JEAN DE SALISBURY, *Metalogicus,* l. III, c. iv, *P. L.,* p. 899-900.

3. ID., *ibid.,* l. III, c. v, *P. L.,* p. 902.

forme, vaudraient l'ouvrage d'Aristote, mais ce qui leur
serait impossible, c'est d'obtenir la faveur que donne l'autorité acquise. Peut-être ces paroles se lisaient-elles dans
les *Introductiones* d'Abélard, ou étaient-elles une allusion à
celles-ci.

B. — Date de composition de la Dialectique d'Abélard
(vers 1121).

Depuis la publication de la Dialectique d'Abélard, on
adopte généralement, sur la date de sa composition, l'opinion de Cousin, d'après lequel Abélard aurait composé sa
Dialectique dans sa retraite de Cluny, donc après 1140.
Nous croyons qu'il faut avancer cette date d'une vingtaine
d'années.

Le ton relativement calme avec lequel Abélard parle de
ses adversaires, le désaveu de la doctrine du Saint-Esprit
âme du monde, qu'il aurait enseignée dans la *Theologia*,
enfin une allusion à une interdiction qui lui aurait été faite
d'enseigner et d'écrire [2], tels sont les arguments apportés
par Cousin. Mais lui-même, déjà, reconnaissait que son
hypothèse n'allait pas sans quelques difficultés. Dans la
Theologia christiana, en effet, Abélard renvoie à sa Dialectique, et le passage correspondant se trouve dans la
Dialectique que nous possédons [3]. Il est donc peu probable,
à moins qu'Abélard n'ait composé deux Dialectiques, ce
dont on n'a aucune preuve, que l'ouvrage publié par Cousin ait été composé à Cluny. En outre, Prantl a montré, en
comparant entre eux certains textes du *Metalogicus* concernant Adam du Petit-Pont et le traité *De arte dialectica*,
écrit par ce professeur en 1132, qu'à cette date, on possédait
les Premiers Analytiques d'Aristote, et que, par conséquent,

---

1. Cousin, *ouv. cit.*, p. xxxi et suiv

2. « Etsi invidia nostrae tempore vitae scriptis nostris viam obstruat,
studiique exercitium apud nos non perimittat. » *Dialectica*, p. 1I. *Ouv.
inéd.*, p. 227.

3. *Theologia christiana*, P. L., 1278 (II, p. 514). Cf. *Introd. aux
ouv. inéd.*, p. xxxvi.

Abélard qui, d'après son propre témoignage, ne les possède pas quand il écrit sa Dialectique, a dû composer celle-ci avant 1132[1]. On peut arriver, semble-t-il, à plus de précision encore.

« Tout récemment (novissime), écrit Abélard au début de la cinquième partie de sa Dialectique[2], mes rivaux (aemuli mei) ont inventé contre moi la calomnie d'une nouvelle accusation, parce que j'écris beaucoup sur la dialectique. Ils affirment qu'il n'est pas permis à un chrétien de traiter des questions qui n'ont pas de rapports avec la foi. Or, ajoutent-ils, non seulement la dialectique ne sert pas à la foi, mais elle la détruit par les complications de ses raisonnements. » En réponse à ces critiques, Abélard soutient que la foi et la science ne sauraient être opposées, car la vérité ne peut contredire la vérité; il déclare que toute science est bonne, même celle qui a le mal pour objet, car le juste a besoin de la connaître pour éviter le mal; et ainsi, il prétend que la science à laquelle on donne le nom de mathématiques, et dont l'application est odieuse, ne saurait être regardée comme mauvaise[3]. Or, nous retrouvons ces idées déjà exprimées, presque dans les mêmes termes, dans le *De Unitate et Trinitate divina*[4], qui est antérieur au concile de Soissons (1121). D'autre part, Abélard raconte, dans l'*Historia calamitatum*, que, lorsqu'il reprit son enseignement, après son entrée à Saint-Denis, ses rivaux (aemuli mei) lui reprochèrent de s'occuper de sciences séculières[5]. Nous serions donc porté à avancer la date assignée jusqu'ici à la composition de la Dialectique, et à la mettre vers l'année 1121. Ainsi s'expliqueraient l'analogie constatée entre la Dialectique et le *De Unitate*, comme aussi l'allusion à une interdiction d'enseigner et d'écrire, et l'emploi de l'expression *aemuli mei*, qui con-

1. C. Prantl, *Geschichte der Logik*, t. II, p. 104 et n. 20.
2. Abélard, *Dialectica*, p. V. Ouv. inéd., p. 434.
3. Id., *ibid.*, Ouv. inéd., p. 435.
4. Id., *De Unitate*, p. 22.
5. Id., *Hist. cal.*, *P. L.*, col. 139 (I, p. 18). Il parle ici de maîtres, *magistri*, et plus loin, *P. L.*, col. 144 (I, p. 18), il emploie le terme « *aemuli* ».

vient à des professeurs rivaux d'Abélard, mais non à Guillaume de Saint-Thierry et à saint Bernard, qui le firent
condamner à Sens, en 1140. Enfin, rien d'étonnant que, vers
1120, Abélard, faisant allusion aux attaques dirigées contre
la Dialectique, y voie une nouvelle accusation portée contre lui, tandis qu'en 1140 cette accusation est bien vieille.

Quant à ce fait qu'Abélard combat, dans la Dialectique,
la théorie du Saint-Esprit âme du monde, entendue dans un
sens panthéistique, il n'y a pas lieu, croyons-nous, d'y voir
un désaveu d'opinions antérieures de l'auteur, car Abélard
n'a pas professé cette doctrine. La manière dont il l'expose
dans la *Theologia christiana* et dans l'*Introductio*[1] n'est
pas panthéistique[2]; et cette hérésie n'est pas comprise dans
les *Capitula* de ses erreurs qui furent transmis à Rome[2].
D'ailleurs lui-même, dans son *Apologia seu Confessio fidei,*
n'en parle pas[4] : si l'accusation avait été portée contre lui,
elle était trop grave pour qu'il l'eût passée sous silence.
Aussi est-il probable que c'est à l'école chartraine qu'Abélard fait allusion, lorsqu'il parle de ceux qui enseignent
cette théorie panthéistique[5].

1. *Theolog. christ.*, l. I, *P. L.*, col. 1155 (II, p. 389) et *Introd.*,
l. I, *P. L.*, col. 1023 (I, p. 48). Abélard déclare expressément qu'en ap-
pelant le Saint-Esprit « âme du monde », il parle par image : « Ex
hac itaque Macrobii traditione clarum est quae a philosophis de anima
mundi dicuntur, *per involucrum* accipienda esse. Alioquin summum
philosophorum Platonem summum stultorum deprehenderemus... quod
si *ad involucrum* ista deflectamus, quae de anima mundi a philosophis
dicta sunt, facile est rationabiliter cuncta accipi, nec a sacra fidei tenore
exorbitare. » Cf. encore le chapitre xviii de l'*Epitome :* « Quod per
animam mundi spiritum sanctum designavere philosophi » (*P. L.*,
col. 1720), qui ne laisse aucun doute sur l'orthodoxie de la doctrine
abélardienne à ce sujet.

2. Voir sur ce point Portalié, *art. cit.*, col. 46. — De Rémusat,
ouv. cit., II, p. 388. — E. Vacandard, *ouv. cit.*, p. 238.

3. W. Meyer, *Die Anklagesätze des h. Bernhard gegen Abaelard*,
p. 432 et suiv., a prouvé que les *Capitula* transmis à Rome, sont ceux
qu'on lit *P. L.*, CLXXVIII, col. 79. Or, l'hérésie panthéiste n'y est
pas signalée.

4. Cf. *Apologia seu confessio fidei, P. L.*, col. 106 (II, p. 719).

5. Sur ce point, voir Clerval, *ouv. cit.*, p. 318.

C. — Dates et ordre de composition des divers ouvrages théologiques d'Abélard.

Que le *Tractatus de Unitate et Trinitate divina* publié par Stolzle soit bien le livre condamné à Soissons, cela ne saurait laisser de doute, après la preuve qu'en a faite Stolzle dans son introduction à l'édition du traité [1]. La critique a également établi que la *Theologia christiana* a suivi le *De Unitate*, et que l'*Introductio* que nous possédons n'est que la première partie de la *Theologia* condamnée au concile de Sens [2]. Nous allons partir de là pour essayer de pousser un peu plus loin l'enquête sur les dates et l'ordre de composition des ouvrages théologiques d'Abélard.

Remarquons, tout d'abord, que les divisions en livres, telles qu'elles se trouvent dans les éditions actuelles du *De Unitate*, de la *Theologia christiana* et de l'*Introductio*, remontent à Abélard lui-même. H. Denifle l'a contesté, et, pour établir son opinion, il s'est appuyé sur les références à la *Theologia* qui se rencontrent dans le commentaire sur l'Épître aux Romains et dans l'Ethique [3]. Mais le texte même de la *Theologia christiana* et de l'*Introductio* témoigne en faveur de l'origine abélardienne de ces divisions. En effet, au livre II de l'*Introductio*, Abélard fait constater l'impropriété des termes *creari, nasci* employés pour exprimer la génération du Fils, et dit l'avoir déjà noté au livre I, *sicut et in primo libro determinavimus*. Or, nous trouvons précisément cette remarque dans notre livre I [4]. Un peu plus loin, on rencontre encore cette mention : «*ut in primo libro distinximus*», et la question à laquelle il est fait allusion est, en effet, traitée

1. R. Stolzle, *ouv. cit.*, p. x à xxxiii.
2. On en trouvera la preuve résumée dans Portalié, *art. cit.*, *Dict. de théol. cath.*, I, col. 38. Sur la *Theologia*, cf. H. Denifle, *art. cit.*, *Archiv.*, t. I, p. 600 et suiv.
3. H. Denifle, *art. cit.*, *Arch.*, t. I, p. 240, n. 1 et 600, n. 1.
4. Comparer *Introductio*, l. III, *P. L.*, 1081 (II, p. 109) et *ibid.*, l. I, *P. L.*, col. 1026 (II, p. 51).

au livre I[1]. Au livre III, Abélard renvoie une troisième fois au livre I, et une autre fois il y renvoie au livre II par ces mots : « *quemadmodum in praecedenti libro distinximus* », et les références sont exactes[2]. Enfin, au début du livre III, parlant des deux livres précédents, il écrit : *in superioribus libellis*[3] : « Ces mots indiquent qu'Abélard avait déjà écrit au moins deux livres de sa *Theologia*. »

Ainsi, la division en livres est attestée par le texte même de l'*Introductio*. D'ailleurs, les références du commentaire sur l'Épître aux Romains et de l'Ethique concordent aussi avec cette division. Celles du commentaire ne présentent pas de difficultés[4]. Quant à la référence de l'Ethique[5], sur laquelle s'appuie surtout II. Denifle, elle est également exacte. C'est une lecture hâtive du passage de l'Ethique, qui a induit Denifle en erreur. Il déclare, en effet, que, si le livre III auquel renvoie Abélard, était le même que le nôtre, il faudrait lui supposer une longueur démesurée puisqu'il contiendrait, outre une partie de la Trinité, tout le traité de la charité, Abélard rattachant à la charité la pénitence, dont il est parlé dans ce passage de l'Ethique. Or, ce n'est pas au sujet de la pénitence qu'Abélard renvoie au livre III de la *Theologia,* mais au sujet d'une question qu'il touche incidemment : l'accord de notre volonté avec la volonté divine, et cette question rentrait bien dans l'objet du livre III, dont nous n'avons qu'une partie. Elle est même amorcée dans le fragment du manuscrit d'Oxford, imprimé par Cousin dans son édition[6]. D'ailleurs, les *Sentences* de Roland traitent cette question dans la partie correspondant à notre livre III, et le P. Gietl

---

1. Comparer *Int.*, l. III, *P. L.*, col. 1081 (II, p. 110) et *ibid.*, l. I, *P. L.*, col. 1024 (II, p. 49).
2. Comparer *Int.*, l. III, *P. L.*, col. 1094 (II, p. 123) et *ibid.*, l. I, *P. L.*, col. 993 (II, p. 16), et *Int.*, l. III, *P. L.*, col. 1100 (II, p. 129) et *ibid.*, l. II, *P. L.*, col. 1060 (II, p. 88).
3. *Introductio,* l. III, *P. L.*, col. 1085 (II, p. 115).
4. A *In Ep. ad Romanos*, *P. L.*, col. 804 (II, p. 173) répond *Introd.*, l. I, *P. L.*, col. 991 (II, p. 15); et à *ibid.*, *P. L.*, col. 805 (II, p. 174) répond *Introd.*, l. II, *P. L.*, col. 1067 et suiv. (II, p. 96 et suiv.).
5. Abélard, *Ethica*, *P. L.*, col. 668 (II, p. 632).
6. Id., *Introd.*, l. III (II, p. 149).

cite en note le passage de l'Ethique, cause des difficultés soulevées par H. Denifle[1].

Une conséquence naturelle de l'origine abélardienne de la division en livres, telle que nous l'avons dans nos éditions, c'est qu'il n'existe plus aucun motif pour refuser de restituer aussi à Abélard l'argument placé dans l'*Introductio,* après le prologue, et donnant le contenu des trois premiers livres.

L'examen du *De Unitate* et de la *Theologia christiana* conduit aux mêmes conclusions. Ces ouvrages présentent les mêmes débuts de chapitres[2]. Les *Capitula librorum,* placés en tête de chaque ouvrage, correspondent aussi, sauf les adjonctions nécessitées par les nouveaux développements de la *Theologia christiana*[3]. En outre, au livre IV de la *Theologia christiana,* Abélard renvoie deux fois au livre I du même ouvrage, et les références sont exactes[4]. Seul, le livre V, comme l'a remarqué Portalié[5], appartient, non à la *Theologia christiana,* mais à l'*Introductio.* Abélard y renvoie, en effet, à une citation qu'il aurait faite dans le livre I. Or cette citation ne s'y trouve pas, tandis qu'on la trouve au livre I de l'*Introductio*[6]. Ce livre V étant, au reste, identique par les idées, sinon complètement par la forme, au livre III de l'*Introductio,* il faut y voir comme une première rédaction de ce dernier.

Nous concluons donc que les *Librorum capitula* et la division en livres du *De Unitate,* de la *Theologia christiana* et de l'*Introductio,* réserve faite pour le livre V de la

1. GIETL, *ouv. cit.,* p. 69 et n. 3.
2. Comparer *De Unitate,* l. I, p. II et *Theol. christ.,* l. I, *P. L.,* col. 1123 (II, p. 359); et, de même, *De Unitate,* l. II, p. XIX et *Theol. christ.,* l. II, *P. L.,* col. 1165 (II, p. 401).
3. Comparer *De Unitate,* p. I et *Theol. christ., P. L.,* col. 1123 (II, p. 358).
4. Comparer *Theol. christ.,* l. IV, *P. L.,* col. 1307 (II, p. 544) et l. I, *P. L.,* col. 1157 (II, p. 392); de même, *Theol. christ.,* l. IV, *P. L.,* col. 1308 (II, p. 544 plus bas) et l. I, *P. L.,* col. 1156 (II, p. 390).
5. PORTALIÉ, *art. cit., Dict. de th. cath.,* I, col. 39.
6. ABÉLARD, *Theol. chr.,* l. V, *P. L.,* col. 1326 (II, 563), renvoie à une citation de saint Jérôme qui ne se trouve que dans l'*Introductio,* l. I, *P. L.,* col. 993 (II, p. 16).

Theologia christiana, remontent à Abélard lui-même. Cette conclusion va nous permettre d'établir l'ordre de composition de l'*Introductio*, du commentaire sur l'Épître aux Romains et de l'Ethique.

Comme l'avait déjà remarqué Denifle [1], la lecture du *Commentaire* conduit à constater que l'*Introductio* n'a pas été publiée, tout entière, en une seule fois, mais à des intervalles plus ou moins éloignés. Dans le *Commentaire*, en effet, Abélard, invoquant la brièveté requise dans une œuvre de ce genre, renvoie à la *Theologia* pour l'exposition et la discussion détaillée de plusieurs questions. Mais, tandis qu'il donne certaines de ces questions comme déjà traitées dans son grand ouvrage [2], il se réserve pour d'autres de les traiter lorsqu'il le complétera [3]. Or, les questions données comme traitées, le sont toutes dans les deux premiers livres de l'*Introductio*, tandis que les autres se rapportent au livre III et aux livres qui devaient suivre. La composition du livre III de l'*Introductio* fut donc séparée de celle des livres I et II par le Commentaire sur l'Épître aux Romains [4]. Nous serions même disposé à croire que le livre I fut publié séparément, avant le livre II, car nous voyons, par une lettre adressée à Abélard par Gautier de Mortagne, que ce dernier, à un moment donné, avait en mains le livre I, mais non le livre II [5]. Abélard, en désignant les deux premiers livres par ces mots : *in superioribus libellis*, paraît confirmer notre hypothèse.

Il y a également lieu de penser que le livre III de l'*In-*

1. H. Denifle, *art. cit.*, *Archiv*, t. I, p. 598 et 611.
2. *In Epistolam ad Romanos*, *P. L.*, col. 802 (II, p. 172); col. 804 (II, p. 173); col. 805 (II, p. 174); col. 858 (II, p. 230).
3. *Ibid.*, *P. L.*, col. 108 (II, p. 177); col. 836 (II, p. 207); col. 907 (II, p. 281); col. 930 (II, p. 305); col. 943 (II, p. 319).
4. On pourrait, peut-être, penser que le Commentaire, comme l'*Introductio*, a été composé en plusieurs fois. Cependant, comme il contient cinq livres, et que, tandis que les références du livre I donnent comme déjà composés les deux premiers livres de l'*Introductio*, celle du livre IV implique que le livre III de l'*Introductio* ne l'est pas encore, il est probable que le Commentaire a été écrit tout entier entre les deux premiers livres et le troisième de l'*Introductio*.
5. Lettre de Gautier de Mortagne adressée à *Magistro Petro monacho*, d'Achery, *Spicilegium*[2] (III, p. 544).

troductio parut aussi séparément. Du texte du Commentaire sur l'Épître aux Romains, il ressort, en effet, qu'Abélard, au moment où il le composait, avait en vue, outre la continuation de la *Theologia*, la composition d'une Ethique [1], l'*Ethica* ou *Scito te ipsum* qui ne nous est parvenue que mutilée. Or, dans cette partie de l'Ethique qui nous est restée, Abélard pose la question : « Au ciel, aurons-nous le désir d'avoir fait ce que nous savons avoir été ordonné par Dieu pour notre bien? » et il répond : « C'est là une autre question que, dans la mesure de nos forces, nous avons traitée au troisième livre de notre *Theologia* »[2]. Abélard composa donc, après l'Épître aux Romains, le livre III de la *Theologia*. Peut-être aussi composa-t-il alors le livre suivant qui traitait de l'Incarnation; il y songeait en tout cas, puisqu'il annonce dans le Commentaire, qu'il étudiera plus au long dans sa *Theologia* la question de la Rédemption[3]. Il acheva ainsi toute la première partie de la *Theologia*, dont l'objet était la foi et les vérités qu'elle enseigne : Unité et Trinité divines et Incarnation, puis il travailla à l'*Ethique*, qui devait lui servir de préparation à la composition de la partie de la *Theologia* comprise sous ce titre : *caritas*.

Nous arrivons donc à classer dans l'ordre suivant un certain nombre d'œuvres d'Abélard : 1re *Introductiones*, 2e *Dialectique*, 3e *Tractatus de Unitate et Trinitate divina*, 4e *Theologia christiana*, 5e *Introductio* ou *Theologia*, l. I et II, 6e *Commentaire sur l'Épître aux Romains*, 7e *Theologia*, l. III (et IV?), 8e *Ethique*, 9e fin de la *Theologia*.

Est-il possible pour ces diverses œuvres de fixer quelques dates?

Pour la Dialectique, nous avons vu qu'il convient de placer sa composition autour de 1121. Nous connaissons également la date du *De Unitate et Trinitate divina*. Il fut écrit après qu'Abélard, moine de Saint-Denis, se fut mis à en-

---

1. *In Epistol. ad Rom.*, *P. L.*, col. 842 (II, p. 213); col. 951 (II, p. 327); col. 959 (II, p. 336).
2. *Ethica*, *P. L.*, col. 668 (II, p. 632).
3. *In Epist. ad Rom.*, *P. L.*, col. 836 (II, p. 207).

seigner à Maisoncelle, et avant le concile de Soissons (1121). Abélard étant entré à Saint-Denis en 1118, le *De Unitate* fut composé sans doute en 1120. Pour la *Theologia christiana* et l'*Introductio*, il est plus difficile d'arriver à des résultats, en particulier pour l'*Introductio*, dont les différents livres n'ont pas été publiés en même temps. Toutefois, deux passages de ces ouvrages contiennent des allusions à certains événements et à certains personnages de l'époque, qui peuvent nous guider dans nos recherches [1].

Déjà en 1866, dans un article très travaillé, et qui a fait autorité dans la matière, Goldhorn s'en est servi et est arrivé à conclure que le livre II de l'*Introductio* date au plus tôt de 1133. Cette conclusion a été adoptée depuis par Denifle et Portalié [2]. Voici sur quelle argumentation elle repose. Goldhorn estime d'abord que, vu les exagérations manifestes d'Abélard, l'abus qu'il fait de la *deductio ad absurdum*, et l'analogie qui existe entre les accusations de la *Theologia christiana* et celles de l'*Introductio*, on ne saurait se servir, pour arriver à fixer une date, des accusations portées par Abélard contre les maîtres de son temps, dont il ridiculise les doctrines sans les nommer, et qu'il qualifie de « tenants de chaires de pestilence ». Il faut donc se limiter aux renseignements fournis par Abélard sur les deux hérétiques Tanchelin et Pierre de Bruys [3].

Abélard parle d'eux au passé : ils ont commis leurs méfaits, il y a peu de temps (nuper); Abélard semble les donner comme morts, tandis qu'il représente les maîtres comme vivants au moment où il écrit (nunc). Or Tanchelin est mort en 1115. Quant à la date de la mort de Pierre de Bruys, on s'appuie, pour la fixer, sur un traité de Pierre le Véné-

---

1. *Theol. christ.*, l. IV, *P. L.*, col. 1285 et suiv. (II, p. 521 et suiv.), et *Introd.*, l. II, *P. L.*, col. 1056 et suiv. (II, p. 84 et suiv.).

2. H. Goldhorn, *Abälard's dogmatische Hauptwerke, Zeitschrift für histor. Theologie*, p. 170-188. — H. Denifle, *art. cit.*, *Archiv*, I, p. 612. — Portalié, *art. cit.*, *Dict. de th. cath.*, col. 39.

3. « Tanquelmus... nuper in Flandria, Petrus presbyter nuper in Provincia... Alter... in tantam se erexerat dementiam... Alter ecclesiasticae doctrinae institutionem enervarat. » — « Magistros qui nunc... cathedras tenent. » *Introd.*, l. II, *P. L.*, col. 1056 (II, p. 84).

rable contre les pétrobusiens [1]. Dans une lettre qu'il adresse à saint Bernard, et qui, étant postérieure à son voyage en Espagne, est de 1142 ou 1143, Pierre le Vénérable fait remonter à quatre ou cinq ans la composition de son traité, c'est-à-dire aux années 1137-1140 [2]. Or, on constate en lisant le traité, qu'au moment où il est écrit, le pétrobusianisme compte déjà vingt ans d'existence, et que Pierre de Bruys est encore en vie. Par contre, ce dernier est mort lorsque Pierre le Vénérable écrit la lettre-préface qui a suivi de près la composition du traité. Il faudrait donc en conclure que Pierre de Bruys est mort au plus tôt en 1137, après avoir commencé à propager ses erreurs entre 1117 et 1120. C'est ce qu'ont conclu Döllinger et Vacardard, les deux historiens qui se sont occupés le plus récemment de la question [3]. Goldhorn n'est pas de cet avis, car si Pierre de Bruys est mort entre 1137 et 1140, l'*Introductio* ayant été composée après, le livre II est postérieur à 1137 : c'est une date inacceptable. Aussi Goldhorn propose-t-il une autre solution. Il remarque que dans le traité de Pierre le Vénérable, dirigé contre Pierre de Bruys et Henri de Lausanne, il n'est pas fait mention de la condamnation de Henri de Lausanne au concile de Pise (1134). Comment s'expliquer pareille prétérition, si le traité est de 1137 au plus tôt? Cette condamnation, en effet, connue de Pierre le Vénérable qui avait assisté au concile, n'était-elle pas un excellent argument à faire valoir contre les hérétiques? Le traité est donc antérieur au concile de Pise, et il faut lui assigner la date de 1133. Par conséquent, Pierre de Bruys est mort vers cette époque, et le livre II de l'*Introductio* est au plus tôt de 1133.

Mais, si Abélard a écrit en 1133 le livre II de l'*Introductio*, il a donc composé de 1133 à 1137 son *Commentaire sur*

---

1. Pierre le Vénérable, *Adversus Petrobusianos haereticos*, P. L., CLXXXIX, col. 719 à 850.

2. Pierre le Vénérable, *Epistolarum*, l. IV, ep. 172, P. L., ibid., col. 344. — Pour les dates voir S. Verret, *Pierre de Bruys*, Dict. de th. cath., I, col. 1152.

3. Cf. S. Verret, *ibid.*

l'Épître aux Romains, son *Ethique*, achevé sa *Theologia*, et écrit toute cette correspondance avec Héloïse, dont certaines lettres sont de véritables traités [1]. C'est sans doute beaucoup. En outre, pour accepter la date de 1133, il faut supposer que Pierre le Vénérable a été victime d'une erreur de mémoire telle qu'il a fait remonter, dans une de ses lettres, à quatre ou cinq ans, un traité composé par lui et remontant, en réalité, à près d'une dizaine d'années; c'est peu vraisemblable, quoi qu'en ait pensé Goldhorn [2]. Et enfin, toute cette argumentation repose sur l'hypothèse que Pierre de Bruys et Tanchelin sont morts au moment où Abélard écrit le livre II de l'*Introductio*. C'est, à notre avis, pressurer le texte d'Abélard que de vouloir lui faire dire cela. Certainement, d'après ce texte, les faits racontés se sont déjà produits au moment où l'auteur écrit. Mais, puisque Tanchelin est mort en 1115, et que Pierre de Bruys a commencé à répandre ses doctrines entre 1117 et 1120, n'est-il pas possible que quelques années après ces dates, Abélard puisse déjà parler de ces faits comme de faits passés?

La date de 1133 n'est donc pas solidement appuyée, et il faut abandonner la voie où s'est engagé Goldhorn, pour essayer de reprendre celle à laquelle il a renoncé : fixer la date des premiers livres de l'*Introductio* par l'identification des maîtres dont Abélard nous fait connaître les doctrines, tout en taisant leurs noms.

Ces maîtres sont au nombre de six dans la *Theologia christiana*. Il n'en est cité que quatre dans l'*Introductio* ; ce sont d'ailleurs les mêmes que quatre des maîtres de la *Theologia christiana*. Au moment où écrit Abélard, ces quatre enseignent les Écritures, et non contents de professer personnellement des opinions erronées, — erronées du moins aux yeux d'Abélard, — ils les enseignent aux autres. Le premier enseigne en France, le deuxième en

---

1. Dès 1138, il circule des exemplaires de la *Theologia* ; Guillaume de Saint-Thierry en a un à cette date, puisque sa lettre à saint Bernard est de la fin de cette année. Sur ce point, voir W. Meyer, *ouv. cit.*, p. 421.

2. H. Goldhorn, *art. cit.*, p. 178.

Bourgogne, le troisième à Angers, le quatrième à Bourges. Quant aux deux dont il n'est parlé que dans la *Theologia christiana*, ils sont frères, et le maître qui enseigne en Bourgogne est leur compatriote[1]. Quels sont ces maîtres?

Sur le maître qui enseigne en France, aucun doute n'est possible : c'est Albéric de Reims. Abélard dit l'avoir personnellement entendu affirmer que Dieu s'engendre lui-même[2]. Il y a là une allusion évidente à la scène du concile de Soissons racontée dans l'*Historia calamitatum*, et dont nous avons eu à parler[3]. Aussi bien, pour combattre cette affirmation de son adversaire, Abélard apporte le même texte dont il s'était déjà servi au concile de Soissons contre Albéric qui lui demandait des autorités et non des raisons. Or, nous savons qu'Albéric, qui était déjà maître à Reims en 1121, y enseigna jusqu'en 1136, époque à laquelle il fut élu archevêque de Bourges[4] : la *Theologia christiana* et l'*Introductio* ont donc été composées entre ces deux dates. Mais elles sont trop espacées pour pouvoir nous servir.

Nous arrivons à un résultat plus précis par l'identification de ces deux maîtres célèbres[5] qui sont frères, et dont l'un, trop attaché à la doctrine des philosophes, nie l'antériorité de Dieu sur le monde. Comme Goldhorn voyait, dans la *Theologia christiana*, l'ouvrage condamné à Soissons, il a pu songer à Anselme de Laon et à son frère Raoul[6]. Mais Anselme étant mort en 1117, et la *Theologia christiana*, apologie du traité condamné à Soissons, étant postérieure à 1121, cette conjecture est fausse. Les auteurs de l'*Histoire littéraire*, et, après eux, Hauréau et l'abbé Clerval, ont songé, d'une manière plus juste, à Bernard et à Thierry de Char-

1. « Magistros divinorum librorum, qui nunc maxime circa nos pestilentiae cathedras tenent... quorum unus in Francia, alter in Burgundia, tertius in pago Andegavensi, quartus in Bituricensi. » *Introductio*, l. II, *P. L.*, col. 1056 (II, p. 84).
2. *Theol. christ.*, l. IV, *P. L.*, col. 1285 (II, p. 522).
3. *Hist. cal.*, *P. L.*, col. 147 (I, p. 19). Cf. supra, p. 155-156.
4. *Histoire litt.*, t. XII, p. 72.
5. « Novimus et duos fratres, qui se inter summos connumerant magistros. » *Theol. christ.*, l. IV, *P. L.*, col. 1286 (II, p. 522).
6. H. Goldhorn, *art. cit.*, p. 202.

tres [1]. On ne connaît pas d'autres maîtres célèbres de cette époque qui fussent frères, et il est certain que Thierry de Chartres niait l'antériorité de Dieu sur le monde [2]. De ces deux maîtres, le second, Thierry, vécut jusqu'après 1148. Quant à Bernard de Chartres, l'abbé Clerval, dans son livre sur les Écoles de Chartres, fixe la date de sa mort, d'après un *obit*, avant 1126. Cette date a été, il est vrai, très discutée ; M. Ch.-V. Langlois a soutenu que Bernard de Chartres était le même que Bernard Silvestris ou Bernard de Tours, et avait vécu jusqu'en 1153. B. Hauréau lui a répondu en distinguant Bernard de Chartres de Bernard de Tours, mais sans accepter la date fixée par l'abbé Clerval. A notre avis, l'abbé Clerval a répliqué victorieusement aux objections qui lui avaient été faites, et a apporté la preuve matérielle de son affirmation [3].

Bernard de Chartres étant mort avant 1126, mettons 1125, puisqu'il est encore en vie au moment où Abélard écrit le livre IV de la *Theologia christiana*, ce quatrième livre est antérieur à cette date. Par contre, s'il n'est pas fait mention de lui au livre II de l'*Introductio*, ne serait-ce pas parce que Bernard était mort quand il fut composé ? Peut-être, quoique la raison ne soit pas décisive, car il n'y est plus fait mention non plus de Thierry, et cependant celui-ci vit encore : il survécut à Abélard.

Mais l'identification de Bernard et de Thierry de Chartres nous fournit une donnée de plus pour arriver à reconnaître quel est le maître qui enseigne en Bourgogne. Ce

1. *Hist. litt.*, t. XIII, p. 378. — B. Hauréau, *Mémoire sur quelques chanceliers de l'Eglise de Chartres*, p. 89. — Clerval, *ouv. cit.*, p. 159 et 254.
2. Clerval, *ouv. cit.*, *ibid.*
3. Sur cette question, voir *Lettres chrétiennes*, t. V, p. 393. — B. Hauréau, *Mémoire sur quelques chanceliers de l'Eglise de Chartres*, p. 98. — Ch.-V. Langlois, *Maître Bernard*, Bibliothèque de l'Ecole des Chartes, t. LIV, 1893, p. 225 et suiv. — B. Hauréau, *Maître Bernard, ibid.*, p. 792 et suiv. — Clerval, *Les Ecoles de Chartres*, p. 158 et suiv. — B. Hauréau, *Compte rendu du livre de Clerval, Journal des Savants*, 1895, p. 250 à 257. Il y déclare rester sur ses positions, sans d'ailleurs discuter la réplique de l'abbé Clerval ; mais M. Ch.-V. Langlois n'a pas répondu, que nous sachions, à cette réplique, ainsi qu'il se l'était proposé.

maître est, en effet, leur compatriote[1], or ils sont Bretons[2].
Donc, pour répondre aux indications d'Abélard, ce maître
devra être Breton, enseigner en Bourgogne, et professer que,
dans la Trinité, « la paternité de Dieu, ou la filiation, ou
la procession sont des réalités (*res quaedam*) distinctes tant
des personnes que de Dieu lui-même[3] ».

Certains avaient d'abord pensé que Roscelin était ce
maître, mais M. F. Picavet a montré qu'il ne s'agit pas de lui :
Roscelin n'a pas, que l'on sache, enseigné en Bourgogne, et
ses attaques contre saint Anselme et Robert d'Arbrissel prouvent assez qu'il n'était pas partisan du mariage des moines,
tandis que le maître en question, d'après l'*Introductio*, permettait à un moine qui avait contracté mariage de faire pénitence dans son nouvel état[4]. — Le P. Mandonnet, rendant
compte du livre de M. F. Picavet sur Roscelin, a émis l'hypothèse que ce maître hérétique aux yeux d'Abélard, pourrait
bien n'être autre que saint Bernard[5]. Nous ne le pensons pas,
car saint Bernard n'était pas Breton, il n'était pas *magister*,
— et il s'agit de *magistri* qui enseignent, — et enfin, lui
qui, au concile de Reims en 1148, vou¹ t obliger Gilbert de
la Porrée à souscrire à cette proposition . que, dans la Trinité,
le Père est la paternité, le Fils est la filiation, le Saint-Esprit est la procession, et réciproquement[6], n'a certainement
pas commencé par professer une doctrine toute contraire.

1. *Theol. christ.*, l. IV, *P. L.*, col. 1286 (II, p. 522).
2. Clerval, *ouv. cit.*, p. 159.
3. « Alter... tres in Deo proprietates, secundum quas tres distin-
guuntur personae, tres essentias diversas ab ipsis personis, et ab ipsa
divinitatis natura constituit, ut scilicet paternitas Dei vel filiatio, sive
processio, res quaedam sint tam ab ipsis personis, quam ab ipso Deo
diversae. » *Introd.*, l. II, *P. L.*, col. 1056 (II, p. 84); *Theol. christ.*,
P. L., col. 1286 (II, p. 523).
4. F. Picavet, *Roscelin...*, p. 11. Cf. *Introd.*, l. II, *P. L.*, col. 1056 (II,
p. 84).
5. *Revue thomiste*, t. V, 1897, p. 300.
6. L'auteur de l'*Historia pontificalis* raconte qu'au concile de Reims,
la quatrième des propositions que saint Bernard voulut faire souscrire à
Gilbert de la Porrée, était celle-ci : « quod, quoniam Deus simplex est,
et quicquid in Deo est, Deus est, proprietates personarum sunt ipse
persone, et quod Pater est paternitas, Filius est filiatio, Spiritus est
processio, et e converso ». *Historia pontificalis*, *M. G. H.*, t. XX, p. 523.
C'est tout le contraire de l'opinion indiquée note 3.

— L'abbé Clerval a songé à Eon de l'Etoile[1], mais Eon de l'Etoile, s'il est compatriote des maîtres chartrains, n'a pu être compté par Abélard parmi les *magistri* célèbres du temps. C'était un fou, que les discussions sur la Trinité probablement n'intéressaient guère. — Deutsch, avec plus de vraisemblance, croit qu'Abélard vise Gilbert de la Porrée[2]. La doctrine qualifiée d'hérétique par Abélard est bien, en effet, la sienne. Seulement, Gilbert de la Porrée n'était pas Breton et n'enseigna pas en Bourgogne ; à l'époque dont il s'agit, il est à Chartres[3].

Pour notre compte, nous croyons que le maître en question, c'est Gilbert l'Universel. Il était Breton, il enseigna à Auxerre en Bourgogne jusqu'en 1127, date à laquelle il fut élu évêque de Londres[4]. Enfin, il professa sans doute la doctrine attaquée, si nous en croyons le récit fait par Jean de Salisbury, dans l'*Historia pontificalis*, de ce qui se passa au concile de Reims, où fut condamné Gilbert de la Porrée (1148). Après que saint Bernard eut proposé de faire souscrire à Gilbert de la Porrée la proposition dont nous avons parlé, et qui est à l'opposé de la proposition incriminée par Abélard, Robert de Bosco, maître et archidiacre de Châlons, s'éleva contre saint Bernard, disant qu'un certain nombre de maîtres célèbres n'avaient pas voulu du tout accepter sa proposition, craignant de dépasser les limites fixées par les Pères ; et, parmi eux, Robert de Bosco cita Gilbert l'Universel[5]. Celui-ci nous paraît donc bien être le maître en question.

Quant aux deux autres, qui enseignent, l'un à Angers et l'autre à Bourges, puisqu'ils doivent y enseigner en 1126 ou 1127 ou auparavant, il s'agit, pour Angers, d'Ulger, qui y fut écolâtre de 1113 à 1125, avant d'y être évêque[6], et pour Bourges, de Joscelin de Vierzy, qui y enseigna jusqu'en 1125, date de son élévation au siège épiscopal de Soissons[7]. Pour

1. CLERVAL, *ouv. cit.*, p. 159.
2. S. M. DEUTSCH, *Peter Abelard*, p. 261, n. 2.
3. CLERVAL, *ouv. cit.*, p. 160.
4. *Hist. litt.*, t. XI, p. 236 à 243.
5. *Historia pontificalis*, *loc. cit.*, page précédente, n. 6.
6. *Hist. litt.*, t. XII, p. 302 et suiv.
7. *Ibid.*, t. XII, p. 412 et suiv.

ces deux maîtres, nous ne saurions prouver qu'ils aient professé les doctrines qu'Abélard leur attribue. Mais la coïncidence des dates et le fait qu'après eux on ne connaît plus de professeurs célèbres qui aient enseigné à Angers et à Bourges, suffisent, après les constatations faites au sujet des autres maîtres.

Dès lors, nous concluons que le livre II de l'*Introductio* a été composé, au plus tard, en 1125, et que le livre IV de la *Theologia christiana* est de 1123 ou 1124. Ces dates pourraient paraître rapprochées, mais les différences entre l'*Introductio* et la *Theologia christiana* ne sont pas très grandes, et Abélard a très bien pu donner, un an après la *Theologia christiana*, les deux premiers livres de l'*Introductio*.

D'ailleurs, une fois ces dates assignées, toute une série de faits s'explique d'une manière plus naturelle qu'avec la date de 1133 donnée par Goldhorn. Abélard déclare, dans la *Theologia christiana*, que l'hérésie bérengarienne a encore des partisans[1]; or, nous savons par une lettre de Hugues Métel à Gerland, scolastique de Besançon dès avant 1131, que ce dernier avait partagé un moment cette erreur[2]. — Abélard parle, au même endroit, d'hérétiques brûlés vifs par le peuple; le fait s'était précisément produit à Soissons en 1114[3]. En outre, entre 1122 et 1125, Abélard enseigne près de Quincey, non loin de Nogent-sur-Marne, là où sera plus tard l'abbaye du Paraclet. Les écoles d'Angers, de Reims, d'Auxerre et de Bourges forment donc comme un cercle autour de lui, et l'on comprend que pour désigner les maîtres qui les dirigent, il s'exprime ainsi : « magistros... qui nunc maxime *circa nos* pestilentiae cathedras tenent ». Cette expression eût été géographiquement peu exacte si, par exemple, l'*Introductio* avait été composée à Saint-Gildas, après 1125. Plus naturel aussi nous apparaît le prologue de l'*Introductio*, où Abélard raconte qu'il a entrepris la composition de son livre à la demande de ses disciples qui, pour le persuader, lui disent qu'il convient à son âge et à sa pro-

1. *Theol. christ.*, *ibid.*, *P. L.*, col. 1286 (II, p. 524).
2. *Hist. litt.*, t. XII, p. 276.
3. E. VACANDARD, *L'Inquisition*, Paris, 1907, p. 44.

fession, de renoncer à la dialectique pour s'adonner à la théologie, qu'il doit changer d'études, comme il a changé de mœurs et d'habit. Placé en 1133, après qu'Abélard a déjà été abbé, ce raisonnement vient un peu tard. Il est plus naturel vers 1125, surtout si nous songeons que la *Theologia* condamnée au concile de Sens, n'est, pour les premiers livres, qu'une troisième édition remaniée du *Tractatus de Unitate et Trinitate divina* condamné à Soissons[1], et qu'ainsi le prologue se rapporte aussi bien au *De Unitate*, et est en connexion évidente avec un récit similaire de l'*Historia calamitatum*, qui est de la même époque[2]. On comprend également fort bien qu'après le concile de Soissons, Abélard ait eu à cœur de justifier les doctrines qui y avaient été condamnées. Déjà, il avait écrit une exhortation adressée à ses confrères de Saint-Denis pour prouver qu'il avait eu raison de faire appel à l'autorité des philosophes[3], exhortation qui devait former le livre II de la *Theologia christiana*. Il est donc naturel que la composition de ce dernier ouvrage coïncide avec la reprise de son enseignement : la *Theologia christiana* était sa justification auprès de ses disciples.

Constatons enfin que, la composition de la *Theologia christiana* et des premiers livres de l'*Introductio* étant placée

---

1. H. Denifle, *art. cit.*, *Archiv*, t. I, p. 600 et suiv., a montré que le traité condamné à Sens ne s'appelait pas *Introductio*, mais *Theologia*. Il faut remarquer aussi qu'Héloïse (*Epist.* II, *P. L.*, col. 181 [II, p. 72] et Geoffroy, notaire de saint Bernard (cité *P. L.*, CLXXXII, col. 1047, n° 8), donnent le même nom au *De Unitate*.

2. *Hist. cal.*, *P. L.*, col. 136 (I, p. 17).

3. Dans un fragment d'un dialogue d'Abélard, recueilli sous ce titre *E libro incerto* (II, p. 727), on lit : « De fide autem philosophorum atque vita, seu etiam disciplina morum, in exhortatione nostra ad fratres et commonachos nostros satis arbitror a nobis esse expositum. » V. Cousin (*ibid.*, p. 357 et 727) se demande s'il s'agit du sermon sur Jean-Baptiste, ou du livre II de la *Theol. christ.* Il s'agit certainement de ce dernier livre, car le sermon sur saint Jean-Baptiste est d'Abélard, abbé de Saint-Gildas, et celui dont il s'agit n'est pas adressé à des inférieurs, mais à des confrères, « commonachi », comme la lettre sur Denys l'Aréopagite qui est certainement adressée aux moines de Saint-Denis. Au reste, le livre II de la *Theol. christ.* répond beaucoup plus complètement à l'objet de cette *exhortatio*, et on y rencontre même l'expression « *fratres* » adressée à des auditeurs.

autour de 1125, le passage de l'*Historia calamitatum* concernant saint Bernard et saint Norbert devient plus compréhensible pour nous. Pour expliquer comment il fut amené à renoncer à son enseignement au Paraclet, Abélard raconte que ses rivaux, étant trop faibles par eux-mêmes, suscitèrent contre lui deux nouveaux apôtres, l'un réformateur des chanoines réguliers — saint Norbert fondateur des Prémontrés — et l'autre réformateur des moines — saint Bernard, fondateur de Clairvaux. Ceux-ci, attaquant sa foi et sa vie privée, le rendirent odieux aux puissances ecclésiastiques et séculières, détachèrent de lui les principaux de ses amis, si bien que, sans cesse dans la crainte de se voir une seconde fois condamné, il renonça à son enseignement et accepta la charge d'abbé de Saint-Gildas de Ruys[1]. On était porté, jusqu'ici, à regarder ces insinuations contre saint Bernard comme partant d'une crainte imaginaire[2]. Cette crainte peut-être était très fondée. Pourquoi d'abord Abélard aurait-il si vivement attaqué saint Norbert dans un sermon adressé aux moines de Saint-Gildas, s'il n'avait pas eu à se plaindre de lui auparavant? Ensuite, parmi les maîtres dont Abélard combat les doctrines, deux d'entre eux, Albéric de Reims et Joscelin, étaient des adversaires d'Abélard, et tous quatre, Albéric, Joscelin, Gilbert l'Universel et Ulger, étaient les amis de saint Bernard. Y a-t-il lieu dès lors de s'étonner que, pour répondre aux attaques d'Abélard, ils aient signalé ses erreurs à saint Bernard?

Il y a plus, nous possédons un opuscule de saint Bernard, dirigé contre Abélard, et qui, à notre avis, date de cette

---

1. *Hist. cal.*, P. L., col. 164 (I, p. 28).

2. E. VACANDARD, *Saint Bernard*, t. II, p. 123.

3. Sermon sur saint Jean-Baptiste, dans lequel Abélard se moque de saint Norbert qui a cherché en vain à ressusciter un mort. *P. L.*, col. 605 (I, p. 590).

4. La rivalité d'Albéric et d'Abélard, nous est déjà connue. Sur sa rivalité avec Joscelin cf. *Ex Vita Goswini*, P. L., col. 121, n. 18 (I, p. 43). — Sur l'amitié de ces quatre maîtres avec saint Bernard, cf. pour *Albéric*, *Hist. litt.*, t. XII, p. 74, — pour les autres, les lettres que leur écrit saint Bernard : à Joscelin, *P. L.*, CLXXXII, ep. 222, 223, 225, col. 387, 390, 394; ep. 263, col. 469; ep. 342, col. 546, — à Gilbert l'Universel, *ibid.*, ep. 24, col. 128, — à ULGER, *ibid.*, ep. 200, col. 367.

époque ; c'est le *De baptismo et aliis quaestionibus*. Cet opuscule est, en réalité, une lettre adressée par le saint à Hugues de Saint-Victor, *ad magistrum Hugonem de Sancto-Victore*[1]. Saint Bernard y combat un anonyme qui soutenait la nécessité du baptême pour tous les hommes, et prétendait que les Patriarches et les Prophètes de l'Ancien Testament avaient connu le mystère de l'Incarnation, aussi clairement que les chrétiens. Deutsch a montré, contre Mabillon, que l'anonyme ne pouvait être qu'Abélard : les termes avec lesquels saint Bernard le qualifie, les opinions critiquées, qui sont bien d'Abélard, ne laissent pas de doute, et l'historien de saint Bernard, l'abbé Vacandard, adopte sur ce point l'opinion de Deutsch[2].

Or, dans cette lettre, saint Bernard ne s'attaque pas à un écrit d'Abélard, mais à des opinions qu'il professe oralement. Il ne fait aucune citation d'un écrit de l'anonyme — on sait qu'il agira tout autrement au concile de Sens — mais il le représente comme affirmant, comme émettant de vive voix les opinions critiquées[3]. Cette lettre de saint Bernard n'a pu, dès lors, être écrite qu'à deux époques : quand Abélard enseigna à Paris depuis 1136, ou lors de son enseignement au Paraclet de 1122 à 1125 ; car, entre temps, Abélard ne professa pas. L'abbé Vacandard pense que la lettre a été effectivement écrite entre 1131 et 1140[4]. Nous ne le croyons pas, pour les raisons suivantes : tout d'abord, si la lettre avait été écrite seulement vers 1136, elle eût été adressée à Hugues, prieur de Saint-Victor, et non pas simplement à maître Hugues de Saint-Victor, car Hugues était prieur depuis 1133 ; Gautier de Mortagne lui

---

1. Cf. *P. L.*, CLXXXII, col. 1029, l'*admonitio* de Mabillon, en tête de la lettre.

2. S. M. DEUTSCH, *ouv. cit.*, Beilage 5, p. 466 et suiv. — E. VACANDARD, *ouv. cit.*, t. II, p. 116, n. 1.

3. « De homine tamen qui ista loquitur... inde fit ut in his quae sentit vel loquitur. » *Tractatus de Baptismo*, c. III, par. II, *P. L.*, CLXXXII, col. 1038. Gautier de Mortagne avait, de même, appris de vive voix certaines opinions d'Abélard. Cf. la lettre déjà citée, adressée à *Magistro Petro monacho*, D'ACHERY, *Spicilegium*[2], III, p. 544, in fine epistolae.

4. E. VACANDARD, *ouv. cit.*, t. II, p. 125.

donne ce titre[1]. En outre, Hugues de Saint-Victor s'étant approprié, dans le premier livre du *De Sacramentis*, tout un passage du traité que saint Bernard lui avait adressé[2], si le traité de saint Bernard est de 1136, il faut conclure, à supposer que Hugues l'ait reçu au moment où il composait le *De Sacramentis*, qu'il a composé de 1136 à 1141, date de sa mort, le livre II du *De Sacramentis*, les *Posteriores excerptiones* et le Commentaire sur la Hiérarchie céleste du pseudo-Denys[3], c'est-à-dire l'espace d'environ 750 colonnes de la Patrologie de Migne ; c'est moralement impossible. Le *De baptismo* nous paraît donc devoir être rapporté à une période antérieure de l'enseignement d'Abélard, c'est-à-dire vers 1125. Au reste, saint Bernard y parle des critiques adressées à une opinion émise par lui dans la première de ses homélies sur l'Évangile de saint Luc : *Missus est*[4]. Or, saint Bernard, dans une lettre que Mabillon date de 1127, énumérant ses œuvres, cite ces homélies et aussi quelques lettres à divers [5] : le *De baptismo* est une de ces lettres. Enfin, s'il faut prouver que dès cette époque Abélard professait les opinions critiquées dans le *De baptismo*, qu'il suffise de rappeler qu'il reproche, dans l'*Introductio*, à Albéric de Reims d'enseigner qu'on pouvait être sauvé, avant la venue de Jésus-Christ, sans croire à l'Incarnation[6]. Il nous semble donc établi que ce n'est pas par pure imagination qu'Abélard se plaint, dans l'*Historia calamitatum*, des attaques de saint Norbert et de saint Bernard, qui vinrent troubler son enseignement au Paraclet,

1. Cf. la lettre citée, *P. L.*, CLXXXVI, col. 1052.
2. *De Sacramentis*, l. I, p. X, c. VI, *P. L.*, col. 336 C, depuis *facit perrara salus* jusqu'à *Nam et ipsis apostolis, ibid.*, col. 338 C, est copié du *De baptismo*, c. III, par. 11 jusqu'au par. 15 in medio, *P. L.*, CLXXXII, col. 1038 C à 1041 B, sans qu'il soit d'ailleurs fait mention de saint Bernard. Nous connaissons cette habitude de Hugues.
3. Les *Posteriores Excerptiones* sont postérieurs au *De Sacramentis*, comme le prouve le prologue du livre I du *De Sacramentis, P. L.*, col. 183. Quant au commentaire, il est dédié à Louis VII, roi de France, qui ne commença à régner qu'en 1137.
4. *De baptismo*, c. V, *P. L.*, CLXXXII, col. 1042.
5. Saint Bernard, *Epist.* 18, *P. L., ibid.*, col. 120, note 96 et col. 122.
6. *Introductio*, l. II, *P. L.*, col. 1056 (II, p. 84).

et il se pourrait que Hugues de Saint-Victor fût du nombre des principaux amis qu'ils détournèrent de lui.

Tous ces faits réunis paraissent bien de nature, en tout cas, à justifier les dates de 1123-1124 pour la *Theologia christiana*, et de 1125 pour les deux premiers livres de l'*Introductio*[1].

Continuons nos recherches sur les dates des œuvres d'Abélard. Nous n'avons pas parlé du *Sic et Non*, mais nous avons vu, au cours de notre travail, les raisons qui justifient l'adoption de l'opinion de Deutsch qui place vers 1121-1122 le prologue et la réalisation, au moins partielle, de l'ensemble de l'œuvre[2]. Pour le Commentaire sur l'Épître aux Romains, l'Ethique et la fin de la *Theologia*, il n'y a aucun point de repère qui puisse servir à fixer une date. Une remarque seulement, toute négative : c'est qu'on ne pourrait conclure de ce que la lettre de Guillaume de Saint-Thierry attaquant la *Theologia* a été écrite vers la fin de 1138, que cet ouvrage ne fut terminé à peu près qu'à cette date. C'est par hasard, en effet, que la *Theologia* est tombée entre les mains de Guillaume de Saint-Thierry[3] ; et, d'après celui-ci, les livres d'Abélard circulaient sous le manteau, on ne pouvait pas se les procurer facilement[4], ils haïssaient la lumière. D'autre part, Hugues de Saint-Victor, dans la lettre qui provoqua la réponse de saint Bernard, n'avait communiqué à celui-ci que des on-dit, pas de textes précis, et Abélard lui-

1. Notons aussi que la date de la mort de Roscelin paraît fixée grâce à ces deux dates. Le *Tractatus de Unitate* était dirigé contre Roscelin ; Abélard l'y interpelle par ces mots : « Responde tu mihi, astute dialectice, seu versipallis sophista, qui auctoritate Peripateticorum me arguere niteris » (*De Unit.*, p. 48, cf. *Einleitung*, p. xxix et suiv.). Cette apostrophe est reproduite dans la *Theologia christiana*, l. III, *P. L.*, col. 1246 (II, 482), mais non dans l'*Introductio*, alors que tout le reste du contexte y est maintenu (*Introd.*, l. II, *P. L.*, col. 1063 [II, p. 91]. C'est sans doute que Roscelin mourut dans l'espace de temps qui sépara l'apparition des deux traités, c'est-à-dire entre 1123 et 1125.

2. Voir plus haut, p. 166.

3. « Casu nuper incidi in lectionem cujusdam libelli. » *Epist. Guillelmi Abbatis ad Gaufridum carnotensem episcopum, et Bernardum abbatem Clarae-Vallensem*, *P. L.*, CLXXXII, col. 531.

4. « Sicut dicunt, oderunt lucem, nec etiam quaesita inveniuntur. » *Ibid.*, col. 533.

même, on l'a vu, se plaint, dans sa Dialectique, que l'envie
empêche ses livres de paraître au grand jour. Ces faits sont
à rapprocher de ces autres : les opinions d'Abélard sont
connues partout, elles ont même du crédit à Rome[1]; on a
déjà composé des extraits de la *Theologia*, des *Sententiae*
qui sont tombées avec la *Theologia* entre les mains de Guillaume de Saint-Thierry[2]. Tout cela nous porte à croire
que la *Theologia* a été achevée avant la fin de 1138; elle a
même pu l'être plusieurs années auparavant, mais elle ne
se répandit partout que du jour où, Abélard s'étant décidé
à accepter la lutte ouverte avec saint Bernard, et ayant renoncé à toute conciliation, lui et ses disciples firent une
grande propagande de ses ouvrages pour se gagner beaucoup de partisans[3].

Quant aux autres écrits d'Abélard, il faut les diviser en
deux groupes, l'un, formé par tout ce qu'Abélard a adressé
à Héloïse : lettres, sermons et hymnes pour les religieuses
du Paraclet, les *Problemata* et le commentaire sur l'Hexameron; l'autre, formé par le *Dialogus inter Judaeum, Philosophum et Christianum*, et le *Carmen ad Astralabium*.

C'est l'*Historia calamitatum* qui ouvre, par sa date, les
œuvres du premier groupe. Elle est postérieure au départ
d'Abélard de Saint-Gildas, postérieure donc à 1132, probablement peu antérieure à 1136, si, comme le conjecture

---

1. « Petrus Abaelardus iterum nova docet, nova scribit; et libri ejus
transeunt maria, transeunt Alpes; et novae ejus sententiae de fide...
per provincias et regna deferuntur » GUILLAUME DE SAINT-THIERRY,
ibid., *P. L.*, CLXXXII, col. 531.

2. Sur ce point et sur la nature des *Sententiae*, voir H. DENIFLE, *art.
cit.*, *Archiv*, t. I, p. 586 à 595. En 1902, J. DRAESEKE, *Zu den Sentenzen des Peter Abälards*, *Zeitschrift für wiss. Theologie*, Bd. 45, 1902,
p. 73-91, a soutenu de nouveau, après le remarquable article de H.
Denifle en sens contraire, que les *Sententiae* sont des cahiers d'élèves,
mais il n'a pas même lu Denifle : il ne le cite pas!

3. Saint Bernard, dans la lettre à Innocent III, où il jette l'alarme,
signale le fait. Faisant allusion à la lettre où Guillaume de Saint-Thierry
lui avait dit des livres d'Abélard : « oderunt lucem », il écrit : « Uti-
nam adhuc laterent in scriniis, et non in triviis legerentur. Volant
libri; et qui oderant lucem... impegerunt in lucem... Transierunt de
gente in gentem, et de regno ad populum alterum. » SAINT BERNARD,
Epist. 189, *P. L.*, CLXXXII, col. 355.

Deutsch, elle a eu pour but de préparer la reprise de son enseignement à Sainte-Geneviève [1]. Tout le reste, lettres, hymnes, sermons, commentaire sur l'Hexameron, a suivi, puisque, Héloïse s'étant plainte à Abélard dans la lettre qui suivit l'*Historia calamitatum*, que son ancien amant ne lui écrivait pas et ne venait pas la visiter [2], Abélard lui répondit en lui offrant le secours de sa science théologique, lui avouant que s'il ne lui avait pas écrit jusque-là, c'est qu'il avait cru qu'elle n'avait pas besoin de son ministère [3]. Ainsi, tout ce qu'Abélard a adressé à Héloïse est postérieur à 1133. On ne peut, d'ailleurs, arriver à plus de précision.

Quant au *Carmen ad Astralabium* et au *Dialogus*, ils sont l'œuvre d'Abélard retiré à Cluny. Dans le *Carmen*, Abélard donne à Astralabe des conseils que l'on donne à quelqu'un qui entre dans la vie; entre autres choses, il lui dit de ne pas se hâter d'enseigner; pareil conseil suppose qu'Astralabe a, au moins, une vingtaine d'années, et nous reporte vers 1138 ou 1140; Abélard écrivit donc ces vers dans la retraite de Cluny. Il en est de même du Dialogue, qui suppose que la *Theologia* a été vivement attaquée, qu'on a voulu la détruire, et qu'Abélard n'enseigne plus [4].

Résumons les conclusions auxquelles nous sommes arrivé :

1° Abélard a composé sa *Dialectique* à Saint-Denis, vers l'année 1121. Il écrivait en même temps, dès 1120, le *De Unitate et Trinitate divina;* 2° après sa condamnation à

1. Voir S. M. Deutsch, *ouv. cit.*, p. 44.

2. « Dic nunc, si vales, cur post conversionem nostram... in tantam tibi negligentiam atque oblivionem venerim, ut nec colloquio praesentis recreer, nec absentis epistola consoler. » *Epistola* II, *P. L.*, col. 186 (I, p. 77).

3. « Quod post nostram a saeculo ad Deum conversionem nondum tibi aliquid consolationis vel exhortationis scripserim... Sin autem... et in iis etiam quae ad Deum pertinent, magisterio nostro atque scriptis indiges, super his quae velis, scribe mihi, ut ad ipsam rescribam, prout Dominus annuerit. » *Ep.* III, *P. L.*, col. 187 (I, p. 79).

4. « Prae omnibus magistris... constat te floruisse... opus illud mirabile theologiae, quod nec invidia ferre potuit, nec auferre praevaluit, sed gloriosius persequendo effecit. » *Dialogus inter Judaeum, Philosophum et Christianum* (II, p. 645).

Soissons, il composa, vers 1122, la lettre sur Denys l'Aréopagite et le *Sic et Non*, au moins sous sa première forme, vers 1123-1124 la *Theologia christiana*, et vers 1125 les deux premiers livres de la *Theologia* ou *Introductio;* 3° le Commentaire sur l'Épître aux Romains, le livre III et peut-être le livre IV de la *Theologia*, l'*Ethique*, les derniers livres de la *Theologia*, ont suivi à partir de 1125, dans l'ordre où ils viennent d'être énumérés. Ils étaient terminés à la fin de 1138, peut-être même un peu auparavant; 4° les lettres à Héloïse, les sermons et les hymnes, les *Problemata*, l'*Expositio in Hexameron*, sont postérieurs à l'*Historia calamitatum*, qui fut écrite entre 1133 et 1136; 5° enfin le *Carmen ad Astralabium* et le *Dialogus inter Judaeum, Philosophum et Christianum* ont été composés à Cluny (1140 à 1142).

APPENDICE II

L'AUHTENTICITÉ DE LA « SUMMA SENTENTIARUM »

Dans quels rapports la *Summa Sententiarum* se trouve-t-elle avec le grand traité de Hugues de Saint-Victor, le *De Sacramentis?* Lui est-elle antérieure ou postérieure? Est-elle l'œuvre de Hugues? A ces questions, on a donné jusqu'ici trois solutions. Les uns — *Histoire littéraire de la France*, le P. Gietl, P. Fournier, E. Kaiser, Ostler — pensent que les deux œuvres ont Hugues de Saint-Victor pour auteur, et que la *Summa* a précédé le *De Sacramentis.* D'autres — B. Hauréau, l'abbé Mignon, J. Kilgenstein, Roch de Chefdebien — attribuent aussi les deux œuvres à Hugues, mais croient le *De Sacramentis* antérieur à la *Summa.* D'autres enfin, non seulement soutiennent l'antériorité du *De Sacramentis* à la *Summa*, mais pensent que Hugues n'est pas l'auteur de ce dernier ouvrage : cette opinion, que H. Denifle ne donnait que comme une simple conjecture, est affirmée par le P. Portalié et l'abbé Pourrat [1].

---

[1]. Voici, par ordre chronologique, la bibliographie des ouvrages auxquels nous nous référerons : *Histoire littéraire de la France*, t. XII, p. 36. — B. Hauréau, *Les œuvres de Hugues de Saint-Victor*, p. 73 et suiv. — H. Denifle, *Die Sentenzen Hugos von St-Victor, Archiv*, t. III, p. 634 et suiv. — Gietl, *Die Sentenzen Rolands*, p. xxxiv à xl.

La nature de notre travail nous a amené à essayer de nous faire, à notre tour, une opinion raisonnée sur la question. Non pas qu'il se soit agi de résoudre la question de priorité entre l'*Introductio* d'Abélard et l'une des œuvres attribuées à Hugues : la date de 1125 étant assignée aux deux premiers livres de l'*Introductio*, et l'idée d'une somme de théologie remontant, dans l'esprit d'Abélard, à son entrée à Saint-Denis, vers 1118, année où Hugues de Saint-Victor arrive tout jeune homme, de Saxe à Paris, la priorité appartient sans conteste à Abélard[1]. Mais la différence de méthode qui distingue la *Summa Sententiarum* du *De Sacramentis*, doit s'interpréter différemment, suivant que l'on attribue la priorité au *De Sacramentis* ou à la *Summa*, et suivant que la *Summa* est de Hugues ou d'un autre auteur. La méthode de la *Summa*, nous l'avons vu, c'est la méthode abélardienne ; le *De Sacramentis*, au contraire, se rattache à la méthode anselmienne : les Pères y sont oubliés à ce point que, comme l'a remarqué le P. Portalié, « dans les quatre premières parties on ne trouverait peut-

— Mignon, *Les origines de la scolastique et Hugues de Saint-Victor*, t. I, p. 174 et passim. — J. Kilgenstein, *Die Gotteslehre des Hugo von St-Victor*, p. 22 à 25. — P. Fournier, *Une preuve de l'authenticité de la Somme des Sentences attribuée à Hugues de Saint-Victor*. — Portalié, article *Abélard, Dictionnaire de théologie catholique*, I, col. 53-54. — E. Kaiser, *Pierre Abélard critique*, p. 267 à 286. — H. Ostler, *Die Psychologie des Hugo von St-Victor*, p. 7, n. 5. — P. Pourrat, *La théologie sacramentaire*, p. 37, n. 2 et passim. — Roch de Chefdebien, *Une attribution contestée. La « Summa Sententiarum » de Hugues de Saint-Victor, Revue Augustinienne*, mai 1908, p. 529-560.

1. On ne connaît pas la date de composition du *De Sacramentis*, mais on peut établir que la composition de la deuxième partie n'est pas antérieure à 1133. Hugues de Saint-Victor, en effet, y renvoie (l. II, cap. vi, *P. L.*, col. 383) à son traité *De Anima Christi*. Ce traité (publié *P. L.*, CLXXVI, col. 845-856, sous le titre *de Sapientia animae Christi*) est une réponse à une lettre adressée à Hugues de Saint-Victor par Gautier de Mortagne, et publiée par dom Mathoud dans son édition des Sentences de Robert Pullus (on la trouve *P. L.*, CLXXXVI, col. 1052) : Hugues de Saint-Victor y cite textuellement des passages de cette lettre (comparer *P. L.*, CLXXVI, col. 853 et *P. L.*, CLXXXVI, col. 1052). Or, la lettre de Gautier de Mortagne est adressée à Hugues, prieur de Saint-Victor, et Hugues n'a pas été prieur avant 1133, date à laquelle son prédécesseur, le prieur Thomas, fut assassiné. Cf. *Hist. litt.*, XII, p. 4.

être pas un seul texte[1] ». Dès lors, ou bien le *De Sacramentis* est postérieur à la *Summa*, et il en faut conclure que Hugues de Saint-Victor, après avoir adopté la méthode abélardienne, l'a rejetée comme dangereuse, malgré les avantages qu'il y aurait trouvés tout d'abord, ainsi que le prologue de la *Summa* en ferait foi[2]; ou bien, au contraire, la *Summa* est postérieure au *De Sacramentis*, et elle est un hommage rendu par Hugues de Saint-Victor ou un de ses disciples, à la supériorité de la méthode abélardienne. Tel est l'intérêt de la discussion.

Pour la reprendre, il importe de l'envisager sous ses différents aspects, ce que n'ont pas fait généralement les auteurs précités. L'abbé Mignon a comparé les deux œuvres du point de vue de leur contenu, sans se préoccuper des rapports de la *Summa* avec la *Theologia* d'Abélard. Hauréau ne s'est guère attaché qu'au témoignage des manus-crits, et a négligé les rapports de méthode et de doctrine. Denifle, Gietl, P. Fournier n'ont apporté, eux aussi, que des arguments de critique externe : le témoignage d'auteurs postérieurs d'assez peu à Hugues de Saint-Victor. Le P. Portalié a envisagé les divers points de vue de la question, mais la brièveté d'un article de dictionnaire ne lui a pas permis de mettre suffisamment en valeur ses arguments. L'abbé E. Kaiser a insisté sur les témoignages de critique externe, et sur les rapports de la *Summa* avec la *Theologia* abélardienne, mais a presque complètement laissé de côté les rapports de la *Summa* avec le *De Sacramentis*. Tout récemment, M. Roch de Chefdebien a discuté les arguments de critique externe et les arguments de critique interne, mais n'a pas tenu assez compte des rapports de la

---

1. PORTALIÉ, *art. cit., Dict. de théol. cathol.,* col. 52. Cf. MIGNON, *ouv. cit.,* I, p. 180-181. — Dans la seconde partie les Pères sont cités plus fréquemment.

2. « Si qua igitur obscura nobis occurrerint, sit nostri propositi primum ad auctoritates confugere; deinde quid nostri temporis sapientes de illis sentiant, in medium conferre; et cur potius hos quam illos imitari placeat (et ratione et auctoritate simul concurrentibus) pro facultate nostra in lucem ponere. » *Summa Sent.,* praefatio, col. 41.

Summa Sententiarum et de la *Theologia* d'Abélard, mis en lumière par l'abbé E. Kaiser. Quant à Kilgenstein et à Ostler, ils n'ont touché qu'incidemment la question. Il faut donc, pour poser le problème dans son entier, tenir compte, à la fois, des témoignages contemporains ou immédiatement postérieurs, et des rapports que l'on peut constater, au point de vue de la doctrine et de la méthode, entre la *Summa*, le *De Sacramentis*, et les œuvres d'Abélard. Nous examinerons donc successivement les témoignages de critique externe et les témoignages de critique interne concernant : 1° la question d'authenticité; 2° la question d'antériorité.

A. — LA QUESTION D'AUTHENTICITÉ.

Sur la question d'authenticité, les témoignages de critique externe sont assez nombreux. Mais, avant de les examiner, écartons deux arguments qui nous paraissent sans valeur. Le premier a été donné par Hauréau[1] et reproduit par Kilgenstein[2]. D'après eux, les deux ouvrages ont entre eux de telles ressemblances que « le plus court des deux, c'est-à-dire la *Summa Sententiarum*, serait d'un effronté plagiaire, si l'un et l'autre n'étaient pas du même auteur ». Cet argument, dont il faudrait tenir grand compte s'il s'agissait d'ouvrages contemporains, perd toute sa force par suite des habitudes littéraires du moyen âge que nous connaissons : l'habitude des *deflorationes*, et l'habitude de composer des *Sententiae* : qu'il suffise de rappeler les *Sententiae Abaelardi*, sur lesquelles saint Bernard, un contemporain, s'est mépris. Le second argument est encore de Kilgenstein. Il est basé sur un passage des *Quaestiones in epistolas S. Pauli*, attribuées parfois à Hugues de Saint-Victor. Comme on y lit cette phrase : « *In Sacramentis enim et in Sententiis majorum, haec diligentius prosequimur[3]* », on

---

1. B. HAURÉAU, *ouv. cit.*, p. 73.
2. J. KILGENSTEIN, *ouv. cit.*, p. 23.
3. *Quaestiones in Epistolas S. Pauli*, *P. L.*, CLXXV, col. 524.

a cru y voir la preuve que le *De Sacramentis* et les *Senten-tiae* ou *Summa Sententiarum* sont bien deux ouvrages de Hugues. Mais Hauréau et Denifle avaient déjà montré que Hugues n'est pas l'auteur de ces *Quaestiones* [1] et si Kilgens-tein, venu après eux, a cru devoir néanmoins les lui attri-buer [2], Denifle a, depuis, amplement prouvé que ces *Quaestiones* ne sauraient être du Victorin, car les *Sententiae* de Pierre Lombard y sont citées. Ces *Quaestiones* sont en réalité postérieures à 1171 [3].

Ceci dit, arrivons aux témoignages du temps, et tout d'abord, à ceux qui sont fournis par les manuscrits.

Les manuscrits anonymes sont plus nombreux que ceux qui portent le nom de Hugues, et cela, même parmi les ma-nuscrits les plus anciens, ceux qui remontent au xiie siècle. Certains manuscrits attribuent la *Summa* à un certain maî-tre Odon ou Othon, mais ils sont moins nombreux que ceux qui l'attribuent à Hugues. Enfin, H. Denifle en signale un, ayant cette inscription : *Sententie magistri Ottonis ex dictis mag. Hugonis* [4]. On le voit, à les considérer seuls, on ne saurait rien tirer de témoignages si divers.

Parmi les chroniqueurs du temps, ni Albéric des Trois-Fontaines, ni Sigebert de Gembloux, ni aucun de ceux qui parlent de Hugues de Saint-Victor, ne mentionnent au nombre de ses ouvrages la *Summa Sententiarum*. Les trois livres qu'ils citent d'ordinaire, sont le *De Sacramentis*, le *Didascálion*, et le *Commentaire sur la Hiérarchie céleste*. Mais la *Summa* peut être comprise parmi les *alia plurima opuscula* qu'ils ajoutent à ces trois ouvrages.

Par contre, dans cinq écrits de la deuxième moitié du xiie siècle ou de la première moitié du xiiie, la *Summa* est attribuée à Hugues de Saint-Victor. Trois d'entre eux ont

1. B. Hauréau, *ouv. cit.*, p. 27 et suiv. — H. Denifle, *art. cit.*, *Arch.*, t. III, p. 640.
2. J. Kilgenstein, *ouv. cit.*, p. 22, n. 3, et p. 26 et suiv.
3. H. Denifle, *Luther und Luthertum. Ergänzungsband I, Quellen-belege. Die abendländischen Schriftausleger bis Luther über Justitia Dei* (Rom. 1, 17) *und Justificatio*, p. 65 et suiv.
4. Voir B. Hauréau, *ouv. cit.*, p. 72 et H. Denifle, *art. cit.*, *Arch.*, t. III, p. 637.

été signalés par le P. Gietl [1] et les deux autres par M. P. Fournier [2]. L'un de ces écrits, un recueil de questions canoniques, a été rédigé entre 1154 et 1179, c'est-à-dire moins de quarante ans après la mort de Hugues. Un autre, le *Liber de vera philosophia*, a été composé peu après 1180 [3]. Ces témoignages constituent, il faut le reconnaître, un argument très fort en faveur de l'authenticité de l'attribution traditionnelle. Ils annulent, en tout cas, l'argument que le P. Portalié tire de ce fait qu'Alexandre Halès et saint Thomas, lorsqu'ils allèguent les *Sententiae Hugonis*, entendent, par là, le *De Sacramentis* [4].

Un témoignage plus récent encore, mais moins concluant, est celui de Jean de Salisbury. Dans son *Metalogicus*, il cite, en l'attribuant à *magister Hugo*, la définition de la foi donnée dans la *Summa Sententiarum* [5], définition qui diffère de celle du *De Sacramentis* [6]. Le *Metalogicus* étant antérieur à 1161, ce témoignage pourrait être regardé comme décisif, si Jean de Salisbury avait déclaré emprunter cette définition à la *Summa*. Mais il ne le dit pas, et l'on peut objecter contre cet argument, que la définition citée par lui, a pu être donnée par Hugues dans un autre

1. Gietl, *Die Sentenzen Rolands*, p. xxxv-xxxviii.
2. P. Fournier, *Une preuve...*, p. 3 et suiv. Sur l'ensemble de ces témoignages, cf. E. Kaiser, *ouv. cit.*, p. 271-272, et Roch de Chefdebien, *art. cit.*, p. 533-543.
3. Sur le *Liber de vera philosophia*, voir P. Fournier, *Un adversaire inconnu de saint Bernard et de Pierre Lombard. Bibliothèque de l'École des Chartes*, t. XLVII, 1886, et extrait de 24 pages. — Id., *Une preuve de l'authenticité de la Somme des Sentences attribuée à Hugues de Saint-Victor. Annales de l'Université de Grenoble*, t. XII, n° 2, et extrait de 12 pages, 1888. — Id., *Joachim de Flore et le Liber de vera philosophia, Revue d'histoire et de littérature religieuses*, t. IV, n° 1, et extrait de 32 pages, Mâcon, 1899. — P. Mandonnet O. P., *Compte rendu des trois publications de P. Fournier, Bulletin critique*, 22ᵉ année, n° 4, 5 février 1901, p. 72.
4. Portalié, *art. cit.*, *Dict. de théol. cathol.*, I, col. 54. Cf. sur l'opinion du P. Portalié, les remarques de Roch de Chefdebien, *art. cit.*, p. 543, n. 1.
5. Jean de Salisbury, *Metalogicus*, l. IV, c. xiii, *P. L.*, col. 924.
6. Dans le *De Sacramentis* (l. I, p. XX, c. ii, *P. L.*, col. 330), la foi est définie : « *certitudo quaedam* rerum absentium supra opinionem et infra scientiam ». Dans la *Summa*, au lieu de *certitudo quaedam*, on lit *certitudo voluntaria*. *Summa Sent.*, t. I, c. i, *P. L.*, col. 43.

écrit, puis introduite par l'auteur de la *Summa* dans son ouvrage, quel que soit cet auteur [1].

Arrivons enfin à un texte publié par le P. Denifle, et qui a été l'origine de la discussion de la question d'authenticité : ce sont quelques lignes écrites, au début de ses *Sententiae*, par Robert de Melun, contemporain d'Abélard et de Hugues de Saint-Victor, et leur disciple. Voici ce texte :

« *Horum autem tractatuum* (il s'agit des *Sententiae*) *auctores pauci inveniuntur. Sed, ex illis tamen duo praecipui, qui tam* de Sacramentis fidei quam de ipsa fide ac caritate ratione inquirenda ad reddenda, *omnibus qui post illos sacre scripture expositores exstiterunt, omnibus omnium judicio praepollent, quos tamen non per omnia eadem itinera tenuisse contigit, quod raro vel nunquam contingere solet, licet res eadem tractetur ac doceatur. Nam que apud istum brevius quam oporteret, vel diffusius quam necesse esset, dicta sunt, ordine converso tractata ab illo inveniuntur. Quedam vero ab uno nonnunquam pretermittuntur, que ab altero diligentissime tractantur... Ex istorum itaque sententiarum tractatibus, unum sententiarum excellentissimum corpus posse compingi dubitandum non est, si ea que in illis differentia videntur, hic in unitate quadam convenire monstrentrur, et que ibi adversitate sibi obviare creduntur, hic sola diversitate sibi consona distare ostenduntur...* Eis, qui auctores predictorum tractatuum viva voce ut decisores suam exponentes sententiam, praesentes audierunt, magis credendum est in eorumdem tractatuum expositione, quam illis, qui ex scripturis eorum quid senserint opinentur, *et scripturam ad suum retorquent potius sensum, quam ad intellectum eorum, qui eam composuerunt* [2]. »

Ce texte de Robert de Melun a été diversement interprété, et on en a tiré des conclusions très différentes. H. Denifle pense que Robert de Melun parle ici de deux ou-

---

1. Voici un exemple de ce procédé : La définition de la liberté donnée par la *Summa* (t. III, c. viii, *P. L.*, col. 105) est différente de celle du *De Sacramentis* (l. I, p. VI, c. iv, *P. L.*, col. 265), mais elle est empruntée à une lettre inédite de Hugues. Cf. B. Hauréau, *ouv. cit.*, p. 151-154.

2. Publié par H. Denifle, *art. cit.*, *Archiv*, t. III, p. 638.

vrages, dont l'un a pour titre *De Sacramentis fidei*, et l'autre, pour titre ou pour *Incipit : De ipsa fide ac caritate ratione inquirenda ad reddenda*[1], et il raisonne ainsi : Hugues de Saint-Victor est certainement l'auteur du *De Sacramentis* en question, car Robert de Melun en donne l'*Incipit*, qui est celui de l'ouvrage de Hugues qui porte le même titre. D'autre part, on ne saurait songer, pour le second ouvrage, à la *Theologia* d'Abélard. Sans doute, ce dernier commence par traiter de la foi, de l'espérance et de la charité, mais son *Incipit* ne concorde pas aussi bien que celui de la *Summa Sententiarum* avec l'*Incipit* donné par Robert de Melun[2], et il est invraisemblable que Robert de Melun, un ami de Hugues et un adversaire d'Abélard, ait songé à dire qu'il n'y a entre la *Theologia* et le *De Sacramentis* de différences qu'en apparence. Dès lors, comme on ne connaît aucun livre de *Sentences* de cette époque ayant un *Incipit* semblable[3], et comme, d'après le texte même de Robert de Melun, les livres de *Sentences* étaient alors peu nombreux, n'y a-t-il pas lieu de croire que Robert de Melun fait allusion à la *Summa Sententiarum*, et de conclure, par conséquent, que ce dernier ouvrage n'est pas de Hugues de Saint-Victor?

Cette conjecture de H. Denifle n'est pas acceptée par le P. Gietl; les témoignages externes lui paraissent concluants en faveur de l'authenticité de la *Summa*, et il l'accepte, tout en reconnaissant pourtant que, s'il ne s'agit pas de la *Summa* dans le texte de Robert de Melun, il ne voit pas à quel ouvrage il est fait allusion[4].

1. Comme une détérioration du manuscrit rend ici le passage illisible, H. Denifle propose de lire *ad reddendam rationem*.

2. Comparer :

a) *Sententiae magistri Roberti de Meleduno :*	b) Abélard, *Introductio :*	c) *Summa Sententiarum :*
De ipsa fide ac caritate ratione inquirenda ad reddenda [ad, reddendam, rationem?]	Tria sunt, ut arbitror, in quibus humanae salutis summa consistit. Fides videlicet, Caritas et Sacramentum.	De fide et spe quae in nobis est, omni poscenti rationem reddere...

3. Gietl dit n'avoir pas réussi à trouver les *Sententiae* auxquelles Robert de Melun fait allusion, *ouv. cit.*, p. 39, n. 2.

4. Gietl, *ouv. cit.*, p. 34, n. 2.

M. Roch de Chefdebien, après avoir contesté l'opposition radicale que H. Denifle met entre Robert de Melun et Abélard[1], propose, après Ostler, une traduction différente de la phrase de Robert de Melun : « *Sed ex illis tamen duo precipui, qui tam de sacramentis fidei, quam de ipsa fide ac caritate... [scripserunt]* ». Pour lui, cette phrase voudrait dire : « Parmi eux, deux (auteurs) principaux ont écrit sur les sacrements et la foi et la charité », et il en tire cette conclusion : « Il s'agirait donc de deux auteurs qui auraient, tous les deux, traité l'un et l'autre sujet. Dès lors, toute difficulté est levée dans la suite du texte, car les deux sujets sont traités aussi dans l'œuvre d'Abélard, et d'une façon assez différente de celle de Hugues. Cette interprétation a même le résultat assez inattendu de faire du texte de Robert de Melun, qui semblait compromettre notre thèse, un argument de plus en sa faveur, puisque le texte ainsi traduit donne au livre *De fide et caritate* (où l'on veut voir la *Summa*) le même auteur qu'au *De Sacramentis*[2]. »

Pour notre compte, nous pensons avec M. Roch de Chefdebien, que ce n'est pas une vérité établie que Robert de Melun ait été un adversaire résolu d'Abélard. Tous deux ont, en effet, recours à la même méthode dans leurs ouvrages[3]; Robert de Melun est, aussi bien qu'Abélard, du côté des dialecticiens. En outre, tandis que, d'une part, il faut être très prudent lorsqu'on accuse Abélard de telle ou telle erreur, et qu'en tout cas, on ne saurait accepter toutes les accusations portées contre lui par saint Bernard[4], d'autre part, les *Sentences* de Robert de Melun, n'ayant été publiées qu'en très petite partie, il est difficile de connaître

1. Roch de Chefdebien, *art. cit.*, p. 545.
2. Id., *ibid.*, p. 546. Cf. H. Ostler, *ouv. cit.*, p. 7, n. 5.
3. Cf. supra, p. 176.
4. Rappelons qu'Abélard s'est défendu d'avoir professé certaines doctrines qu'on lui attribuait (cf. *Apologia seu confessio fidei*, *P. L.*, col. 105), et que son disciple Bérenger prétendait que, seules, les expressions employées par lui étaient équivoques, mais que sa pensée était orthodoxe. On peut encore constater avec quelle prudence Jean de Cornouailles expose l'opinion d'Abélard sur cette question : « Utrum homo in Christo fuit aliquid? » Cf. son *Eulogium* dans D. Martène, *Thesaurus anecdot.*, t. V, col. 1653.

ses opinions. Nous pensons aussi, avec le même auteur et avec H. Ostler, que leur traduction du passage en discussion est plus obvie. Mais nous ne saurions en conclure que le texte de Robert de Melun devient ainsi une nouvelle preuve en faveur de l'authenticité de la *Summa*. Cette conclusion ne s'impose, en effet, qu'à condition de voir dans ces expressions : *De Sacramentis fidei* et *De ipsa fide ac caritate...* des titres d'ouvrages ou des *Incipit;* or, c'est là, à notre avis, une hypothèse qui ne repose sur rien. En réalité, ces mots désignent la matière des *Sententiae* d'alors. On sait, en effet, que ces trois termes : *fides, caritas* et *sacramentum*, constituent la division de la *Theologia* d'Abélard[1]. De même, dans le *De Sacramentis* et dans la *Summa*, il est traité, à la fois, des vertus théologales et des sacrements. Et Robert de Melun, enfin, écrit, toujours au début de ses *Sentences :* « *Meum itaque propositum completum erit, si sacramenta Veteris et Novi instrumenti* [*Testamenti*] *breviter percurrendo de fide et spe et caritate tractatum conclusero*[2]. » Dès lors, dans le texte si discuté de Robert de Melun, il ne s'agit que de deux auteurs, Abélard et Hugues de Saint-Victor, et de deux de leurs ouvrages : la *Theologia* ou *Introductio* d'Abélard, et le *De Sacramentis* de Hugues de Saint-Victor. On ne saurait donc alléguer ce texte dans la discussion de l'authenticité de la *Summa :* il n'est ni pour ni contre, il est tout simplement à écarter, car il ne touche pas à la question.

Par conséquent, en définitive, par la critique externe, on aboutit, sur la question d'authenticité, aux conclusions suivantes : les témoignages connus, postérieurs d'assez peu à Hugues, sont en faveur de l'authenticité ; quant aux manuscrits, ils sont discordants.

B. — La question d'antériorité.

Sur la question d'antériorité, la critique externe est presque muette. Nous ne connaissons qu'un seul témoignage,

---

1. Cf. supra, p. 219, n. 2.
2. Cité par H. Denifle, *art. cit.*, p. 639.

celui du *Liber de vera philosophia*. Ce livre est une espèce
de somme composée peu après 1180. L'auteur, s'il n'est
pas Joachim de Flore [1], comme l'a pensé M. P. Fournier,
est, néanmoins, un partisan décidé des doctrines trinitaires
de Gilbert de la Porrée, et, pour établir l'orthodoxie de ces
doctrines, il s'efforce de montrer leur accord avec l'enseignement des Pères, et de combattre les nombreux théologiens — la majorité parmi ses contemporains ou ceux qui
l'ont précédé — qui ont soutenu les doctrines adverses.
C'est ainsi qu'il s'attaque à Abélard, à saint Bernard, à
Pierre Lombard et à plusieurs autres théologiens, dont il
ne donne pas les noms. Il énumère, entre autres, seize propositions, réputées par lui fort suspectes, qu'il a extraites
des écrits de l'un d'entre eux. Ce théologien n'est autre
que Hugues de Saint-Victor. L'énoncé de ces seize propositions est, en effet, terminé par ces mots : « L'auteur dont
on vient de parler, après avoir enseigné par écrit ces doctrines et beaucoup d'autres du même genre, a composé un
autre gros livre qu'on appelle ses *Sentences* (*quod sententiae ejus dicitur*), et qui est intitulé *De Sacramentis*. Dans
le prologue de ce livre, il confesse avoir écrit bien des
pages qu'il demande au lecteur de corriger d'après la
doctrine de ce dernier ouvrage, dans lequel on ne rencontre
aucune des erreurs précitées [2]. » Évidemment, puisque,
comme l'ont montré MM. P. Fournier et Roch de Chefdebien [3], les seize propositions sont extraites de la *Summa
Sententiarum*, si nous nous en tenons à ce témoignage, il
nous faut conclure, avec M. P. Fournier, que « dans la chro-
nologie des œuvres de Hugues de Saint-Victor, la *Somme*

1. Sur ce point, cf. P. Mandonnet, *Compte rendu des trois publications de M. P. Fournier*, *Bulletin critique*, 22ᵉ année, nº 4, 5 février 1901,
p. 72.

2. « Iste vero postquam ista et multa alia in hunc modum scripsit,
aliud quoque magnum volumen scribendo composuit quod Sententie
ejus dicitur, et liber ejus de Sacramentis intitulatur, in cujus prologo
confitetur se multa scripsisse que postulat lectorem secundum sententiam hujus ultimi voluminis corrigere, in quo nihil horum scripsit. »
Cité par P. Fournier, *Une preuve...*, p. 10.

3. P. Fournier, *ouv. cit.*, p. 8 ; Roch de Chefdebien, *art. cit.*, p. 535
et suiv.

des Sentences doit être placée à une date sensiblement plus ancienne que le traité des Sacrements de la foi chrétienne[1] ». Toutefois, l'examen des affirmations de l'auteur du *Liber de vera philosophia*, appelle immédiatement deux rectifications. D'abord, il n'est pas exact qu'aucune des propositions qu'il a extraites de la *Summa* ne se retrouve, ainsi qu'il le prétend, dans le *De Sacramentis*. La 6e et la 7e, par exemple, affirmant que l'âme humaine est un vestige de la Trinité, et que l'on peut s'élever de la considération de l'âme à la notion de la Trinité, se trouvent, sinon dans les mêmes termes, du moins pour le fond, dans les deux ouvrages[2]. Il en est de même de la 11e, sur l'origine des appellations de Père, de Fils, et de Saint-Esprit, de la 12e : pourquoi il n'y a pas plus de trois personnes en Dieu, et de la dernière : pourquoi, seul, le péché originel, c'est-à-dire, selon Hugues de Saint-Victor, la concupiscence, est imputé aux hommes en naissant[3]. Ainsi cinq propositions sur seize se retrouvent dans le *De Sacramentis*. Voilà qui montre, tout au moins, que l'auteur du *Liber de vera philosophia* n'y regardait pas de très près[4]. Il trouve ensuite, dans le prologue du *De Sacramentis*, une rétractation des opinions antérieurement émises par Hugues de Saint-Victor dans la *Summa*. Qu'en est-il ? Ce prologue, ayant, dans la question, une grande importance, en voici la traduction :

« Le livre des Sacrements de la foi chrétienne, c'est le désir exprimé par certaines personnes qui m'a poussé à l'écrire. J'y ai inséré quelques morceaux que j'avais dictés aupa-

---

1. P. Fournier, *ouv. cit.*, p. 7.

2. Comparer les deux propositions *Idem capitulo* IIII° et *Quod Deus Trinitatis est* (*Une preuve*, p. 8 et *Summa*, Tract. I, c. vi, *P. L.*, col. 51 et 52) avec *De Sacramentis*, l. I, p. III, c. xxii, col. 225 ; c. xxv, col. 227, et c. xxvi, col. 227.

3. Comparer *a)* proposition *Haec nomina, Pater et Filius* (*ibid.*, p. 9 et *S. Sent.*, I, c. x, col. 57), avec *De Sacram.* l. I, p. III, c. xxiii, col. 226 et c. xxvi, col. 228 ; — *b)* proposition *Si in Deo dicuntur* (*ibid.*, p. 9 et *S. Sent.*, I, c. x, col. 57) avec *De Sacram.*, l. I, p. III, c. xxix, col. 231 ; — *c)* proposition *Furtum et homicidium* (*ibid.*, p. 10 et *S. Sent.*, III, c. x, col. 165b) avec *De Sacr.*, l. I, p. VIII, c. xxxviii, col. 306.

4. Roch de Chefdebien note aussi (*art. cit.*, p. 536, note 1) que « l'auteur du *Liber de vera philosophia* interprète souvent les textes de Hugues d'une manière assez fantaisiste ».

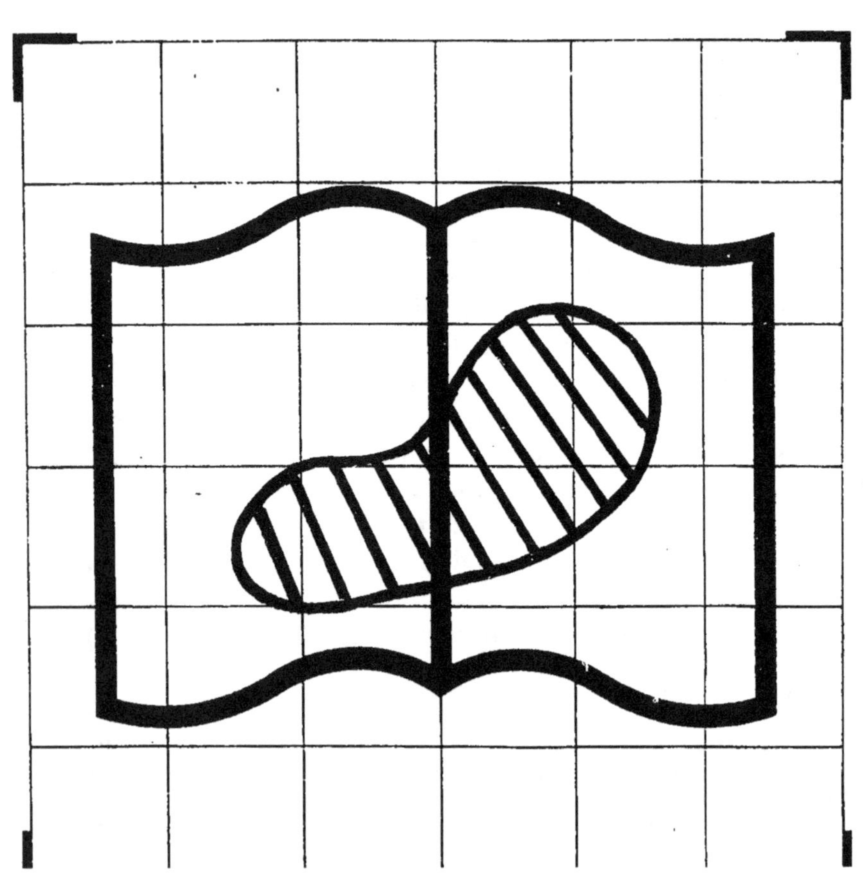

ravant, dans diverses circonstances, car il m'a paru ennuyeux et superflu d'exprimer une seconde fois les mêmes choses. Si, par hasard, dans ces morceaux, la simplicité du langage n'a pu garder la couleur qui convient à la langue écrite, j'ai pensé que cela avait peu d'importance, la vérité restant la même. Mais voici qui me préoccupe plus : Comme j'avais auparavant dicté assez négligemment ces mêmes opuscules — car je ne songeais pas encore à écrire l'œuvre future — je les ai laissés transcrire çà et là. Je pensais alors qu'il suffisait que ces notes, que ces riens fussent connus. Mais puisque, ensuite, je les insérais dans le texte de ce livre, il fallait y changer quelque chose, compléter et retrancher. Aussi, je tiens à avertir le lecteur : s'il trouve en dehors de ce livre d'autres écrits, et qu'il y remarque des différences, qu'il sache que là est la cause de cette diversité, et s'il y a quelque chose à y corriger, que le lecteur le ramène au texte de ce livre [1]. »

Que nous apprend ce prologue? Tout d'abord, que jusque-là, Hugues de Saint-Victor n'avait pas encore formé le projet d'écrire un livre comme le *De Sacramentis*, c'est-à-dire une somme préparatoire à l'étude allégorique de l'Écriture, ainsi que l'indique clairement le prologue placé en tête du premier livre [2]. Ainsi, le prologue du *De Sacramentis* ne semble pas supposer l'antériorité de la *Summa*, mais

---

1. « Librum de sacramentis Christianae fidei studio quorumdam scribere compulsus sum ; in quo nonnulla quae antea sparsim dictaveram propterea quod iterato eadem stylo exprimere molestum vel superfluum videbatur, inserui. In quibus si forte sermo simplicior colorem dictaminis servare non potuerit, non multum interesse putavi, eadem veritate constante. Hoc autem magis me movet, quod cum haec eadem prius negligentius dictassem (utpote nondum adhuc futuri operis propositum habens), passim transcribenda exposui : sufficere tunc arbitratus ejusmodi minima vel adnotata in notitiam venire. Sed, quia postmodum cum eadem hujus operis textui insererem, quaedam in ipsis mutare, quaedam vero adjicere vel detrahere ratio postulabat, lectorem admonitum esse volo, ut sicubi extra operis hujus seriem, aliud aut aliter aliquid habentia invenerit, hanc diversitatis causam esse sciat, et si quid forte in eis emendandum fuerit, ad hujus operis formam componat. » *De Sacramentis*, Praefatiuncula, *P. L.*, 176, col. 173.

2. Voir plus haut, p. 144.

bien plutôt l'exclure. C'est ce qu'a bien vu l'abbé Mignon, et il a fait remarquer, avec non moins de raison, qu'il n'y a pas lieu de mettre ici en doute les affirmations de l'auteur ; car, ses ouvrages précédents étant entre les mains du public, si la *Summa* avait précédé le *De Sacramentis*, la fausseté de ses allégations eût éclaté aux yeux de tous [1]. Ce prologue nous apprend, en outre, que les opuscules écrits antérieurement, Hugues de Saint-Victor les a transcrits dans son grand ouvrage [2], et, s'il y a introduit des modifications, s'il y a ajouté ou retranché, l'auteur semble bien dire que c'est la nature des choses qui le demandait ; il l'a fait pour des raisons de forme, de disposition, de plan, sans doute pour éviter des redites et ne pas être incohérent. Il s'agit moins de différences doctrinales que de différences de composition et de style, ce qui est tout à fait dans les habitudes de Hugues de Saint-Victor, qui était un styliste, comme le remarque Hauréau, et qui s'est répété souvent, mais en se corrigeant toujours. C'est là, du moins, l'impression que nous laisse la lecture attentive du prologue. Cette impression est bien aussi celle de M. P. Fournier, puisqu'il écrit que « la rétractation de Hugues de Saint-Victor paraîtra assez peu formelle à qui lira avec attention le prologue du *De Sacramentis* [5] ».

1. Mignon, *ouv. cit.*, t. I, p. 174. C'est à cette page, entre autres, que se référait le P. Portalié, lorsqu'il disait que l'abbé Mignon a lui-même détruit, pour toujours, l'hypothèse de l'*Histoire littéraire* (t. XII, p. 36) qui faisait de la *Summa* une ébauche du *De Sacramentis* (Portalié, *art. cit.*, *Dict. de théol. cath.*, col. 53). L'abbé Kaiser, en se référant seulement à la page 181 du livre de Mignon, n'a pas saisi la force de son argument.

2. Quoiqu'il ne soit pas facile de distinguer quelles parties ont été ainsi insérées, on peut en signaler plusieurs. Ainsi, l. III, p. XII, *De votis* (*P. L.*, col. 519) : ce n'est autre chose qu'une lettre écrite par Hugues, comme le prouve le texte lui-même. — L. II, p. XIV, c. ix, *De reditu peccatorum*, est aussi une insertion, comme l'indique le préambule et la fin du chapitre précédent (*P. L.*, col. 570). Au l. II, p. I, et c. vi, Hugues de Saint-Victor renvoie à son opuscule *De Anima Christi* (*P. L.*, col. 387). Le *De vitiis et virtutibus et operibus malis*, l. II, p. XIII, c. i, est une retouche (*P. L.*, col. 525). Cf. pour ce chapitre, B. Hauréau, *ouv. cit.*, p. 35-36.

3. B. Hauréau, *ouv. cit.*, p. 1, 21, 22, 26, 136.

4. P. Fournier, *Un adversaire inconnu*, p. 19.

5. C'est aussi l'impression de Roch de Chefdebien, *art. cit.*, p. 540, n. 2.

En tout cas, l'auteur du *Liber de vera philosophia* écrivant quarante ans au moins après la mort de Hugues de Saint-Victor [1], et ne nous indiquant pas sur quels renseignements historiques il s'appuie pour interpréter, ainsi qu'il le fait, le prologue du *De Sacramentis*, comme, d'autre part, il avait intérêt à attirer à lui Hugues de Saint-Victor, le célèbre mystique, et comme nous avons constaté l'inexactitude de certaines de ses affirmations, nous estimons qu'il n'y a lieu de croire à son témoignage que si le reste de notre étude vient à le confirmer.

Si le témoignage du *Liber de vera philosophia* est le seul témoignage de l'époque concernant la question d'antériorité, il convient cependant d'y ajouter une indication fournie par les manuscrits. Ils nous apprennent que le dernier traité de la *Summa*, le traité du mariage, n'est pas de Hugues, mais vraisemblablement de Gautier de Mortagne. Il diffère, en effet, comme l'a remarqué Hauréau, du reste de l'ouvrage par le style et par le plan. En outre « un manuscrit de très bonne date, le n° 392 des Cod. Land. miscell., à la Bodléienne, le sépare des autres traités pour l'attribuer à Gautier de Mortagne [2] ». Denifle en a signalé un second à la bibliothèque de Wolfenbüttel, donnant la même indication à l'*Explicit* [3]. Le P. Gietl en a trouvé un troisième à la bibliothèque du prince Georges Lobkovic à Prague [4]. La diversité d'origine de ces manuscrits augmente la force de leur témoignage. D'où la question : comment expliquer que Hugues de Saint-Victor, s'il a écrit la *Summa* avant le *De Sacramentis*, ne l'ait pas achevée? N'est-il pas plus naturel de penser, s'il en est l'auteur, que, l'ayant écrite après le *De Sacramentis*, il n'a pu l'achever, et que son ami Gautier de Mortagne s'est chargé de ce travail?

La comparaison du *De Sacramentis* et de la *Summa* avec

---

1. P. Mandonnet, *compte rendu cité*, p. 71. Il pense que le *Liber de vera philosophia* pourrait bien avoir été composé notablement après 1180; or, Hugues de Saint-Victor est mort en 1141.

2. B. Hauréau, *ouv. cit.*, p. 74.

3. H. Denifle, *art. cit.*, *Archiv*, t. III, p. 637.

4. Gietl, *ouv. cit.*, p. xxxix, n. 2.

les œuvres d'Abélard est de nature à confirmer cette présomption.

Dans les deux ouvrages sont discutées et réfutées certaines erreurs d'Abélard. Celui-ci enseignait que Dieu ne
peut pas faire plus qu'il n'a fait, et qu'il n'a pu faire les
choses meilleures qu'elles ne sont [1]. Ces deux affirmations
sont réfutées dans le *De Sacramentis* et dans la *Summa;* dans
les deux, on attaque ces hommes infatués de leur science,
qui sont d'une confiance orgueilleuse dans leur sens propre [2]; ces invectives sont évidemment à l'adresse d'Abélard.
Celui-ci avait également soutenu que Dieu est partout par
sa puissance, mais non par son essence [3]; cette opinion, que
partageait aussi Thierry de Chartres, comme on le voit par
une lettre de Gautier de Mortagne [4], est vivement combattue dans la *Summa*, et plus vivement encore dans le *De
Sacramentis* [5]. Il en est de même des idées d'Abélard sur
la nécessité du baptême d'eau, que seul le martyre peut sup-
pléer, sur la nécessité de la foi en Jésus-Christ, même avant
sa venue — questions déjà discutées, on l'a vu, dans le *De
baptismo* adressé par saint Bernard à Hugues, en réponse à
une lettre de ce dernier, — sur la divinité du Christ séparée
de son corps après sa mort. Mais, fait important à noter,
*tandis que, dans ces critiques communes, on ne constate pas
d'allusion très directe à tel ou tel passage des œuvres d'Abélard, on en trouve au contraire de très nettes dans certaines
discussions, particulières à la Summa.* Il existe des relations
étroites entre la *Summa* et l'*Introductio* d'Abélard. Ces relations ont été longuement exposées par l'abbé Kaiser [6].
« Parfois, dit-il, Hugues cite textuellement Abélard pour le
combattre ensuite. D'autres fois, il s'empare des arguments

---

1. ABÉLARD, *Introductio*, l. III, *P. L.*, col. 1093 et suiv. (II, p. 123
et suiv.).

2. *Summa Sententiarum*, I, c. 1, *P. L.*, col. 69. — *De Sacramentis*,
l. I, p. II, c. XXII, *P. L.*, col. 214-215.

3. ABÉLARD, *Introductio*, l. III, *P. L.*, col. 1105-1106 (II, p. 135-136).

4. Lettre de Gautier de Mortagne « ad magistrum Theodoricum »,
D'ACHERY. *Spicilegium* [2], t. III, p. 522.

5. *Summa Sententiarum*, I, c. IV, *P. L.*, col. 48-49 et *De Sacram.*,
l. I, p. III, c. XVII, *P. L.*, col. 223.

6. E. KAISER, *ouv. cit.*, p. 286 à 308.

dont Abélard avait fortifié ses thèses afin de démontrer les siennes, qui, jusque dans leur énoncé, sont empruntées au péripatéticien du Palet [1]. »

Ainsi, pour se justifier de tenter une explication de la Trinité, Abélard interprétait ces paroles d'Isaïe : « *Generationem ejus quis enarrabit[1] ?* » en disant, avec saint Jérôme, que cette interrogation indique non une impossibilité, mais une difficulté. Voici la réponse de la *Summa :* « Quelques-uns, trop confiants en leur intelligence, prétendent comprendre ce mystère, et, s'appuyant sur l'autorité de saint Jérôme, interprétent ces paroles d'Isaïe : « *Generationem ejus quis enarrabit?* » en disant que *quis* désigne une difficulté et non une impossibilité. Mais Jérôme entend cela de la génération selon la chair, qui peut en quelque manière s'expliquer[2]. » — Du péché originel, Abélard avait dit qu'il est un *debitum* mais non un péché ; cette théorie est exposée, puis combattue dans la *Summa*[3]. — Traitant de la confession, l'auteur de la *Summa* soutient que le pécheur, quoique justifié par la contrition, doit recourir à la confession, et ajoute : « *Hoc ideo dicimus quia solent quidam dicere eum non pro peccato illo puniendum sed pro contemptu.* » C'est une nouvelle attaque contre une thèse d'Abélard[4]. — Il en est encore ainsi au sujet de la fraction du pain dans l'Eucharistie, fraction qui, au dire d'Abélard, n'était qu'apparente[5], et au sujet du pouvoir des clefs qui, selon le même, n'aurait pas été donné à tous les évêques, mais seulement à ceux qui imitent les vertus de Pierre[6]. Dans ces deux questions, la

1. E. Kaiser, *ouv. cit.*, p. 307.
2. Comparer *Introd.*, l. I, *P. L.*, col. 1001 (II, p. 24) et *Summa Sententiarum*, I, c. viii, *P. L.*, col. 54. — Cf. E. Kaiser, *ouv. cit.*, p. 292-293.
3. Comparer Abélard, *In Epist. ad Romanos*, *P. L.*, col. 866 (II, p. 238) et *Summa Sententiarum*, III, c. xi, *P. L.*, col. 106. — Cf. E. Kaiser, *ouv. cit.*, p. 299.
4. Comparer *Epitome*, c. xxxvi, *P. L.*, col. 1756 et *Summa Sententiarum*, VI, c. xi, *P. L.*, col. 149 — Cf. E. Kaiser, *ouv. cit.*, p. 304.
5. Comparer *Epitome*, c. xxix, *P. L.*, col. 1742 et *Summa Sententiarum*, VI, c. viii, *P. L.*, col. 144. — Cf. E. Kaiser, *ouv. cit.*, p. 302.
6. Comparer Abélard, *Ethica*, c. xxvi, *P. L.*, col. 673 (II, p. 638), et *Summa Sententiarum*, VI, c. xiv, *P. L.*, col. 152. Cf. E. Kaiser, *ouv. cit.*, p. 305.

Summa combat directement les théories du novateur.

Ainsi, c'est presque dans chaque traité de la *Summa* que sont attaquées les idées d'Abélard ; mais, par contre, c'est également presque dans chaque traité que des emprunts lui sont faits. Ils portent particulièrement sur l'exposition de la doctrine trinitaire, mais aussi sur la foi, l'espérance, la charité, le retour des péchés. Ne pouvant, en le montrant, que répéter le travail de l'abbé Kaiser, nous y renvoyons[1], nous contentant de citer sa conclusion : « Au moment où Hugues de Saint-Victor écrivit sa *Summa Sententiarum*, il avait sous les yeux le texte complet de la *Theologia* (*Introductio*). En effet, en suivant l'*Epitome* qui montre la marche qu'avait l'*Introductio*, nous trouvons que la dernière question qui y est traitée, est copiée presque textuellement par Hugues[2]. »

Mais ces constatations faites par l'abbé Kaiser n'impliquent-elles pas l'antériorité du *De Sacramentis* sur la *Summa* ? Sans doute, on ne saurait tirer un argument précis de ce fait que la *Summa* suppose complètement écrite la *Theologia* d'Abélard, puisqu'on ne sait pas quand fut terminée la *Theologia*, sinon que ce fut avant 1138[3]. Mais, soutenir que la *Summa* a été composée avant le *De Sacramentis*, c'est soutenir qu'après l'achèvement de la *Theologia* par Abélard, Hugues de Saint-Victor écrivit la *Summa*, le *De Sacramentis*, les *Excerptiones posteriores* et le *Commentaire sur la Hiérarchie céleste* du pseudo-Denys[4], et tout cela, entre l'achèvement de la *Theologia* et l'année 1141, date de la mort de Hugues ; c'est, par conséquent, faire remonter bien haut la date de la *Theologia*.

En outre, il est moralement impossible que la *Summa* où les théories d'Abélard sont plus souvent et plus directement combattues que dans le *De Sacramentis*, soit antérieure à

---

1. E. Kaiser, *ouv. cit.*, p. 286 à 308.
2. Id., *ibid.*, p. 308. — Voir p. 304 du même ouvrage, preuve de cette affirmation.
3. Sur ce point, voir plus haut, p. 208.
4. Nous avons montré plus haut, p. 207, n. 3, que ces deux derniers ouvrages (*Excerptiones posteriores* et le *Commentaire*) ont suivi le *De Sacramentis*.

celui-ci. Comment, en effet, Hugues de Saint-Victor, au moment où il aurait renoncé, dans le *De Sacramentis*, à la méthode abélardienne qui fusionne l'élément patristique et l'élément rationnel, par suite sans doute des dangers qu'il y aurait vus, aurait-il, par contre, passé sous silence, sans les combattre, sans y faire allusion, des erreurs attaquées par lui antérieurement dans la *Summa*, et qui allaient bientôt mettre en émoi ses amis, Guillaume de Saint-Thierry et saint Bernard? N'est-il pas, au contraire, beaucoup plus vraisemblable de penser que la *Summa* est à la fois postérieure au *De Sacramentis* et à la *Theologia* d'Abélard, puisque, tout en enseignant généralement la doctrine du *De Sacramentis* et en combattant, plus souvent que ne le fait ce dernier ouvrage, la *Theologia*, elle emprunte à celle-ci plus d'un argument, soit pour préciser, soit pour rectifier la doctrine du *De Sacramentis*? Il suffit, en effet, comme on l'a dit, de comparer la *Summa Sententiarum* et le *De Sacramentis*, pour constater que « doctrines, méthode, formules, tout dans la *Summa* accuse un progrès évident[1] ».

Sur les divergences doctrinales signalées par le P. Portalié[2], nous ne nous arrêterons pas ; car, s'il en est une qui nous paraît nette, celle sur le retour des péchés pardonnés, nous pensons, avec M. Roch de Chefdebien, que les autres ne sont pas évidentes[3]. Nous donnerons, par contre, deux exemples de progrès dans la doctrine, empruntés aux traités sur la Trinité et sur les Sacrements. Dans le *De Sacramentis*, Hugues de Saint-Victor, après avoir montré dans l'âme de l'homme et dans la nature des preuves de la Trinité, parle de *clara demonstratio*, de *manifesta declaratio*[4]. Dans la *Summa*, on ne rencontre que les termes de *vestigium*, *quaedam exemplaria*, qui montrent que l'auteur reconnaît les limites de son argument[5]. En même temps, sur le terme *ingenitus*

1. Portalié, *art. cit.*, *Dict. de Théol. cath.*, I, col. 53.
2. Id., *ibid.*, col. 53 et 54.
3. Roch de Chefdebien, *art. cit.*, p. 554 à 559.
4. *De Sacramentis*, l. I, p. III, c. xxi, *P. L.*, col. 255.
5. Comparer *De Sacramentis*, l. I, p. III, c. v à xi, *P. L.*, col. 218 à 220 et c. xix à xxx, col. 224 à 232 avec *Summa Sent.*, I, c. vi à xi, *P. L.*, col. 50 à 61.

appliqué au Père, sur l'égalité des personnes, l'application
du mot personne aux trois réalités divines, sur les relations dans la Trinité, les opérations divines, on y trouve des
explications à la fois nettes, courtes et précises que l'on chercherait en vain dans le *De Sacramentis*, si bien que le
traité de la Trinité est certainement plus complet dans la
Summa que dans le *De Sacramentis*, et que J. Kilgenstein a
pu écrire que, sans la *Summa Sententiarum*, les doctrines de
Hugues de Saint-Victor sur la Trinité, la prédestination et la
volonté divine « ne nous seraient connues que d'une manière bien insuffisante [1] ». La doctrine sacramentaire de la
Summa marque aussi un véritable progrès sur celle du *De
Sacramentis*. C'est ce qu'a récemment montré l'abbé Pourrat, dans son ouvrage sur la Théologie sacramentaire. Tandis que, dans le *De Sacramentis*, on lit une définition du
sacrement que critiquera plus tard saint Thomas [2], parce
que le sacrement y est identifié avec ce que nous appelons
aujourd'hui la « matière du sacrement », dans la *Summa*, le
sacrement est défini : un signe qui confère la grâce. Ce
progrès dans la définition a pour conséquence plus de précision dans la distinction des éléments du sacrement et dans
la liste des sacrements [3].

Sans doute, ces progrès doctrinaux sont dus, en partie, à
l'influence abélardienne, mais on ne saurait songer à soutenir que Hugues, après les avoir adoptés dans la *Summa*, y
aurait renoncé dans le *De Sacramentis*, car on ne voit pas
pourquoi, sur la doctrine des Sacrements par exemple, Hugues serait revenu en arrière.

La comparaison entre les deux œuvres, sur la doctrine

1. J. Kilgenstein, *ouv. cit.*, p. 25.
2. Saint Thomas, *Summa theologica*, III, q. 66, a. 1 in corp.
3. Cf. P. Pourrat, *ouv. cité*, p. 37 à 39, p. 60 à 62 et p. 243 à 246.
Voici comment l'abbé Pourrat résume les rapports entre les deux ouvrages sur la doctrine sacramentaire : « Cet auteur (de la *Summa*) s'inspire évidemment des travaux de Hugues; il leur emprunte sa théorie
sur l'efficacité des sacrements de l'ancienne loi, qui avaient un réel pouvoir de sanctifier, ses vues sur les motifs qui ont porté Dieu à instituer
les sacrements, et plusieurs autres idées. Mais il dépasse Hugues sur la
plupart des points de la doctrine; il donne en particulier à la notion
du sacrement des précisions remarquables. » *Ibid.*, p. 37.

du retour du péché, confirme encore notre opinion. Dans le *De Sacramentis*[1], Hugues discute longuement pour établir que les péchés sont de nouveau imputés après une seconde chute ; et, à ceux qui objectent que, avec cette thèse, la pénitence accomplie avant la seconde chute est de nul effet, il répond que la pénitence n'est suffisante que si elle est persévérante[2]. Dans la *Summa Sententiarum*[3], sont exposées les deux thèses opposées, celle de Hugues et celle d'Abélard[4], la réponse faite par Hugues à l'objection signalée est alléguée, mais la conclusion est conforme à la thèse abélardienne : Dieu ne punit pas deux fois une même faute ; seulement, la seconde fois, à cause de l'ingratitude que marque une seconde chute, la punition est plus grave[5]. Par contre, dans le *De Sacramentis*, où Hugues répond cependant à de nombreuses objections faites à la thèse du retour des péchés pardonnés, cette solution de la *Summa* et de l'*Epitome* n'est pas citée, n'est pas connue. Il semble donc bien que la *Summa* vient après le *De Sacramentis*, et qu'elle est en progrès sur celui-ci, pour la doctrine, grâce aux emprunts faits à l'école abélardienne.

La différence de méthode a déjà été signalée, et cette différence, il est à peine besoin de le faire remarquer, est toute à l'avantage de la *Summa*. Comme l'a dit avec justesse l'abbé Mignon, « le traité du *De Sacramentis* qui laissait presque entièrement de côté l'argument patristique, n'était pas de nature à montrer comment les doctrines de la théologie nouvelle ne différaient pas de l'enseignement des Pères, et comment ces questions avaient de tout temps sollicité l'attention des docteurs de l'Église[6] ». C'est là un

---

1. *De Sacramentis*, l. II, p. XIV, c. ix, *P. L.*, col. 570.
2. *Ibid.*, col. 576.
3. *Summa Sent.*, VII, c. xiii, *P. L.*, col. 150.
4. Abélard, *Epitome*, c. xxxvii, *P. L.*, col. 1758.
5. *Summa Sent.*, *ibid.*, *P. L.*, col. 151.
6. Mignon, *ouv. cit.*, t. I, p. 180. — M. Roch de Chefdebien, *art. cit.*, p. 549 et suiv., estime que l'argument tiré du caractère patristique n'a pas l'importance qu'on veut lui attacher. Nous pensons avoir montré le contraire au cours de cet ouvrage. Quant au texte du *De Sacramen-*

inconvénient que ne présente pas la méthode de la *Summa Sententiarum*.

Enfin la langue même de la *Summa* marque un progrès. Tandis que le *De Sacramentis* est encore une œuvre littéraire, la *Summa Sententiarum* a déjà la sécheresse didactique[2] qui caractérisera les futures sommes de théologie, et qui frappe déjà dans les œuvres théologiques d'Abélard. Mais, par contre, elle a aussi les qualités de précision dont cette sécheresse est la rançon. Quelques exemples le prouveront. En réponse à cette question : *Quid sit fides?* l'auteur du *De Sacramentis*, après avoir donné la définition paulinienne et montré en quoi elle est incomplète, propose cette autre : « *Fidem esse certitudinem quamdam animi de rebus absentibus, supra opinionem et infra scientiam constitutam*[3]. » Cette réponse est accompagnée d'un commentaire intéressant, où l'on pourrait voir une réfutation de la définition abélardienne : « *Fides... dicitur existimatio non apparentium*[4] », car Hugues y distingue la foi de l'*opinio* et de l'*existimatio*[5]. La définition du *De Sacramentis* est reprise

______

tis qu'il allègue, p. 55o, et qui expliquerait pourquoi Hugues de Saint-Victor cite peu les Pères dans le *De Sacramentis*, il ne nous paraît pas avoir été exactement compris par lui. Quand Hugues écrit : « Scripturae Patrum in corpore textus non computantur; quia non aliud adjiciunt, sed idipsum quod in supradictis continetur explanando et latius manifestiusque tractando extendunt » (*De Sacramentis*, Proi., c. vii, *P. L.*, col. 186), il parle, non de l'absence de textes des Pères dans ses écrits, mais de la non-insertion de leurs ouvrages dans le corps des Écritures, « in corpore textus ». C'est ce que prouvent surabondamment le contexte et la comparaison avec le *De Scripturis et scriptoribus sacris* du même auteur, où la même phrase se retrouve. Cf. *De Scripturis*, c. vi, *P. L.*, CLXXV, col. 16.

2. On trouve sans cesse, dans la *Summa*, les termes d'école : *quaeritur, solet quaeri, opponitur, potest quaeri, hic potest opponi...* qui introduisent une question nouvelle ou une objection. Cf. rien que pour le *Tractatus* I, *P. L.*, col. 45, 49, 5o, 52, 53, 54, 56, 6o, 62, 66, 68, 72, 74, 75, 76, 78 (7 fois), 79. On ne les rencontre que très rarement dans le *De Sacramentis*.

3. *De Sacramentis*, l. I, p. X, c. ii, *P. L.*, col. 33o.

4. Abélard, *Introductio*, l. II, *P. L.*, col. 1o51 (II, p. 79).

5. On sait du reste que, dans la pensée d'Abélard, *existimatio* n'a pas le sens de *opinio*, et que saint Bernard qui a vivement attaqué sa définition, ne l'a pas bien comprise. — Voir sur ce point E. Vacandard, *Abélard*, p. 3g5.

dans la *Summa*. Seulement, ici, la foi n'est plus seulement appelée une certaine certitude, *certitudo quaedam*, mais une certitude volontaire, *voluntaria certitudo*, expression certainement plus spécifique. En outre, la définition est accompagnée d'un commentaire qui, dans son raccourci et sa fermeté de langue, fait songer à saint Thomas : « *Voluntaria, quia non cogitur; absentium, id est sensibus corporis non subjacentium; supra opinionem, quia plus est credere quam opinari; infra scientiam, quia minus est credere quam scire. Ideo enim credimus, ut aliquando sciamus* [1]. » De même encore, sur l'Eucharistie, l'auteur dit qu'il y faut considérer trois choses, et il les exprime dans cette formule concise : « *Tria hic considerare oportet; unum quod est sacramentum tantum, alterum quod est sacramentum et res sacramenti, tertium quod est res tantum* [2]. » Sans doute, cette idée est exprimée dans le *De Sacramentis*, mais non avec cette concision [3]. Plus loin, parlant de la forme du sacrement de l'Eucharistie, l'auteur de la *Summa* dira : « *Haec autem tria ad sacramentum necessaria sunt : Ordo, actio, intentio. Ordo ut sit sacerdos; actio, ut verba illa proferat; intentio, ut proferat ad istud* [4]. » Pour la pénitence, même division précise : « *In poenitentia consideranda sunt haec tria : compunctio, confessio, satisfactio* [5]. « Ainsi donc, même dans l'exposition de doctrines identiques, la supériorité de la *Summa* apparaît encore, et elle est d'autant plus significative qu'ici on ne voit absolument aucune raison qui eût pu pousser Hugues à renoncer à ces formules précises, à ces divisions nettes, et à ne pas les reprendre dans le *De Sacramentis*, si ce traité avait suivi la *Summa*.

---

1. *Summa Sent.*, I, c. i, *P. L.*, col. 43.
2. *Ibid.*, VI, c. iii, *P. L.*, col. 146.
3. *De Sacramentis*, l. II, p. III, c. vii, *P. L.*, col. 466-467.
4. *Summa Sent.*, VI, c. iv, *P. L.*, col. 141.
5. *Ibid.*, VI, c. x, *P. L.*, col. 146.

C. — CONCLUSION.

I. En ce qui concerne la question d'antériorité nous avons vu :

1° Que le seul témoignage du xiie siècle en faveur de la priorité de la *Summa,* celui du *Liber de vera philosophia,* est sujet à caution. Postérieur d'une quarantaine d'années, au moins, à la mort de Hugues de Saint-Victor, il paraît n'être qu'une interprétation tendancieuse du prologue du *De Sacramentis,* interprétation que ne confirme pas le texte du prologue, et qui est contredite par ce fait que la *Theologia* d'Abélard est plus directement et plus fréquemment attaquée dans la *Summa Sententiarum* que dans le *De Sacramentis.*

2° Que le fait de l'inachèvement de la *Summa Sententiarum* par Hugues de Saint-Victor est en faveur de la priorité du *De Sacramentis.*

3° Que par la doctrine, la méthode, les formules, la *Summa Sententiarum* est en progrès évident sur le *De Sacramentis,* que ce progrès tient en grande partie à la mise à profit de la méthode et des doctrines abélardiennes, mais que, parfois aussi, c'est un progrès indépendant, résultant uniquement d'une pensée plus précise, exprimée en un langage plus scientifique.

Nous en concluons que la *Summa Sententiarum* est postérieure à la fois au *De Sacramentis* et à la *Theologia* d'Abélard, et que son auteur a voulu, tout en restant dans l'orthodoxie du *De Sacramentis,* profiter des avantages de la méthode abélardienne.

II. Cette conclusion permet-elle de maintenir l'attribution de la *Summa* à Hugues de Saint-Victor? Nous ne le pensons pas, et voici pourquoi :

1e Exposant la doctrine abélardienne sur la nécessité de la foi, même avant la venue de Jésus-Christ, l'auteur de la *Summa* la combat, et déclare se ranger à l'avis de ceux qui professent une autre doctrine — *aliis quibus assentimus,* écrit-il[1] — doctrine qui est précisément celle du *De Sacramentis*. Ne fait-il pas entendre par ces mots « *alii quibus assentimus* » qu'il n'est pas lui-même auteur du *De Sacramentis* ?

2° Et si l'on objecte que, par ces *alii*, on peut entendre aussi bien saint Bernard que Hugues, puisque lui aussi enseignait cette doctrine, voici un argument plus décisif. On a vu que, sur la question très discutée du retour des péchés pardonnés, l'exposé de la *Summa* vise directement la doctrine de l'école abélardienne et celle présentée par Hugues de Saint-Victor dans le *De Sacramentis*. Or, l'auteur prend parti pour la doctrine abélardienne par ces mots : « *Alii quibus magis videtur assentiendum*[2]. » En parlant ainsi, l'auteur fait nettement entendre qu'il n'est pas avec les partisans de la thèse de la réviviscence des péchés, qu'il est, par conséquent, distinct de ces *aliqui* qui la soutiennent et la veulent prouver à l'aide de la parabole du serviteur qui ne remet pas une dette qui lui est due, alors que son maître lui a remis la sienne[3], distinct par conséquent de Hugues de Saint-Victor[4].

Cet argument nous paraît très frappant, et joint à l'argument tiré des différences de méthode et de doctrine, il nous porte à croire que l'auteur de la *Summa Sententiarum* n'est pas Hugues lui-même, mais qu'il y a lieu d'ajouter foi aux manuscrits qui attribuent la *Summa* à un certain maître Odon ou Othon, et de tenir compte de cette mention de l'un d'eux : « *Sententie magistri Ottonis ex dictis magistri Hugonis* ». Ce serait alors ce maître Othon, qui aurait tiré du *De Sacramentis*, et aussi sans doute d'autres écrits de Hugues de Saint-Victor[5], la *Summa Sententiarum*. Mais il l'aurait fait d'une manière assez personnelle, profitant de la mé-

---

1. *Summa Sent.*, I, c. III, *P. L.*, col. 46, in fine.
2. *Ibid.*, VI, c. XIII, *P. L.*, col. 151.
3. « Dicunt aliqui, etc... Et hoc volunt probare illa parabola : Serve nequam... » *Ibid.*, col. 150.
4. Hugues de Saint-Victor allègue en effet cette parabole, pour soutenir sa thèse dans le *De Sacramentis*, l. II, p. XIV, c. IX, *P. L.*, col. 576.
5. Voir plus haut, p. 218, n. 1.

thode et de la doctrine abélardienne, corrigeant certaines erreurs de Hugues, critiquant aussi plus souvent les erreurs d'Abélard, dont il avait la *Theologia* entre les mains.

La *Summa Sententiarum* serait ainsi de Hugues de Saint-Victor, un peu de la manière dont les *Sentences* d'Abélard sont de ce dernier, sauf que le compilateur aurait pris plus de liberté avec les textes. Sans doute, la tradition attribue la *Summa Sententiarum* à Hugues, mais saint Bernard, contemporain d'Abélard, ne lui attribuait-il pas les *Sententiae* qui cependant ne sont pas de lui? D'ailleurs la tradition, ici, comme saint Bernard dans le cas d'Abélard, est en partie dans le vrai, la *Summa* exprimant, en général, la pensée de Hugues, comme les *Sententiae* expriment celle d'Abélard. La *Summa Sententiarum* ouvrirait donc, avec l'*Epitome*, la série de ces résumés des sommes des grands maîtres, qui seront si nombreux plus tard, après Pierre Lombard et après saint Thomas. C'est là, du moins à notre avis, et jusqu'à plus ample informé, l'hypothèse la plus vraisemblable.

TABLE DES MATIÈRES

PREMIÈRE PARTIE

LES ÉCOLES

CHAPITRE PREMIER

LES PRINCIPALES ÉCOLES PENDANT LA PREMIÈRE MOITIÉ DU XIIe SIÈCLE.

CHAPITRE II

L'ORGANISATION SCOLAIRE.

CHAPITRE III

MATIÈRES ET MÉTHODES D'ENSEIGNEMENT.

CHAPITRE IV

LE MOUVEMENT INTELLECTUEL
DANS LES ÉCOLES.

DEUXIÈME PARTIE

L'ENSEIGNEMENT DE LA THÉOLOGIE

CHAPITRE V

L'ENSEIGNEMENT SCRIPTURAIRE.

CHAPITRE VI

ORIGINE ET FORMATION DES PREMIÈRES
SOMMES DE THÉOLOGIE.

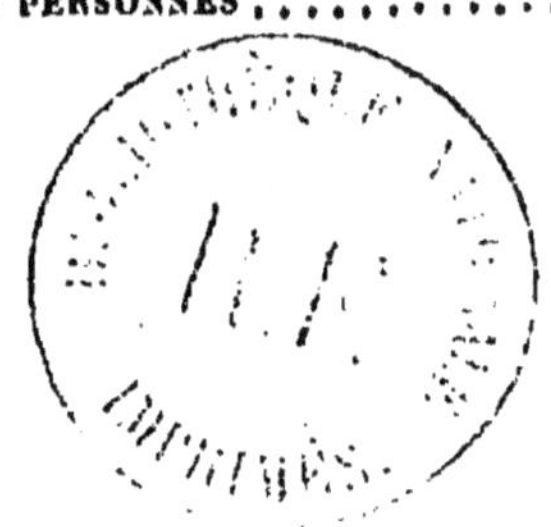

TYPOGRAPHIE FIRMIN-DIDOT ET Cie. — MESNIL (EURE)